유동화신탁 소득의 과세에 관한
제도 설계 연구

유동화신탁 소득의 과세에 관한 제도 설계 연구

조 경 준

경인문화사

서 문

　신탁을 활용한 유동화거래와 관련하여서는, 유동화자산이 대출채권, 매출채권, 부동산 등 여러 종류의 자산으로 이루어져 있고 수익자에 대한 수익권도 선순위, 후순위로 수종이 발행되는 경우, 세법이 신탁을 투시해서 신탁재산에서 생기는 각 소득을 바로 각 수익자의 소득으로 과세하도록 규정하고 있음에도 그것이 불가능하다는 문제점이 꾸준히 지적되어 왔다.

　본서는 현행 과세체계를 중심으로 어떠한 연유로 이와 같은 문제점이 발생하는지 살펴보고, 이를 해결하자면 어떤 식으로 과세해야 좋을지 라는 유동화신탁 소득의 과세에 관한 제도 설계를 모색해 본다.

　이러한 제도 설계의 전제로서 본서는 유동화거래가 기초자산의 범위, 기구의 업무 범위, 증권의 발행 구조의 3 가지 측면에서 집합투자와 뚜렷한 차이가 있다는 점을 보이고 있다. 유동화거래는 ① 현금흐름 발생자산 및 기타 보완자산으로 구성된 적격자산을 기초자산으로 하면서, ② 기초자산의 처분을 통한 시장가치 또는 공정가치 변경으로 인한 이익 실현을 엄격히 제한하고, ③ 적격자산에서 발생하는 현금흐름에 주로 기초하여 유동화증권이 상환되며, ④ 유동화증권의 주요 형태는 확정수익부 증권의 모습을 띤다. 이에 비해 집합투자는 (i) 투자대상자산이 적격자산에 한정되지 아니하고, (ii) 집합투자의 투자자들은 투자대상자산의 시장가치 또는 공정가치 변경에 따른 이익 실현을 주된 목적으로 하며, (iii) 그에 따라 집합투자기구에 자산 운용 및 처분에 관한 광범한 재량권이 부여되고, (iv) 집합투자증권의 주요 형태는 투자기구 단계의 투자성과가 투자자에게 그대로 이어져 배분 가능한 패스스루형 증서의 방식을 띤다. 이러한 차이를 가장 잘 보여주는 것이 자산유동화를 집합투자의 규제대상에서 제외하는 미국 SEC의 Rule 3a-7이다. 같은 논의는 과세의 측면으로 그대로 연장할 수 있다. 유동화거래를 집합투자와 똑같이 과세하는 것은 타당하지 아니하며, 이러한 결론은 비단 유동화신탁뿐 아니라 자산유동화 전체에 걸쳐 일반적으로 적용 가능하다.

우리 법이 신탁소득 과세에 관한 일반적 규정만 두고 있고 유동화신탁 소득의 과세제도를 따로 정해두지 않아서 생기는 불확실성과 문제점을 해결하자면 유동화신탁 소득의 과세제도를 따로 신설할 필요가 있다. 이러한 제도는 유동화신탁의 경제적 기능, 경제적 실질 및 자산유동화법 등 법령의 규제 목표를 모두 고려해서 설계해야 한다. 본서는 우리 자산유동화법, 미국의 규제법령 특히 Rule 3a-7, 나아가 유동화신탁 소득의 과세제도를 따로 둔 미국의 위탁자신탁 세제, REMIC과 FASIT을 두루 검토한 후, 관련 논의를 종합하여 과세제도를 설계해 본다. 그 요지는 유동화신탁의 과세제도는 (i) 유동화자산의 범위, (ii) 유동화신탁(수탁자)의 업무 범위, (iii) 유동화증권의 발행 구조 이 세 가시에 맞추어 보아야 하고, 이 세 가지가 과세제도 설계에 어떤 영향을 주는지 따져보아야 한다는 것이다.

첫째, 예측 가능한 현금흐름을 낳는 적격자산에서 생기는 소득과 유동화거래의 목적에 반하거나 어울리지 않는 비적격자산에서 생기는 소득은 세법의 입장에서 보든 규제법령의 입장에서 보든 서로 달리 과세할 필요가 있다.

둘째, 기구의 업무가 자산을 유동화증권의 만기까지 보유하면서 현금흐름을 받는 수동적 관리만 하는지 아니면 자산을 처분해서 양도차익을 노리는 적극적 운용까지 맡는지도 과세제도에 반영하여야 한다.

셋째, 유동화증권으로 한 가지 수익권만 발행하는지 수종을 발행하는지 여부도 과세제도 설계에 고려될 필요가 있다.

본서는 자산유동화법에서 정의하는 유동화신탁을 ① 적격자산 관리형, ② 적격자산 운용형, ③ 비적격자산 관리형, ④ 비적격자산 운용형으로 구분하고, 이 중 적격자산 관리형에 중점을 두어 과세제도를 설계해 본다. 결론적으로 적격자산 관리형에 속하면서 확정수익부 수익권 및 잔여권(수익권)을 발행하는 구조의 유동화거래에 대하여는 신탁재산에서 생기는 소득을 바로 잔여권 보유자에게 투시하여 과세하는 것이 적합하다. 확정수익부 수익권은 세법상 채권의 경제적 실질을 갖기에, 확정수익부 수익권 보유자에게 지급하는 금원은 잔여권 보유자(자산보유자)가 지급하는 이자소득으로 과세하는 것이 타당하다. 즉, 수익권이라는 사법상 성질에도 불구하고 세법상으로는 확정수익부 수익권은 이자소득을 발생시키는 채권으로 보고, 잔여권만을 수익권으로 보는 것이다. 이러한 유형의 유동화거래는 시장기반 신용중개의 일환으로 이른바 그림자 금융의 수단이 되는 자산유동화의 본래적 기능을 수행하는 거래로서, 우리나라에서 일어나는 거의 대부분의 유동화거래가 이 유형에 속한다.

본서는 필자의 박사학위 논문을 정리한 것이다. 논문 초고부터 최종본에 이르기까지 내용 하나하나를 세심히 살펴봐 주시고 깊은 통찰과 탁견으로 어디서도 구하기 어려운 가르침을 주신 이창희 교수님께 마음을 다해 감사를 드린다. 문장 하나 문구 하나까지도 꼼꼼히 검토해 주시고 결국에 학자가 써야 할 글이 무엇인지를 일깨워 주신 윤지현 교수님께도 깊은 감사의 말씀을 드린다. 논문 심사 과정에서 아낌없는 조언을 주신 송옥렬, 이정수, 김범준 교수님께도 진심으로 감사드린다.

본서는 자산유동화를 주제로 한다. 자산유동화라는 거대한 세계에 발을 들여 놓은 이후, 필자는 학계 및 실무계에서 이 분야의 거목들로부터 직접 가르침을 전수 받는, 값으로 매기기 어려운 큰 행운을 누렸다. 필자가 속한 법무법인(유) 광장에서 오랜 기간 우리나라의 자산유동화 실무를 개척해 오시다 연세대 법학전문대학원을 거쳐 지금은 감사원 감사위원으로 봉직 중이신 이미현 교수님, 필자가 본서의 내용을 처음 구상했을 때부터 출간에 이르기까지 깊은 혜안으로 길목길목마다 길을 열어 주신 서울대 법학전문대학원의 정순섭 교수님, 자산유동화 실무의 처음부터 끝까지 모든 것을 전수해 주신 법무법인(유) 광장의 최승훈 변호사님께 이 지면을 빌어 더 없는 감사의 말씀을 올린다.

미 유학 시절 필자의 궂은 질문을 하나도 마다 않고 미국 자산유동화 제도의 이론과 실무를 살뜰히 알려 주신 NYU School of Law 의 Michael Ohlrogge, Robert J. Jackson Jr. 교수님, Mayer Brown 의 Christopher B. Horn, Sagi Tamir 변호사님께도 닿을지 모를 감사의 뜻을 전한다.

박사논문 준비 기간 내내 끊임없이 용기를 북돋워주고 응원해 준 아내 현소정 변호사에게도 말로 표현하기 어려운 고마움과 사랑을 전한다.

이 모든 것이 가능하게 해 주신 부모님께 이 책을 바친다.

2024년 11월
조 경 준

목 차

서문

약어표

제1장 서 론

제1절 연구의 배경 및 목적 ···3
제2절 연구의 범위 및 방법 ···6
제3절 논의의 순서 ···10

제2장 자산유동화의 개관

제1절 자산유동화의 의의 ···17
제2절 자산유동화의 발전 및 경제적 기능 구분 ···20
  Ⅰ. 서론 ··20
  Ⅱ. 그림자 금융의 수단으로서 자산유동화의 전개 ··21
    1. 은행(bank)의 기능 ··21
    2. 시장기반 신용중개(market-based credit intermediation)의 확대 ··23
    3. 그림자 금융의 수단으로서 유동화기구의 발전 ···································26
    4. 소결 ··33
제3절 우리나라 자산유동화 시장의 현황 ···34
  Ⅰ. 자산유동화의 등록, 비등록 문제 ··34
  Ⅱ. 자산유동화 시장의 개괄 ···36
  Ⅲ. 기초자산 종류별 유동화 현황 ··38

Ⅳ. 유동화증권 발행 현황 …………………………………………39
　　Ⅴ. 소결 …………………………………………………………………43
제4절 자산유동화의 거래 구조 ……………………………………………43
　　Ⅰ. 유동화기구: 법인, 신탁, 조합 ……………………………………43
　　Ⅱ. 자산유동화법상 유동화거래의 유형 ……………………………48
　　Ⅲ. 유동화신탁의 1단계 구조와 2단계 구조 ………………………51

제3장 유동화신탁 소득의 과세에 관한 현행법

제1절 현행법령 ………………………………………………………………57
　　Ⅰ. 2020년 세법 개정 전부터 있던 법령의 검토 …………………57
　　　　1. 신탁소득 과세 ……………………………………………………57
　　　　2. 투자신탁 소득의 과세 …………………………………………58
　　Ⅱ. 2020년 세법 개정으로 신설된 것 ………………………………59
　　　　1. 2020년 세법 개정의 취지 ………………………………………59
　　　　2. 위탁자과세 신탁 관련 신설 규정 ……………………………60
　　　　3. 법인과세 신탁 관련 신설 규정 ………………………………61
　　　　4. 투자신탁 소득과세 관련 개정 …………………………………64
제2절 신탁과세이론과 수익자과세 원칙 …………………………………65
　　Ⅰ. 신탁과세이론 ………………………………………………………65
　　Ⅱ. 수익자과세 원칙 ……………………………………………………68
제3절 자산유동화와 집합투자 ……………………………………………71
　　Ⅰ. 수익자과세 규정의 투자신탁 적용 가능성 ……………………72
　　Ⅱ. 투자신탁 소득과세 관련 규정의 검토 …………………………74
　　Ⅲ. 유동화신탁과 투자신탁의 구분 …………………………………75

제4절 도관이론에 따른 소득과세 ··77
Ⅰ. 신탁계약에 따른 소유권 이전 ··77
Ⅱ. 소득의 귀속 ···79
Ⅲ. 소득의 구분 ···80
Ⅳ. 과세시기 ··81
Ⅴ. 원천징수 ··81
Ⅵ. 수익권의 양도 ···83

제5절 1단계 구조의 과세 ··85
Ⅰ. 개요 ···85
Ⅱ. 유동화자산의 신탁 단계 ··87
Ⅲ. 신탁재산의 관리·운영 단계 ···87
Ⅳ. 신탁재산의 처분 ···88
Ⅴ. 수익권의 양도 ···89

제6절 2단계 구조의 과세 ··91
Ⅰ. 개요 ···91
Ⅱ. 법인세법 시행령 제71조 제4항의 검토 ································92
Ⅲ. 유동화자산의 신탁 단계 ··94
Ⅳ. 신탁재산의 관리·운영 단계 ···95
Ⅴ. 신탁재산의 처분 ···97
Ⅵ. 수익권의 양도 ···97
Ⅶ. 소결 ···98

제7절 유동화신탁 소득의 과세: 무엇이 문제인가 ·························99
Ⅰ. 앞선 논의의 정리 ···99
Ⅱ. 거래계에서 유동화신탁을 선호하는 이유 ··························100
Ⅲ. 유동화신탁 소득 과세의 문제점 ···101

제8절 유동화신탁의 법인과세 가능 여부 ····································103
제9절 논의의 정리 ···105

제4장 유동화거래와 집합투자의 미국법상 제도적 차이

제1절 논의의 배경 및 구성 ···109
제2절 Rule 3a-7의 개괄 ···111
  Ⅰ. 도입 배경 ··113
  Ⅱ. Rule 3a-7의 내용 ···115
    1. 유동화증권 발행인의 투자회사 배제 요건 ·····················115
    2. Rule 3a-7에서 사용되는 용어의 정의 ····························117
  Ⅲ. Rule 3a-7 도입 당시의 논의 ···119
    1. 논의의 경과 ··119
    2. 적격자산의 범위 관련 논의 ···119
    3. 적격자산의 추가 취득 및 처분 관련 논의 ·····························120
    4. 확정수익부 증권 및 유동화증권 지급 관련 논의 ·············122
    5. 환매가 불가능한 증권 발행 관련 논의 ·······························123
    6. 유동화증권의 신용평가 관련 논의 ···123
    7. 독립적인 수탁자 관련 논의 ···124
제3절 Rule 3a-7의 검토 ···124
  Ⅰ. Rule 3a-7에 나타난 유동화거래의 경제적 실질과
     집합투자의 경제적 실질의 비교 ···124
    1. 기초자산으로서의 적격자산 ···125
    2. 적격자산 처분의 제한 ···126
    3. 환매가 불가능한 확정수익부 증권의 발행 ·························129
    4. 신용평가사의 유동화증권에 대한 평가등급 부여 ·············134
    5. 자산유동화와 집합투자의 경제적 실질 비교 ·····················135
  Ⅱ. Rule 3a-7의 후속 논의 검토 ···136
    1. SEC 2011 Rule 3a-7 수정 제안서의 골자 ·····················136
    2. SEC 2011 Rule 3a-7 수정 제안서의 검토 ·····················138
  Ⅲ. 소결 ··139

제4절 Regulation AB ··· 140
  Ⅰ. Regulation AB 개요 ··· 141
  Ⅱ. Regulation AB 검토 ··· 142

제5절 Rule 3a-7과 자산유동화법의 비교 ··· 143
  Ⅰ. 자산유동화법상 유동화자산의 범위 관련 검토 ···················· 144
  Ⅱ. 자산유동화법상 유동화기구의 업무 범위 관련 검토 ·········· 148
  Ⅲ. 자산유동화법상 유동화증권의 발행 구조 관련 검토 ·········· 151
  Ⅳ. 소결 ··· 153

제6절 논의의 정리 ··· 153

제5장 유동화신탁에 대한 위탁자신탁 세제 적용 가능성에 대한 미국법상 논의 검토

제1절 논의의 배경 및 구성 ··· 157
제2절 신탁의 원형인 세법상 신탁과 'association'의 구분 ················ 160
  Ⅰ. 개괄 ··· 160
  Ⅱ. '모리세이' 판결 ··· 161
    1. 사실관계 및 법원의 판단 ··· 161
    2. 판결 이후의 경과 ··· 163

제3절 고정투자신탁은 'association'이 아니라 신탁 ··························· 164
  Ⅰ. 개괄 ··· 164
  Ⅱ. Chase National Bank 판결 및 North American Bond Trust 판결 ····· 165
    1. 사실관계 및 법원의 판단 ··· 165
    2. 판결 이후의 경과 ··· 168
  Ⅲ. 고정투자신탁 판단 기준 ··· 168
    1. 투자변경권한 기준 ··· 169
    2. 단일 지분수익권 기준 ··· 176

    3. 소결 ·· 183
제4절 미국 세법상 위탁자신탁 세제의 검토 ··· 185
  Ⅰ. 개괄 ·· 185
  Ⅱ. 유동화신탁에 대한 적용 가능성 ·· 187
  Ⅲ. 위탁자신탁 세제의 실제 이용 ··· 189
    1. 배경 ·· 189
    2. 위탁자신탁을 활용한 자산유동화의 거래 구조 ························· 189
  Ⅳ. 논의의 정리 ·· 191

제6장 유동화신탁 소득 과세에 관한 미국법상 특례 검토

제1절 논의의 배경 및 구성 ·· 197
제2절 REMIC 검토 ··· 198
  Ⅰ. 의의 및 등장 배경 ··· 198
  Ⅱ. 요건 ·· 200
    1. 자산 기준(asset test) ·· 200
    2. 권리 기준(interest test) ·· 205
  Ⅲ. REMIC 과세 ··· 209
    1. REMIC 단계의 과세 ·· 209
    2. REMIC 선순위증권 과세 ··· 212
    3. REMIC 잔여권 과세 ··· 213
  Ⅳ. 검토 ·· 215
제3절 FASIT의 등장 및 폐지 ·· 217
  Ⅰ. 의의 및 등장 배경 ··· 217
  Ⅱ. 요건 ·· 219
    1. 자산 기준(asset test) ·· 220
    2. 권리 기준(interest test) ·· 223
    3. RIC에 해당하지 않을 것 ··· 226

Ⅲ. FASIT 과세 ···226
　　1. FASIT 단계의 과세 ···226
　　2. FASIT 선순위증권 과세 ···226
　　3. FASIT 잔여권 과세 ···227
　　4. 폐지에 이르게 된 경위 ··229
　Ⅳ. 검토 ··231
제4절 논의의 정리 ··234

제7장 유동화신탁 소득의 과세 관련 제도 설계

제1절 논의의 구성 ··237
제2절 Rule 3a-7과 미국 세법의 함의 ··239
　Ⅰ. 유동화자산의 범위 측면 ···239
　　1. Rule 3a-7의 적격자산 ···239
　　2. 미국 세법상 유동화기구의 기초자산의 범위 ···································240
　　3. 유동화자산의 범위 관련 기준 검토 ··241
　Ⅱ. 유동화기구의 업무 범위 측면 ···242
　　1. Rule 3a-7의 유동화기구의 업무 범위 ···242
　　2. 미국 세법상 유동화기구의 업무 범위 ··242
　　3. 유동화신탁의 업무 범위 관련 기준 검토 ··243
　Ⅲ. 유동화증권의 발행 구조 측면 ···245
　　1. Rule 3a-7의 유동화증권 발행 구조 ···245
　　2. 미국 세법상 유동화기구의 유동화증권 발행 구조 ························246
　　3. 유동화증권 발행 구조 관련 기준 검토 ··247
제3절 유동화신탁 소득 관련 과세제도의 설계 ··248
　Ⅰ. 적격자산 관리형의 유동화신탁 소득에 대한 과세 ···························248
　Ⅱ. 판단 기준 ··249
　　1. 적격자산의 범위 ···250

2. 관리 업무의 범위 ··251
　　3. 확정수익부 증권의 요건 ··252
　　4. 지분증권의 요건 ··252
　　5. 단일 지분수익권 발행 여부 판단 기준 ······················253
　Ⅲ. 확정수익부 수익권 및 잔여권에 대한 과세 ··················254
　　1. 확정수익부 수익권 보유자에 대한 과세 ···················254
　　2. 잔여권 보유자에 대한 과세 ······································256

제8장 결론

제1절 논의의 정리 ··261
제2절 향후 연구 과제 ···265
　Ⅰ. 본 연구의 내용적 측면 ···266
　　1. 적격자산 관리형 유동화신탁의 투시과세 세부 기준 마련　266
　　2. 적격자산 관리형 유동화신탁 투시과세 기준의 확대 적용　267
　　3. 그 밖의 유형의 유동화신탁 소득 과세 방안 검토 ··········267
　　4. 새로운 자산유동화 규제 체계 및 과세 체계의 모색 ········268
　Ⅱ. 본 연구의 대상 범위의 측면 ······································272

참고문헌 ···275
사항색인 ···281

〈표 차례〉

〈표 1-1〉 2021년 기초자산 종류별 등록유동화 및 비등록유동화 현황 ·········38
〈표 1-2〉 2021년 기초자산 종류별 유동화증권 발행 현황 ··················41
〈표 1-3〉 금융감독원 공시 2021년 중 자산보유자별 및
　　　　　유동화자산별 발행현황(등록 유동화거래만 표시) ·················42

〈그림 차례〉

〈그림 1〉 유동화법인을 이용한 유동화거래(이하 "유형 A"라 한다) ···············48
〈그림 2〉 비금전신탁을 이용한 유동화거래(이하 "유형 B"라 한다) ···············49
〈그림 3〉 금전신탁을 이용한 유동화거래(이하 "유형 C"라 한다) ···············50
〈그림 4〉 유동화신탁과 유동화법인을 모두 이용하는 유동화거래
　　　　　(이하 "유형 D"라 한다) ···50
〈그림 5〉 투자신탁의 거래 구조 ··73
〈그림 6〉 1단계 구조를 이용한 유동화거래 ····································86
〈그림 7〉 2단계 구조를 이용한 유동화거래 ····································91

xvii

약 어 표

1. 법 령

자본시장법	자본시장과 금융투자업에 관한 법률
자산유동화법	자산유동화에 관한 법률
재무부규칙	CFR Title 26. Internal Revenue
채무자회생법	채무자 회생 및 파산에 관한 법률
CFR	Code of Federal Regulations
ICA	Investment Company Act of 1940
IRC	U.S. Code Title 26. Internal Revenue Code
Regulation AB	CFR Title 17. Commodity and Securities Exchanges Chapter - Ⅱ. SECURITIES AND EXCHANGE COMMISSION - Part 229. STANDARD INSTRUCTIONS FOR FILING FORMS UNDER SECURITIES ACT OF 1933, SECURITIES EXCHANGE ACT OF 1934 AND ENERGY POLICY AND CONSERVATION ACT OF 1975 - REGULATION S-K - Subpart 229.1100. Asset-Backed Securities (Regulation AB)
Rule 3a-7	CFR Title 17. Commodity and Securities Exchanges § 270. 3a-7
SA	Securities Act of 1933
SEA	Securities Exchange Act of 1934

2. 기 관

SEC U.S.	Securities and Exchange Commission

3. 판 결

'모리세이'(Morrissey) 판결	Morrissey et al., Trustees, v. Commisioner of

Chase National Bank 판결	Internal Revenue, 296 U.S. 344 (1935) Commissioner v. Chase National Bank, 122 F.2d 540 (1941)
North American Bond Trust 판결	Commissioner v. North American Bond Trust, 122 F.2d 545 (1941)

4. 기 타

고정투자신탁 판단 기준	재무부규칙 § 301.7701-4(c)
위탁자신탁 판단 기준	IRC §§ 671 - 679
FASIT	Financial Assets Securitization Investment Trusts
K-IFRS	한국채택국제회계기준
REMIC	Real Estate Mortgage Investment Conduits
RIC	Regulated Investment Companies

미국 세법의 민사법상 신탁 분류 체계 및 과세

1. 재무부규칙의 민사법상 신탁의 구분

① 보통신탁(ordinary trust)
② 사업신탁(business trust)
③ 투자신탁(investment trust)

2. 민사법상 신탁의 미국 세법상 과세

① 보통신탁
  - 항상 미국 세법상 신탁으로 보아 과세
  - 미국 세법상 신탁 중 위탁자신탁 판단 기준을 충족하는 신탁에 대하여는 위탁자신탁 세제 적용
② 사업신탁
  - 항상 미국 세법상 사업조직(business entities)으로 보아 과세
③ 투자신탁
  (i) 고정투자신탁 판단 기준을 충족하는 경우
  - 미국 세법상 신탁으로 보아 과세
  (ii) 고정투자신탁 판단 기준을 충족하지 않는 경우
  - 미국 세법상 사업조직으로 보아 과세

3. 고정투자신탁 판단 기준의 요소

- 아래 두 기준을 모두 충족하여야 고정투자신탁 판단 기준을 충족
  (i) 투자변경권한 기준
  (ii) 단일 지분수익권 기준

4. 투자신탁에 대하여 위탁자신탁 세제가 적용되는 경우

(i) 1단계
  - 고정투자신탁 판단 기준을 충족하여 미국 세법상 신탁에 해당
(ii) 2단계
  - 위탁자신탁 판단 기준을 충족

제1장
서 론

제1절 연구의 배경 및 목적

자산유동화 실무에서는 신탁을 활용한 유동화거래가 활발히 이루어지고 있다. 그런데 신탁을 활용한 유동화거래와 관련하여서는, 유동화자산이 대출채권, 매출채권, 부동산 등 여러 종류의 자산으로 이루어져 있고 수익자에 대한 수익권도 선순위, 후순위로 수종이 발행되는 경우, 세법이 신탁을 투시해서 신탁재산에서 생기는 각 소득을 바로 각 수익자의 소득으로 과세하도록 규정하고 있음에도 그것이 불가능하다는 문제점이 꾸준히 지적되어 왔다.

우리나라에서의 유동화신탁[1]을 통한 유동화거래에서는 유동화증권의 투자자가 수익권을 직접 취득하는 1단계 구조가 아니라, 별도로 설립된 유동화법인이 수익권을 먼저 취득하고, 유동화증권 투자자는 수익권 대신 유동화법인이 발행하는 사채, 기업어음 등을 취득하는 2단계 구조 방식이 주로 활용되어 왔는데, 이러한 실무는 위와 같은 문제점의 미봉적 대처에 일면 기인한다.

그 간 학계를 중심으로 이렇듯 유동화거래에서 2단계 구조 방식이 사실상 강요되는 사정을 바로 잡을 필요가 있다는 주장이 줄곧 이어져 왔는데, 신탁업자가 발행하는 수익증권은 「자본시장과 금융투자업에 관한 법률」(이하 "자본시장법"이라 한다)상 증권의 일종으로서, 신탁을 이용한 유동화거래가 시장에서 활발히 이루어지기 위해서는 수익증권에 대하여도 주식이나 채권과 마찬가지로 투자자들이 직접 취득하고 유통할 수 있게 하는 제도적 정비가 이루어질 필

---

[1] 유동화신탁은 신탁을 이용한 유동화거래에서의 유동화기구로서 신탁을 말한다. 대비되는 개념으로 유동화법인은 법인을 이용한 유동화거래에서의 유동화기구로서 법인을 의미한다.

요가 있기 때문이다.

이러한 문제의식 하에 본 연구에서는 유동화신탁을 통한 유동화거래에서 1단계 구조가 활용되지 못한 원인 중 조세적 측면에서 제기되어 온 문제점, 즉 수익자과세[2]의 적용이 어려운 이유가 무엇인지 살펴보고, 이를 해결하자면 어떤 식으로 과세해야 좋을지라는 유동화신탁 소득[3]의 과세에 관한 제도 설계를 모색해 본다.

본 연구의 주된 논지는 (1) 유동화신탁은 유동화자산의 범위, 유동화기구의 업무 범위, 유동화증권의 발행 구조에 기초해 볼 때, 적격자산 관리형[4]에 속하면서 확정수익부 수익권[5] 및 잔여권(수익

---

[2] 2020년 세법 개정 이전에는 위탁자과세 제도가 존재하지 아니하였으므로, 그 간 실무계 및 학계에서는 신탁재산에서 발생하는 소득을 수익자에게 귀속시켜 과세하는 것(이하 "수익자과세"라 한다)을 일컬어 신탁을 도관으로 보는 입장으로 보아 '신탁도관과세'로, 이에 대비되는 개념으로 신탁을 별개의 과세단위로 보는 입장에 대하여는 '신탁실체과세'로 각각 불러 왔다. 그러나 '도관'이나 '실체'라는 개념은 세법에서 사용하지 않는 용어일 뿐 아니라, 해당 논의에서 다루어지고 있는 쟁점은 신탁재산에 귀속되는 소득을 세법상 어떻게 귀속시킬지의 문제이지 신탁 자체의 법적 성질이 아니라는 점에서 이러한 표현이 정확히 들어맞는다고 보기는 어렵다. 일례로 이창희[2023], 430-431면은 '도관과세'라는 개념 대신 '투시과세'라는 개념을 사용하고 있기도 하다. 다만, 본 연구에서는 그 동안 관련 논의에서 '신탁도관이론' 및 '신탁실체이론'이라는 용어가 주로 사용되어 온 점을 감안하고, 국내 선행연구와의 논의의 일관성을 도모하고자 '도관' 및 '실체'라는 표현도 일부 병용하기로 한다. 한편, 2020년 세법 개정으로 위탁자과세 제도가 새로 도입되었는데, 이 경우는 신탁재산에서 발생하는 소득을 신탁을 투시하여 위탁자에게 귀속시켜 과세하는 것(이하 "위탁자과세"라 한다)으로서, 신탁을 투시하여 과세한다는 점에서는 수익자과세와 마찬가지이다. 따라서 본 연구에서의 도관과세 또는 투시과세의 개념에는 수익자과세와 더불어 위탁자과세도 포함된다.
[3] 본 연구에서 유동화신탁 소득이란 유동화신탁의 신탁재산에서 생기는 소득을 의미한다.
[4] 본 연구에서 제시하는 유동화거래 유형 중 가장 전형적인 유형을 말한다. 이에 대한 상세한 논의는 제7장 제3절 참조.

권)6)을 발행하는 구조의 유동화거래에 대하여는 유동화신탁 소득을 잔여권 보유자에게 투시하여 과세하는 것이 적합하고,7) (2) 이때 수익권이라는 사법상 성질에 불구하고 세법상으로는 확정수익부 수익권은 이자소득을 발생시키는 채권으로 보고 잔여권만을 수익권으로

---

5) (i) 본 연구에서 확정수익부 수익권은 신탁이 수익권의 형태로 발행한 확정수익부 증권(fixed income securities)으로서, 제7장 제3절 Ⅱ. 3.에서 열거하는 요건을 모두 충족하는 수익권을 말한다. 확정수익부 증권(fixed income securities)이란 Rule 3a-7(이하에서 정의됨)에서 제시하는 개념인데, 확정수익부 증권의 대표적인 형태는 채무증권(debt securities)을 들 수 있다. 그러나 이에 한정되지는 아니하고 법적 형식은 지분증권이나 수익증권의 모습을 취하고 있더라도 그 경제적 실질이 채무증권의 특징을 갖는 경우(debt-like securities)에도 확정수익부 증권에 해당한다. 확정수익부 증권에 대한 상세한 검토는 제4장 제2절 논의 참조.
(ii) '확정수익부 증권'이라는 용어의 우리말 번역은 한민(2014), 34면을 참조하였다.
(iii) 지분증권이란 자기자본에 해당하는 출자지분을 표시하는 증권을 말한다. 김건식/정순섭[2010], 38면 참조. 우리나라에서는 자본시장법 제4조 제2항 제2호 및 같은 조 제4항에서 증권의 일 유형으로 지분증권을 규정하고 있다. 이는 방금 말한 '채무증권'과 대비되는 개념이며, 이 구분은 본 연구에서 중요하다.

6) 잔여권은 확정수익부 수익권이 발행된 상황에서 한 종류의 지분수익권이 발행된 경우, 해당 지분수익권을 가리킨다. 신탁재산에서 발생한 소득 중 선순위 수익권에 해당하는 확정수익부 수익권에 대한 지급이 이루어진 후 남는 금원을 취득할 수 있는 권리라는 의미에서 '잔여권'이라 부른다. 지분수익권의 의미에 대하여는 각주 476 참조.

7) 신탁재산에서 발생하는 소득에 대하여 투시과세를 할지 법인과세를 할지 등과 관련하여 절대적인 기준을 찾기는 어렵다. 투시과세에 적합하다 하더라도 반드시 투시과세를 해야 한다고 단정하기는 어렵고, 투시과세에서 파생되어 나오는 이중과세 해소의 효과를 법인과세에서 구현하는 것도 가능하기 때문이다. 이는 법인세제에서 투시과세를 할지 법인과세를 할지에서 어떤 절대적 기준을 찾기 어려운 것과도 마찬가지이다. 따라서 본 연구에서는 유동화신탁 소득 과세 시 어떠한 경우에 투시과세가 적합한지 여부를 따지는 것을 목표로 한다.

보아야 한다는 점이다.

이렇게 함으로써 유동화신탁 소득 과세와 관련한 모호함이 해소되고, 그 결과 현재 실무에서 미봉책으로 이용되는 2단계 구조 대신 1단계 구조의 유동화거래가 가능해지는 동시에, 채무증권으로서 성격을 갖는 확정수익부 수익권이 시장에서 보다 활발히 거래될 수 있는 여건이 마련될 수 있다.

한편, 이러한 새로운 구조 하에서 잔여권 보유자에게 귀속되는 유동화신탁 소득이란 신탁재산에서 발생한 소득 중 확정수익부 수익권 보유자에게 지급하는 이자 성격의 비용을 공제한 나머지만을 가리키게 된다는 점에 유의할 필요가 있다.

제2절 연구의 범위 및 방법

유동화신탁 소득의 과세제도 설계를 위해 본 연구는 그 전제 작업으로서 연구 대상 면에서는 금융규제법적 논의, 비교법적 측면에서는 미국의 논의에 주목한다.

금융규제법적 논의를 살펴보는 이유는 유동화신탁 소득의 과세 제도를 적절히 설계하기 위해서는 자산유동화의 경제적 기능 및 경제적 실질에 관한 검토[8]가 선행되어야 하는데, 금융규제 분야에서 이에 관한 상세한 논의를 찾아볼 수 있기 때문이다.

---

[8] 사전적 의미에서 '경제적 기능' 또는 '경제적 실질'이란 용어의 뜻이 명확히 정하여져 있지는 아니하나, 본 연구에서는 자산유동화가 이른바 '그림자금융'의 수단으로 금융시장에서 수행하는 기능(제2장 제2절에서 논의)을 가리켜 '경제적 기능'으로, 집합투자와 비교하여 볼 때 자산유동화에서 고유하게 드러나는 거래 구조상 특징(제4장에서 논의)을 일컬어 '경제적 실질'로 각각 부르기로 한다.

한편, 본 연구가 미국의 논의에 초점을 맞추고 있는 이유는 비교법적 연구로서의 성격도 일면 있으나, 보다 근본적으로는 자산유동화의 경제적 기능 분석, 집합투자와의 비교를 통한 자산유동화의 경제적 실질 규명, 나아가 이러한 논의에 터 잡은 유동화신탁 소득의 과세 특례의 마련 등의 점에서, 미국에서는 오랜 기간 실무계와 학계에서 관련 논의가 축적되어 왔고, 그에 기반한 정치한 입법례가 구축되어 운영되어 왔기 때문이다.

본 연구는 자산유동화의 경제적 기능 및 실질을 검토하기 위한 방법론으로 자산유동화와 집합투자의 비교에 주목한다. 유동화거래는 그 태동에서부터 미국, 일본, 우리나라 등에서 집합투자와의 차이가 무엇인지에 대한 다양한 논의를 불러일으킨 바 있다. 이는 유동화거래가 그 자체로 사업을 영위하지는 아니하고, 투자매체[9]로서 기능하는 기구(vehicle)를 이용하여 투자자의 자금을 모으면서(pooling) 증권을 발행하고, 해당 자금을 대상자산에 투자한 뒤 그 수익을 다시 투자자에게 환원하는 간접투자로서의 성격을 띠고 있고, 이러한 면에서는 증권의 발행과 자산의 보유·운용의 순서만 바뀌었을 뿐 집합투자와 동일한 거래 구조를 갖는 것으로 볼 여지가 있기 때문이다.[10]

나아가 집합투자와 관련하여서는 규제체계 및 과세체계가 별도로 정립되어 이미 형성되어 있기 때문에,[11] 만일 유동화거래가 그 경제적 실질 면에서 집합투자의 일 유형으로 포섭가능하다면 유동화거래에 대하여도 집합투자에 적용되는 규제체계 및 과세체계를

---

9) 이창희[2023], 620면.
10) 김건식/정순섭[2010], 687면.
11) 집합투자에 대한 금융규제와 관련하여서는 자본시장법 제5편 집합투자기구, 집합투자 과세와 관련하여서는 소득세법 제17조 제1항 제5호, 제155조의 3 등 참조.

동일하게 적용하여야 한다는 논지가 이어진다는 점에서도 이러한 논의는 중요한 의미를 갖는다.

본 연구는 그 초석으로서 먼저 유동화거래가 태동하고[12] 현재에도 전 세계적으로 가장 많은 유동화거래가 이루어지고 있는[13] 미국의 논의를 중심으로 자산유동화의 발전 과정 및 경제적 기능을 살펴본다.

우리 법이 신탁소득[14] 과세에 관한 일반적 규정만 두고 있고 유동화신탁 소득의 과세제도를 따로 정해두지 않고 있어서 생기는 불확실성과 문제점을 해결하자면 유동화신탁 소득의 과세제도를 따로 신설할 필요가 있다. 그런데 이러한 제도는 유동화신탁의 경제적 기능, 경제적 실질 및 「자산유동화에 관한 법률」(이하 "자산유동화법"이라 한다) 등 법령의 규제목표를 모두 고려해서 설계해야 한다.

이를 위해 본 연구는 우리 자산유동화법, 미국의 규제법령, 특히 미 증권거래위원회(SEC)에서 제정한 CFR 17편 § 270. 3a-7[15](이하 미국에서 흔히 부르는 바에 따라 "Rule 3a-7"이라 한다), 나아가 유동화신탁 소득의 과세제도를 따로 둔 미국의 위탁자신탁 세제, REMIC[16]과

---

12) SEC, "Exclusion From the Definition of Investment Company for Structured Financings", Investment Company Act Relaease No. 19105(1992. 11. 19), 57 FR(Federal Register) 56248 (1992. 11. 27).

13) 2018년 기준 전 세계 유동화증권 발행의 약 절반 정도가 미국에서 이루어지고 있다. S&P GLOBAL RATINGS, Global Structured Finance 2019 Securitization Energized With $1 Tln Volume (2019. 1. 17) Table 1 참조.

14) 본 연구에서 '신탁소득'은 신탁재산에서 발생하는 소득을 가리키는 의미로 사용한다.

15) CFR은 미국연방규정집(Code of Federal Regulations)을 가리키는 것으로, 총 50편으로 구성되어 있다. 그 중 17편에서는 상품 및 증권거래(Commodity and Securities Exchanges)에 관한 사항을, 26편에서는 소득세(Internal Revenue)에 관한 사항을 각각 규정하고 있다. CFR 17편은 3개의 Chapter로 구성되어 있고 Part 270은 그 중 Chapter II.에 속한다.

FASIT[17])을 차례대로 검토한다.

 이 과정에서 본 연구가 주목하는 점은 유동화거래와 관련한 미국에서의 금융규제법적, 세법적 논의가 그 역사적 연원 및 내용 면에서 서로 밀접하게 맞닿아 있고,[18] 그 논의가 우리나라의 유동화거래에 대하여도 동일하게 적용가능하다는 점이다. 본 연구는 미국에서 양자의 논의가 서로 연계되어 있고 우리나라에도 적용가능 하도록 만드는 요인을 집합투자와는 구분되는 유동화거래의 고유한 경제적 기능 및 실질에서 찾는다.

 한편, 본 연구는 유동화거래와 관련한 방대한 논의 및 입법례가 축적되어 온 미국에서의 논의를 중점적으로 살펴보고 있으나, 그럼에도 미국에서의 논의에만 초점을 두고 있는 점은 본 연구의 한계이

---

16) Real Estate Mortgage Investment Conduits의 약자로 '적격모기지'(Qualified Mortgage)를 유동화자산으로 하는 미국 세법상 특례가 적용되는 유동화기구를 말한다. 유동화기구가 민사법상 신탁, 파트너십, 법인 중 어떠한 형태를 취하든 간에 일정한 요건을 충족하면 REMIC으로 과세된다. REMIC의 요건 및 과세에 대한 상세한 논의는 제6장 제2절 참조.

17) Financial Assets Securitization Investment Trusts의 약자로 금융채권 일반을 유동화자산으로 하는 미국 세법상 특례가 적용되는 유동화기구를 말한다. REMIC이 적격모기지를 유동화자산으로 하는 경우만을 그 적용 대상으로 하는 데 비해, FASIT은 금융채권 일반을 그 대상으로 한다는 점에서 차이가 있다. REMIC 제도는 현재에도 시행 중에 있으나, FASIT 제도는 1996년부터 시행되었다가 2004년 American Jobs Creation Act of 2004에 의해 폐지된 바 있다. FASIT의 등장 및 폐지 경과에 대한 상세한 논의는 제6장 제3절 참조.

18) 일반적으로 유동화거래 일반에 대하여 공통적으로 적용되는 법적 고려 사항으로는, (i) 유동화증권의 공모 해당 여부 및 자산유동화계획 등 등록 여부, (ii) 유동화거래의 집합투자 해당 여부, (iii) 유동화자산의 자산보유자 등으로부터의 도산절연(bankruptcy remote) 여부, (iv) 이중과세 방지 여부 등이 언급된다(Gambro/ McCormack[2007], p. 115 참조). 이 중 본 연구와 관련된 부분은 (ii)와 (iv)로서, (ii)는 유동화거래의 경제적 실질을 파악하는 효과적인 방법론으로서 기능할 수 있고, (iv)는 유동화신탁의 투시과세 가능 여부와 맞닿아 있다.

며, 추후 유럽이나 일본 등 자산유동화가 활발히 이루어지고 있는 여타 지역의 관련 법제에 대한 추가 연구에 의해 본 연구의 결론이 다시 검토되거나 보완, 보충될 필요가 있다고 생각된다. 본 연구에서는 비교적 접근이 쉬운 정보에 한하여 중간중간 단편적으로 일본에서의 논의를 소개한다.

아울러 본 연구는 국제조세에 관한 논의를 하고 있지 아니하므로, 본 연구의 우리나라 현행법에 관한 논의는 개인은 소득세법상 거주자, 법인은 법인세법상 내국법인에 해당하는 경우로 국한한다.

제3절 논의의 순서

본 연구의 방법론적 특징은 앞서 언급한 바와 같이, 유동화신탁 소득의 과세제도 설계를 위해 그 전제 작업으로서 연구 대상 면에서는 금융규제법적 논의, 비교법적 측면에서는 미국의 논의에 주목하고 있다는 점이다. 이러한 방법론에 기초하여 먼저 제2장 및 제3장에서는 주로 자산유동화와 관련한 우리나라의 금융규제법 및 세법 관련 논의를 살펴보고, 제4장 내지 제6장에서는 미국의 금융규제법 및 세법 관련 논의를 짚어 본다. 이를 토대로 제7장에서는 앞선 논의를 정리하고, 유동화신탁 소득의 과세제도를 모색해 본다.

구체적으로 제2장에서는 본 연구의 연구 대상이 되는 자산유동화의 개관으로 자산유동화의 의의, 자산유동화의 발전 및 경제적 기능 구분, 우리나라 자산유동화시장의 현황 및 자산유동화의 거래 구조를 차례대로 짚어 본다. 금융규제법적 논의를 먼저 살펴보는 이유는 자산유동화의 경제적 기능 및 현황에 대한 이해가 유동화신탁 소득의 과세제도의 설계의 기초가 되기 때문이다. 아울러 본 연구가 유동화거래와 집합투자의 비교에 주목하는 이유는 양자의 연혁, 성격, 내용 등을 비교해 봄으로써 자산유동화의 경제적 실질을 더 잘 이해할 수 있기 때문이다.

제3장에서는 유동화신탁 소득의 과세에 관한 현행법을 살펴본다. 먼저 관련 현행법령을 짚어 보고, 이어서 신탁과세이론과 수익자과세 원칙을 살펴본다. 또한 실정법상 투자신탁 과세 관련 규정을 검토해 보고 이를 유동화신탁 과세와 비교해 본다. 이후 유동화 실무의 1단계 구조 및 2단계 구조를 중심으로 유동화신탁에 대한 현행 과세체계를 검토해 보고, 이 과정에서 유동화신탁 소득과세에서 맞닥뜨리는 문제점이 무엇인지 확인해 본다. 아울러 신탁소득 관련 2020년 세법 개정 사항에 기초하여 유동화신탁 소득의 법인과세 가능성도 검토해 본다.

제4장에서는 유동화거래와 집합투자의 미국법상 제도적 차이를 짚어 본다. 구체적으로 본 연구는 Rule 3a-7을 중심으로 집합투자 규제와 관련하여 양자가 도대체 어떻게 다른가를 분석한 미국의 입법사와 법령을 검토한다.[19] 이러한 논의를 통해서 드러나는 자산유동화의 경제적 실질은 뒤따르는 과세제도 설계의 대전제가 된다는 점에서 중요한 함의를 갖는다.

제5장 및 제6장에서는 유동화신탁 소득의 과세제도를 따로 두고 있는 미국의 제도를 본격적으로 살펴본다. 제5장은 과거에 미국의 유동화거래에서 주로 활용된 제도, 제6장은 최근이나 현재 미국의

---

19) Rule 3a-7에 대하여 개괄적으로 소개하고, 그 내용에 기초하여 금융규제 목적상 유동화거래와 집합투자의 구분 기준을 검토한 선행연구로 한민 (2014), 33-35, 39-50면 참조. 본 연구는 여기서 한 걸음 더 나아가 Rule 3a-7의 내용을 전부 소개하는 동시에, 도입 당시 및 제도 시행 이후 이루어진 논의 등을 상세히 살펴보고, Rule 3a-7이 갖는 법적, 제도적 의의를 자산유동화의 경제적 기능 및 미국 세법상 유동화기구 과세 특례 제도와 각각 연계하여 심도 있게 분석해 본다.

유동화거래에 적용되었거나 여전히 적용되고 있는 제도에 관한 논의로서 성격을 갖는다. 그렇다고 제5장에서 살펴보는 위탁자신탁 제도가 현재 더 이상 사용되지 않는 것은 아니고, 제6장에서 살펴보는 REMIC 제도의 활용이 가능하지 않은 경우에는 위탁자신탁 제도가 여전히 활용 가능하다.

먼저 제5장에서는 제4장에서의 논의와 연계하여 유동화거래 초창기에 어떠한 연유로 집합투자와 달리 유동화거래에 대하여는 위탁자신탁 세제의 적용이 가능하였는지 살펴본다. 이를 위해 구체적으로 미국 세법[20]의 투자신탁[21]에 대한 위탁자신탁 세제 적용 기준을 검토해 본다. 세부적으로는 투자신탁의 신탁 분류 요건을 규정하고 있는 재무부규칙 § 301.7701-4(c)(이하 "고정투자신탁[22] 판단 기준"이라 한다) 및 위탁자신탁 해당 요건을 규정하고 있는 IRC §§ 671 - 679 (이하 "위탁자신탁 판단 기준"이라 한다)[23]을 차례대로 살펴본다.

이어서 제6장에서는 최근이나 현재 미국에서 이용되었거나 이용되고 있는 유동화신탁 세제에 관한 사례로서, 미국 세법상 유동화거래에 관한 특례에 해당하는 REMIC 및 FASIT에 대하여 각각 검토하고, 위탁자신탁 세제의 적용 기준이 유동화거래에 맞추어 REMIC과 FASIT 특례에서 어떠한 방식으로 구현되어 구체화되었는지 확인해 본다.

---

20) 본 연구에서는 미국 공법(United States Code) 26편(title 26) Internal Revenue Code(이하 "IRC"라 한다), CFR 26편(title 26)에 해당하는 Treasury Regulation(이하 "재무부규칙"이라 한다) 등을 총칭하여 '미국 세법'이라 한다.
21) 미국 세법에서 민사법상 신탁을 그 경제적 실질에 따라 구분한 개념으로, 동 개념은 집합투자신탁과 유동화신탁을 모두 포괄하고 있다는 점에서 우리나라의 자본시장법상 투자신탁과는 그 의미를 달리한다. 투자신탁에 대한 상세한 설명은 제5장 제3절 Ⅰ. 참조.
22) 고정투자신탁이란 재무부규칙상 투자신탁에 해당하는 신탁 중에서 일정한 요건을 충족하여 세법상 신탁으로 분류되는 신탁을 의미한다. 이에 대한 상세한 검토는 제5장 제3절 Ⅲ. 참조.
23) 위탁자신탁 판단 기준에 대하여는 제5장 제4절에서 상세히 살펴본다.

제7장에서는 이상의 논의를 종합하여 우리나라에서의 유동화신탁 소득의 과세 관련 제도를 설계해 본다. 그 요지는 유동화신탁 소득의 과세제도는 (i) 유동화자산의 범위, (ii) 유동화신탁(수탁자)의 업무 범위, (iii) 유동화증권의 발행 구조 이 세 가지에 맞추어야 하고, 이 세 가지가 과세제도 설계에 어떤 영향을 주는지 따져보아야 한다는 것이다. 이러한 기준 하에 본 연구는 자산유동화법에서 정의하는 유동화신탁을 ① 적격자산 관리형, ② 적격자산 운용형, ③ 비적격자산 관리형, ④ 비적격자산 운용형으로 구분하고, 이 중 가장 전형적인 유동화거래에 해당하는 적격자산 관리형을 대상으로 하여 과세제도를 설계해 본다.

제8장에서는 본 연구의 논의를 개괄하여 정리하고, 향후 연구 과제를 짚어 본다.

제2장
자산유동화의 개관

제1절 자산유동화의 의의

자산유동화법은 자산유동화를 다음과 같이 정의하고 있다.[24]

　유동화기구인 유동화전문회사 또는 신탁업자가 자산보유자(또는 다른 유동화전문회사 또는 다른 신탁업자)로부터 양도 또는 신탁받은 유동화자산(또는 이를 기초로 발행된 유동화증권)을 기초로 유동화증권을 발행하고, 해당 유동화자산의 관리·운용·처분에 의한 수익이나 차입금 등으로 유동화증권의 원리금·배당금 또는 수익금을 지급하는 일련의 행위

　유동화자산은 '자산유동화의 대상이 되는 채권(채무자의 특정 여부에 관계없이 장래에 발생할 채권을 포함한다), 부동산, 지식재산권 및 그 밖의 재산권'으로, 유동화증권은 '유동화자산을 기초로 하여 자산유동화법 제3조에 따른 자산유동화계획에 따라 발행되는 수권, 출자증권, 사채(社債), 수익증권 그 밖의 증권이나 증서'로 각각 규정하고 있다.[25]

　그러나 위 법령상 정의는 자산유동화의 실제와는 거리가 있다. 첫째, 실제의 유동화거래는 합리적으로 예측할 수 있는 현금흐름을 발생시키는 현금흐름 발생자산(이하에서 정의됨)을 유동화자산으로 삼는다. 자산유동화법상 정의가 현금흐름 발생 여부에 대하여 명확히 규정하지 아니하고, 채권, 장래채권, 부동산, 지식재산권 및 그 밖의 재산권으로 유동화자산의 범위를 매우 포괄적으로 규정하고 있

---

24) 자산유동화법 제2조 제1호 가목 내지 라목.
25) 자산유동화법 제2조 제3호 및 제4호.

는 것은[26] 유동화거래의 본질을 잘 포착하지 못하는 것이다. 둘째, 실제의 유동화거래의 목적은 유동화자산에서 생기는 현금흐름을 재구성해서 투자자와 자산보유자에게 넘어가게 하는 것이지 유동화자산을 투자 내지 투기 목적으로 운용하는 것이 아니다. 자산유동화법상 정의는 유동화기구의 업무 범위를 유동화자산의 '관리·운용·처분'으로 규정하여, '투자' 목적 이용을 제한하고 있지 않으며, 그 문언상으로는 집합투자기구의 업무 범위와 거의 유사하다.[27] 그 결과 규제법령 및 세법상 양자의 관계에 관한 혼선을 낳고 있다.

본 연구는 실제 일어나고 있는 자산유동화의 과세문제를 다룬다. 구태여 정의하자면, 자산유동화(securitization)[28]란 금융거래(financial

---

[26] 2023. 7. 11. 자 개정[법률 제19533호, 2024. 1. 12.자 시행]을 통해 유동화자산의 범위에 장래채권 및 지식재산권을 추가하였으나, 여전히 현금흐름 발생여부에 대하여는 명시적으로 규정하고 있지 아니하다. 장래채권의 의의 및 요건 등에 대하여는 각주 341 참조.

[27] 자본시장법 제6조 제5항 각호 외 부분 참조.

[28] (i) Securitization이라는 개념은 유동화기구가 투자자들로부터 자금을 조달할 때, 주식(stock), 사채(bonds), 신탁의 수익권(beneficial interests in trusts), 기업어음(commercial paper) 또는 기타 단기의 채무증권(short-term indebtedness) 등 '증권(securities)'의 형태를 주로 취하는 데서 연유한다. 이와 관련하여 securitization과 structured finance(구조화금융)를 구분하는 견해도 있는데, 이 견해는 securitization은 금융자산을 주로 그 대상으로 하는 데 비해 structured finance는 사업 자체(entire business)를 대상으로 하는 경우도 포괄한다는 점에서 양자가 구분된다고 설명한다. Kravitt et al.[2019] 1-9 참조.
(ii) 금융감독원이 2021. 12. 발간한 "자산유동화 실무 안내(Asset Backed Securities Guide)" 2면은 "우리나라와 일본에서는 자산을 묶어(pooling) 이를 기초로 유동성이 높은 증권을 발행한다는 점에서 착안하여 '자산유동화(資産流動化: Securitization)'라고 번역"하였다고 설명하고 있으며, "엄밀한 의미의 '자산유동화증권'이란 자산유동화법에 따라 발행된 증권을 의미하며 동법에 따라 발행되지 않은 여타 ABCP 등은 '유사유동화증권'에 해당한다"고 하여 등록유동화증권과 비등록유동화증권을 각각 구분하고 있다.
(iii) 김건식/정순섭[2010], 714면은 자산유동화는 원래 미국에서 출발한 거래

transaction)의 하나로서, ① 특수목적기구(special purpose entity, 이하 "유동화기구"라 한다)가 투자자들(investors)에게 증권(securities, 이하 "유동화증권"이라 한다)을 발행하여 자금을 모집하고, ② 직접 또는 간접적으로, 해당 자금으로 현금흐름이 발생하는 또는 발생할 것으로 예상되는 자산(rights to, or expectations of, payment, 이하 "현금흐름 발생자산"이라 한다[29])을 취득하며, ③ 해당 현금흐름 발생자산에서 발생하는 현금흐름을 주된 상환 재원으로 하여 유동화증권을 상환하는 거래(이하 "유동화거래"라 한다)로서, ④ 유동화거래를 위해 설립된 유동화기구가 자신이 취득하는 현금흐름 발생자산을 투자(speculation) 목적으로 이용하지 않는 것이라 정의할 수 있다. 실무에서 널리 쓰이고 실제 일어나는 유동화를 가리키는 이 정의를,[30] 이하 법령상 정의와 다르다는 뜻으로 강학상 정의라 부르기로 한다.

자산유동화의 강학상 정의에서 주목할 점은 크게 세 가지로 정리해 볼 수 있다. 첫째, 유동화기구가 취득하는 자산은 '현금흐름이 발생하는 또는 발생할 것으로 예상되는 자산', 즉 현금흐름 발생자산이나(②). 둘째, 유동화증권은 현금흐름 발생자산에서 발생하는 현금흐름을 주된 상환 재원으로 하여 이에 기초하여 상환된다(③). 셋째, 유

로서 자산유동화 내지 증권화에서 증권이 무엇을 의미하는지에 대하여는 미국의 상황을 참고할 필요가 있다고 지적하면서, 구체적으로 자산유동화의 증권 개념은 통일상법전상의 증권을 가리키는 것으로 볼 수 있으나, 자산유동화는 자산의 유통성을 제고하여 자본시장의 거래대상으로 만드는 데 목적이 있으므로 통일상법전상의 증권개념과 증권규제법상의 증권개념은 현실적으로 거의 일치하고 있다고 설명하고 있다.

29) 'payment'라는 용어는 '자금흐름'으로 번역하는 것이 직역에 가까울 것이나, Rule 3a-7이 'payment'를 'cash flow'로 구체화하고 있는 점을 고려하여 논의의 일관성을 확보하고자 '현금흐름'으로 번역하였다. 이에 따라 Rule 3a-7에서 사용하는 'cash flow rights' 및 'income-producing assets'도 동일하게 '현금흐름 발생자산'으로 번역하였다.

30) Schwarcz(2012), p. 1297.

동화기구는 취득한 현금흐름 발생자산을 투자 목적으로 이용하여서는 안 된다(④).

이에 더하여 자산유동화의 강학상 정의에 직접적으로 나타나지는 아니하나, ⑤ 유동화증권은 주로 채무증권(debt or debt like securities)[31]으로서의 경제적 속성을 갖게 된다는 특징이 있다.[32] 이는 자산유동화 거래가 그림자 금융의 일환으로서 자본시장에서 대규모로 거래 가능한 정보무관련 채권을 창출해 내는 데 그 목적이 있기 때문인데, 이에 대하여는 절을 바꾸어 이하 제2절에서 상세히 살펴본다.[33]

제2절 자산유동화의 발전 및 경제적 기능 구분

Ⅰ. 서론

자산유동화란 대략 1970년대 이후 미국에서 새로 생겨난 금융거래이고 우리나라에서는 자산유동화법 제정 이후인 1990년대 말부터 등장했다. 처음에는 낯설기만 했던 이 금융거래는 이제는 우리 경제

---

31) (i) 금융규제법상 채무증권이란 타인자본 조달수단으로서 채무를 표시하는 증권을 일반화하여 부르는 개념이다. 김건식/정순섭[2010], 34면 참조. 우리나라에서는 자본시장법 제4조 제2항 제1호 및 같은 조 제3항에서 증권의 일 유형으로 채무증권을 규정하고 있다.
(ii) 본 연구에서 유동화증권으로서 '채무증권'은 그 법적 형식에도 불구하고, 유동화증권 발행의 근거가 되는 계약에 따라, 유동화기구가 유동화증권 투자자에게 경제적 실질 면에서 원금 및 이자로 구성되는 금전을 지급하기로 구성된 권리를 가리키는 개념으로 사용한다.
32) Schwarcz(1994), p. 133.
33) 유동화거래에 대한 자산유동화법상 정의와 강학상 정의의 차이점에 대하여는 제4장 제5절에서 보다 상세히 살펴본다.

에도 깊숙이 뿌리박았다. 자산유동화란 도대체 왜, 어떤 역사적 과정을 밟아서 생겨난 것인가? 결론적으로 자산유동화는 전통적으로 은행이 담당해 오던 유동성 변환(liquidity transformation), 만기 변환(maturity transformation), 신용도 변환(credit transformation)의 기능을 대체하는 시장기반 신용중개의 일환으로서 일종의 그림자 금융(shadow banking)으로서의 역할을 수행해 왔다. 이하에서는 현재와 같은 유동화거래의 경제적 실질을 만들어 낸 미국에서의 논의를 중심으로 이에 대하여 상세히 고찰해 본다.

II. 그림자 금융의 수단으로서 자산유동화의 전개

1. 은행(bank)의 기능

자금의 융통을 담당하는 금융시장(financial market)에서 자금의 공급과 자금의 수요는 기간, 금액 등의 면에서 완전히 일치하지 않는 것이 일반적이다.[34] 그에 따라 자금공급자와 자금수요자 사이의 필요의 불일치와 정보비대칭을 해결하는 것이 요구되는데, 그러한 역할을 담당하는 기관을 금융중개기관(financial intermediary)이라 한다.[35] 금융시장은 이와 같이 금융중개기관이 개입하는 간접금융시장과 금융중개기관의 개입 없이 직접 금융이 일어나는 직접금융시장으로 나뉘고, 간접금융시장의 대표적인 금융중개기관으로는 은행(bank), 직접금융시장의 대표적인 형태로는 자본시장(capital market)이 있다.[36]

은행의 본질적인 업무는 자금공급자인 예금자로부터 예금(deposit)

---

34) 김건식/정순섭[2010], 3면.

35) *Id*.

36) *Id*.

을 예치 받아 이를 회사나 개인 등 자금수요자에게 대출(loan)의 형태로 공급하는 것이다.[37] 이를 통해 은행은 다음의 세 가지 기능을 수행한다.[38]

첫째, 은행은 언제든지 현금으로 인출 가능한 매우 유동적(liquid)인 자산인 예금을 현금으로 신속히 전환되기 어려운 매우 비유동적인(illiquid) 자산인 회사나 개인에 대한 대출채권 및 모기지[39] (mortgages) 등으로 변환시킴으로써 유동성 변환 기능을 수행한다. 예금은 즉시성(immediacy)[40] 및 확실성(certainty)[41]을 통해 유동성의 확보가 가능하다는 특징이 있다.

둘째, 유동성 변환 기능과 관련되어 있으나 이와는 구분되는 기능으로 만기 변환 기능이 있다.[42] 은행의 보유 자산인 대출채권이나 모기지 등은 비유동적일 뿐 아니라 그 성격상 만기가 장기(long term)이다. 이에 비해 예금은 예금자가 언제든지 그 예금의 인출을 요청할 수 있다. 은행은 만기가 단기(short term)인 예금을 장기의 대출채

---

[37] 정순섭[2017], 31-34면.
[38] 이하 은행의 세 가지 기능에 대한 설명은 Armour et al.[2016], pp. 277-278에 기초하여 작성한 것이다.
[39] 모기지는 저당채권 또는 저당권부채권으로 번역되는 경우도 있으나(이미현/정영민/설윤정/조석희/이익재[2017], 393면, 이준봉[2012], 343면 각 참조), 저당권의 범위 등과 관련하여 morgages와 저당채권 등의 용어가 명확히 대응되는 것은 아니다. 이에 본 연구에서는 morgages를 '모기지' 또는 '모기지채권'으로 표시하기로 한다(이러한 용례로는 이준봉[2012], 143면 등 참조).
[40] 은행에 인출을 요청하는 즉시 현금으로 지급 받는 특징을 말한다.
[41] 은행에 예치한 금액을 채무불이행의 위험 없이 안전하게 지급 받을 수 있는 특징을 말한다.
[42] 통상적으로는 만기가 짧은 채권일수록 현금 전환이 더 용이하다는 점에서 유동성 변환과 만기 변환 사이의 관련성이 인정된다. 다만, 단기의 채권 중에서도 현금 전환이 어려운 채권이 있고(가령, 회사의 매출채권 등), 장기의 채권 중에서도 현금 전환이 용이한 채권(가령, 투자적격등급의 유동화증권 등)이 존재한다는 점에서 양자는 개념상 구분된다.

권 또는 모기지 등으로 변환시킴으로써 만기 변환 기능을 수행한다.

셋째, 예금은 위험이 낮은 자산인 데 비하여 은행이 창출하는 대출채권이나 모기지 등은 채무불이행 위험이 높다. 은행은 위험이 낮은 예금을 위험이 높은 대출채권 또는 모기지 등으로 변환시킴으로써 신용도 변환의 기능을 수행한다. 구체적으로 은행의 대출채권 등에 대한 심사(screening), 감독(monitoring) 및 통제(controlling) 프로세스, 다수의 대출채권 '풀'(pool)[43] 조성을 통한 위험 분산(diversification) 및 완충자본으로서의 자본금(capital) 보유 등이 신용도 변환 기능의 수행을 가능케 한다.

2. 시장기반 신용중개(market-based credit intermediation)의 확대

지난 50여 년 사이 금융시장의 눈에 띄는 변화는 '시장기반 신용중개'의 확대이다.[44] 시장기반 신용중개는 기업이나 개인이 자금의 차입(debt financing)을 위해 은행이 아닌 증권시장(securities market)을 이용하는 것을 말한다.[45]

미국에서 1960년대 이래 시장기반 신용중개를 촉진시킨 요소로는 크게 ① 연금펀드(pension funds) 및 생명보험사(life insurers) 등 비은행 금융중개기관(non-bank financial intermediaries)으로부터의 대규모 자금 유입, ② 상업은행과 투자은행의 영업을 엄격히 구분하는 글래스-스티걸 법(Glass-Steagall Act)과 은행의 영업 지역 제한(geographic limits) 등으로 대표되는 은행의 팽창 억제 규제책을 들 수 있다.[46]

---

[43] 은행이 채무자, 조건 등을 달리하는 여러 대출채권 묶음을 보유하게 된다는 의미이다.

[44] Armour et al.[2016], p. 433.

[45] Id.

먼저 미국에서는 1960년대 이후 연금펀드 및 생명보험사 등에 대규모 자금 유입이 발생하였는데, 연금펀드 및 생명보험사에 자금을 제공하는 자는 은행에 예금을 예치하는 예금자와는 다른 특성을 보였다. 그에 따라 연금펀드 및 생명보험사로서는 자신들이 조달한 자금을 은행에 예치하는 것이 아니라, 예금 이자보다 더 높은 수익을 안정적으로 창출하는 새로운 투자수단으로서 채무증권 등(debt-like securities)에 투자하기를 원하였다.

구체적으로 살펴보면, 첫째, 연금펀드 및 생명보험사 가입자는 해당 기관에 언제든지 자금 인출을 요청할 수 있는 것이 아니라 일정한 사건(은퇴 또는 사망)이 발생한 경우에만 지급청구권을 행사할 수 있다(not immediately redeemable). 따라서 연금펀드 및 생명보험사로서는 은행의 유동성 변환 기능이 크게 필요하지 않았다.[47] 둘째, 은퇴 또는 사망 등에 따른 자금 지급은 당장에 발생하지 아니하고 그 지급액이 예측가능(predictable)하기에, 이들 기관으로서는 은행의 만기 변환 기능 역시 필요하지 않았다.[48] 셋째, 연금펀드 및 생명보험사는 대규모 자금을 투자하게 되는데, 은행에 해당 자금을 예치하는 경우 예금보험이 적용되는 상한을 넘어서는 금액에 대하여는 예금 보험의 혜택을 받을 수가 없었다.[49] 이에 비해 이들 기관은 대규모 자금의 투자가 가능해 짐에 따라 투자자문사 등으로부터 양질의 투자자문을 받을 수 있었고, 그에 따라 다각화된 투자 포트폴리오를 구성할 수 있었으며, 투자적격등급에 해당하는 안정적인 채권에만 자금을 투자하는 것이 가능하였다.[50] 그 결과 이들 기관의 경우에는

---

46) *Id.*, pp. 435-436.
47) *Id.*, p. 436.
48) *Id.*
49) *Id.*
50) *Id.*

은행이 대출채권에 대한 심사 및 감독 등을 통해 수행해 오던 신용도 변환 기능 또한 더 이상 필요하지 않게 되었다.

은행이 제공하는 유동성 변환, 만기 변환, 신용도 변환의 기능을 필요로 하지 않는, 연금펀드 및 생명보험사 등의 '안전한 채권 자산에 대한 투자 수요 확대'는 투자은행이 시장기반 신용중개 시장을 확장시키는 데 결정적인 발판이 되었다.[51] 투자적격등급의 회사들은 위 세 가지 기능에 대한 규제 비용을 지급해야 하는 은행 차입보다, 증권시장에서 사채를 발행하여 자금을 조달하는 것이 자금조달 비용 면에서 더 효율적이라는 점을 인지하게 되었고, 투자은행은 이러한 새로운 자금수요에 발맞추어 인수인(underwriter)으로서 이러한 회사들이 발행하는 채무증권을 시장의 투자자들[52]에게 분배(distribution)하는 채권 인수업무를 적극적으로 수행하게 된 것이다.[53] 이러한 흐름은 당시 미국에서의 은행 팽창 억제 규제와도 맞물려 더욱 확대되었는데, 투자은행이 상업은행의 업무를 영위하는 것을 제한한 글래스-스티걸 법에 따라 투자은행으로서는 시장에 기반한 신용중개를 더욱 적극적으로 추진할 유인을 강하게 가질 수밖에 없었고, 은행의 지역적 업무 범위가 제한됨에 따라 거대한 자금수요를 가진 상장회사들로서는 전국적인 자금 조달이 가능한 채권시장을 더욱 선호하게 된 것이다.[54]

---

51) *Id.*, p. 437.
52) 연금펀드 및 생명보험사 등이 여기에 포함된다.
53) *Id.*, pp. 437-438.
54) *Id.*, p. 438.

3. 그림자 금융의 수단으로서 유동화기구의 발전

1) 그림자 금융의 의미

미국에서 자산유동화는 1970년대 및 1980년대 장기(long-term) 모기지 대출채권(mortgage loan)과 단기(short-term) 예금(deposit) 간의 만기 불일치(maturity mismatch) 문제 등을 해결하기 위해 도입된 정부보증기관(Government-sponsored enterprises)[55] 주도의 주택모기지채권 유동화에서 출발하였다.[56] 이후 민간의 투자은행 등에서도 자산유동화 기법을 적극적으로 도입하기 시작하였고, 그 과정에서 유동화기구는 그림자 금융(shadow banking)의 핵심 수단으로서 기능하게 된다.

그림자 금융이란 전통적으로 은행이 수행해 오던 유동성 변환, 만기 변환, 신용도 변환의 기능을 대체하여 수행하면서도 은행 규제를 적용받지 않는 금융기법을 의미한다.[57] 시장기반 신용중개가 증권시장에서의 채무증권 발행을 통한 자금 조달을 총칭하는 개념인 데 비해, 그림자 금융은 그 중에서도 은행의 변환 기능을 수행하는 경우만을 특화하여 가리키는 개념이라는 점에서 양자는 구분된다.[58]

---

[55] Fannie Mae(Federal National Mortgage Association) 및 Freddy Mac(Federal Home Loan mortgage Corporation)이 이에 해당한다.

[56] Armour et al.[2016], p. 439.

[57] Id., p. 444.

[58] 그림자 금융의 의미와 성격에 대하여는 그 간 다양한 논의가 전개되어 왔고, 최근 금융안정위원회(Financial Stability Board)는 2018. 3. 기존 그림자 금융(shadow banking)이라는 용어를 비은행 금융중개(non-bank financial intermediation)로 변경하여 사용하기로 결정하였다(Global Monitoring Report on Non-Bank Financial Intermediation 2018). 다만, 금융안정위원회가 정하는 그림자 금융 또는 비은행 금융중개 개념은 시장기반 신용중개 전반을 포함하는 개념으로서 본 연구에서 채택하는 그림자 금융의 개념보다는 넓은 개념이다(Armour et al.[2016], p. 445).

한편, 그림자 금융은 실제로는 은행과 같은 기능을 수행하면서도,59) 그 명칭에서 드러나듯이 오랜 기간 규제 대상에서 벗어나 있었다.60) 이로 인해 그림자 금융이 은행 규제를 잠탈하는 수단으로 이용될 가능성에 대한 우려가 지속적으로 있어 왔다. 특히 그림자 금융에서 핵심 기능을 담당해 왔던 유동화증권과 관련하여, 유동화증권의 급격한 가치 하락이 서브프라임 금융위기의 주요 원인으로 작용함에 따라 그림자 금융에 대하여도 은행에 준하는 수준의 금융규제가 적용되어야 한다는 논의가 활발히 전개되어 왔다.61)

2) 유동성 변환 기능의 대체

시장기반 신용중개가 점차 확대됨에 따라 투자은행 등은 새로운 도전에 직면하게 되었는데, 시장기반 신용중개의 자금공급자 기반 확충이 바로 그것이다. 시장기반 신용중개의 규모를 지속적으로 확대하기 위해서는 은행 예금으로 흘러들어가는 자금을 증권시장으로 끌어 들여오는 것이 매우 중요했는데, 이를 위해서는 예금이 가지고 있는 고유한 특징, 즉 완전한 유동성(perfect liquidity)을 충족시켜 줄 필요가 있었다.62) 이러한 요건을 충족시키는 데 핵심적인 역할을 한 것이 바로 유동화기구를 통한 ABCP(asset-backed commercial paper) 증권의 발행 및 Repo(repurchase agreement)63) 시장이다.64)

---

59) Gorton(2009), p. 42.
60) Id.
61) Gorton(2009) pp. 39-40; Armour et al.[2016], pp. 445-447.
62) Armour et al.[2016], p. 439.
63) Repo 거래란 "증권을 매매하면서 일정기간 후에 같은 증권을 매도인이 사전에 결정된 가격으로 매수인으로부터 재매입할 것을 조건으로 이루어지는 증권의 매매거래"를 뜻한다. Repo 거래는 궁극적으로는 증권과 자금을 신용위험 관리수단으로 교환하는 것이라는 점에서 담보부 대출과 유사한

유동화기구가 발행하는 ABCP와 Repo 시장에서 거래되는 환매조건부 채권(이하 "RP"라 한다)은 모두 매우 짧은 상환기간을 가지면서,[65] 대부분 차환(roll-over)을 통해 그 만기가 연장된다는 특징이 있다. 그에 따라 ABCP 또는 RP 투자자로서는 매우 짧은 기간 내에 투자자금의 회수가 가능해지고 그 결과 상당한 정도의 유동성을 확보할 수 있다.[66]

유동화기구는 AAA 평가를 받는 투자적격등급의 유동화증권(MBS, CDO 등[67])을 발행하면서, 유동화증권에 대한 자금 지급을 원활히 하기 위해 ABCP를 발행하게 되는데 그 과정에서 투자은행 등은 ABCP 차환이 원활히 이루어지지 않는 경우 자신이 그 지급의무를 부담하겠다는 신용보강을 제공하는 것이 일반적이다. 이는 ABCP의 MMF(money market fund)[68] 등에 대한 편입 가능성을 크게 증진시키는 효

기능을 수행하고, 그에 따라 그 법적 성질을 두고 다양한 논의가 있어 왔다. 정순섭[2017], 518-519면 참조.

64) Id.

65) ABCP의 경우는 통상 30일 내지 90일, RP의 경우는 짧게는 익일물의 만기를 갖는 경우도 있다.

66) RP 익일물의 경우에는 다음 날 만기가 도래하는 것이므로 발행기관의 자금 여력이 담보되는 한 사실상 은행 예금과 동일한 정도의 유동성 확보가 가능해진다.

67) (i) 통상 미국 유동화 실무에서 MBS(mortgage Backed Security)는 모기지채권을 기초자산으로 발행하는 유동화증권을 말하고, CDO(Collateralized Debt Obligation)는 이러한 MBS 중 중순위로 지급되는 증권(mezzanine tranches)을 기초자산으로 하여 재차 발행하는 유동화증권을 의미한다.
(ii) 한편, 본 연구에서 우리나라 또는 미국의 유동화 실무에 대하여 소개하는 내용 중 출처 표기가 없는 부분은 적절한 출처를 찾지 못하여 다른 문헌을 이용해 뒷받침하지는 아니하나, 필자의 실무 경험에 비추어 볼 때 거래계에 널리 퍼져 있는 인식에 일치하는 바를 따로 정리하여 소개하는 것이다.

68) MMF(money market fund)란 단기금융집합투자기구로서, "집합투자재산을 단

과를 가져 온다.[69] RP의 경우도 환매금액에 비례하는 RP거래 '대상증권'의 제공을 통해 그 지급의무를 보장한다는 특징이 있다. 그 결과 ABCP 및 RP는 예금과 마찬가지로 채무불이행 위험이 매우 낮은 안전자산으로서의 지위를 시장으로부터 인정받을 수 있게 되었다.[70]

한편, 이와 더불어 주목해야 할 변화는 RP 거래의 대상증권에 유동화증권이 포함되었다는 점이다. 기존에는 RP 거래에서는 국채(treasury bond) 등만이 대상증권으로 인정되었는데, 2005년 미국 파산법 적용 면제(bankruptcy safe harbor)[71] 대상에 MBS가 포함됨에 따라[72]

기채권, CD, CP, Call Loan 등 단기금융시장(Money Market)에 주로 투자하는 집합투자기구"를 말한다. 환매를 통한 수시 입출금이 가능하기 때문에 투자자들이 일시적인 여유자금을 운용하는 대표적 투자수단으로 기능한다. 변제호/홍성기/김종훈/김성진/엄세용/김유석[2015], 853면 참조.

[69] Armour et al.[2016], pp. 439-440.

[70] 그러나 서브프라임 금융위기를 거치면서, 투자은행이나 보험사 등은 그 자금 여력의 한계로 인해 금융위기가 발생하여 동시 다발적인 지급 요청이 들어올 때 이에 대처할 능력이 부재하고(즉, 최종대부자(Lender of Last Resort)로서의 역할 수행에 한계가 존재함), RP의 경우도 대상증권의 일정 비율에 상응하여 자금의 융통이 가능한데(대상증권 평가액의 전부가 아니라 일정 비율에 대하여만 자금을 융통해 준다는 점에서 'Haircut'이라 부른다) 금융위기 시에는 Haircut 비율이 일시에 상승함에 따라 심각한 유동성 위기가 초래될 수 있다는 문제점이 각각 드러난 바 있다. Armour et al.[2016], pp. 439-440; Gorton(2009), p. 33 각 참조.

[71] 우리나라에서는 「채무자 회생 및 파산에 관한 법률」(이하 "채무자회생법"이라 한다) 제120조 제3항 제2호에서 환매조건부 매매에 관한 채무자회생법 적용면제를 규정하고 있다. 이와 관련하여 채무자회생법 제120조 제3항 제2호는 '유가증권의 환매거래'라는 문언을 사용하고 있으나, 정순섭[2017], 13면은 이는 '유가증권의 환매조건부거래'를 의미하는 것으로 보아야 하고, 문언 해석상 불필요한 오해가 초래될 소지가 있다는 점을 지적한다.

[72] 우리나라에서도 자산유동화법에 따라 신탁업자가 자산유동화계획에 의해 발행하는 수익증권, 한국주택금융공사법에 따른 주택저당증권 등을 환매조건부 매매 대상증권으로 규정하고 있다(자본시장법 제166조, 같은법 시행령 제181조 제1항 제1호, 금융투자업규정 제5-18조 제1항 제2호 라목 및

이를 RP 거래의 대상증권으로 활용하는 것이 가능해졌다.[73] 그 결과 투자적격등급 유동화증권의 투자자도 Repo 시장을 통한 유동화증권의 즉시 유동성(immediate liquidity) 확보가 가능해지게 되었다.[74]

요컨대, 유동화기구가 발행하는 투자적격등급의 유동화증권은 RP 시장에서의 환매조건부 매매를 통해, ABCP는 그 자체의 짧은 만기 및 투자은행 등의 신용보강을 통한 신용도 강화를 통해 은행의 예금에 견줄만한 유동성 확보가 가능해지게 된 것이다.

3) 유동화기구와 Repo 시장의 결합을 통한 만기 변환 기능의 대체

유동화기구가 발행하는 유동화증권은 그 만기가 장기라는 점에서 유동화기구 자체가 은행이 수행하는 만기 변환 기능을 수행한다고 보기는 어렵다. 다만, 유동화기구는 유동화증권의 원활한 지급을 위해 ABCP를 발행하는 경우가 자주 있는데, ABCP는 30일 내지 90일 이내의 상대적으로 짧은 만기를 갖는다는 점에서 유동화기구가 ABCP를 발행하는 경우에는 어느 정도의 만기 변환 기능을 수행한다고 볼 수 있다.

그런데 위 2)에서 살펴본 바와 같이 유동화증권이 RP 거래의 대상증권으로 활용되면, 유동화증권의 투자자로서는 보유하고 있는 유동화증권을 RP 시장을 통해 즉시 현금화하는 것이 가능해진다. 또한 ABCP의 경우에도 짧은 만기에 더하여 투자은행 등의 신용보강이 이루어짐으로써 채무불이행 위험을 상당히 낮추는 것이 가능해지는 바,[75] MMF 등의 수요가 높아진다는 특징이 있다.

바목 참조).

73) Armour et al.[2016], p. 441.
74) *Id.*, p. 443.
75) 우리나라 유동화거래 실무에서도 기초자산만으로 유동화거래가 이루어지

즉, 유동화기구는 그 자체로는 만기 변환 기능을 적극적으로 수행하지는 않으나, Repo 시장 등과의 결합으로 유동화증권이나 ABCP 투자자로 하여금 언제든지 해당 자산을 현금으로 전환 가능하도록 함으로써 만기 변환 기능의 수행이 가능해지도록 할 수 있다.

4) 신용도 변환 기능의 대체

은행은 다양한 현금흐름을 갖는 채무불이행 위험을 수반하는 대출채권을 안전자산인 예금으로 전환하는 신용도 변환 기능을 수행한다.[76] 이는 은행이 대출채권을 '창출'(origination)할 때 채무자인 회사나 개인의 신용도를 조사하고, 동일차주에 대출이 집중되지 않도록 대출채권을 다각화하며, 대출 실행 이후에도 대출채권의 상환에 대하여 지속적인 감독 절차를 수행하는 과정을 거치는 동시에, 대출채권의 채무불이행으로 인한 손실의 완충재로서 기능하는 일정한 자본을 확보하고 있기에 가능하다.[77]

자산유동화는 이러한 은행의 신용도 변환 기능을 더 낮은 비용으로 보다 효과적으로 수행할 수 있다는 점에서 더욱 촉진되었다. 자산유동화는 기초자산에서 발생하는 현금흐름을 재조정하여 각각의 유동화증권에 대한 지급 순위를 구분하는 지급우선순위(waterfall) 조항에 의해 이러한 기능을 수행할 수 있다.[78]

자산유동화는 은행에 부여되는 각종 규제를 받지 않기 때문에 규

는 경우도 있으나(가장 단순한 형태의 ABL(Asset-backed loan) 거래 등), 상당수는 해당 거래를 주관하는 증권회사 또는 한국산업은행 등 특수은행이 신용보강을 제공하는 형태로 이루어지고 있다.

76) Id., p. 442.
77) Id., p. 443.
78) Id.

제비용을 절감할 수 있다는 점에서 비용 면에서 더 효율적일 뿐 아니라,[79] 여러 등급의 신용도를 갖는 유동화증권을 동시에 창출해 낼 수 있다는 점에서 보다 효과적으로 신용도 변환 기능을 수행할 수 있었다.[80]

5) 정보무관련성

이상의 논의에 더하여, 유동화기구의 경제적 기능과 관련하여 주목할 만한 개념으로 개리 고튼(Gary Gorton) 교수가 제시한 '정보무관련성'(informationally-insensitive)이 있다.[81] 그에 의하면 은행이 만들어내는 예금(deposit)은 정보무관련성을 띠는데, 이는 예금자산은 이를 만들어내는 은행에 대한 정보와 무관하게 예금보험 등의 장치를 통해 투자자들에게 거의 변하지 않는 일정한 가치를 제공해 줄 수 있기 때문이다.[82] 이를 통해 예금자들은 예금을 지급결제의 수단으로 활용할 수 있고, 설령 다른 예금자가 은행에 대한 추가 정보를 보유한다고 하여도 해당 예금자들이 예금자산의 거래를 통한 투자이익을 거둘 수 없다.[83] 즉, 사람들은 은행에 대한 예금자 간의 정보 불균형을 염려하지 않으면서도(정보무관련성), 예금자산에 대한 확실

---

79) Id.
80) 정순섭[2017], 9-10면은 자산유동화가 대출채권 유통의 한 방법으로서 기능할 수 있고, 이에 따라 은행의 역할을 전통적 의미의 간접금융 중개기관에서 자본시장에서의 적극적 기능을 수행하는 시장형 간접금융 중개기관으로 재정립할 필요가 있다는 점을 지적한다. 은행법의 규제원칙을 현재의 기관별 규제에서 기능별 규제로 전환하는 이른바 '은행법의 증권화(the Securitization of the Banking Law)'가 필요하다는 것이다.
81) Gorton(2009), pp. 6-7.
82) Id.
83) Id., pp. 3-4.

한 가치를 보장 받을 수 있는 것이다. 이러한 예금의 특성은 지분증권(equity)이나 일반 회사채(corporate bond)의 가치가 발행자의 정보와 밀접하게 관련되고(informationally-sensitive), 그에 따라 투자자들이 정보격차를 통한 투자이익을 추구하게 된다는 사실과 극명히 대비된다.[84]

그런데 은행에 막대한 자금을 예치해야 하는 대기업이나 헤지펀드 등으로서는 일정한 한도로 제한되는 예금보험이 적용되는 예금만으로는 이러한 효과를 온전히 누릴 수가 없다.[85] 그는 이것이 자본시장을 통한 정보무관련 채권을 창출하게 하는 요인이 되었고, 이 과정에서 유동화기구가 발행하는 투자적격등급의 확정수익부 증권이 자본시장에서 거래되는 정보무관련 채권으로서 그 역할을 수행해 왔다고 설명하고 있다.[86] 반대로 자산유동화에서 발행되는 유동화증권 중 확정수익부 증권이 아닌 잔여권으로 대표되는 지분증권이 시장에서 거래되지 아니하는 이유도 바로 여기에서 찾아볼 수 있다.[87]

4. 소결

요컨대, 자산유동화는 전통적으로 은행이 수행하는 세 가지 기능

---

[84] Id., pp. 4, 24.

[85] Id., p. 4.

[86] Id., p. 24; 본 연구에서 살펴보는 바와 같이(제4장 제4절 참조), 서브프라임 금융위기의 발생 이후 미국에서는 Regulation AB의 개정을 통해 유동화자산의 내역에 대한 공시를 강화한 바 있다. 그러나 집합투자증권에서의 공시가 투자대상 자산의 시장가치 또는 공정가치의 변동 가능성에 관한 정보의 공시에 초점을 맞추는 데 비해, 유동화자산의 공시는 유동화자산이 예정된 현금흐름을 그대로 실현할 수 있는지 여부에 초점을 맞추는 점에서 양자는 내용적으로 뚜렷한 차이를 보인다.

[87] Gorton(2009), p 24.

을 대체하는 역할을 수행하는 과정을 통해 발전하여 왔고, 이는 정보무관련 자산인 은행 예금의 역할을 대체할 수 있는, 자본시장에서 대규모로 거래 가능한 새로운 정보무관련 채권을 창출해 내는 기능으로 구체화되었다.

본 연구에서 주목하는 바는 이러한 자산유동화의 특징은 집합투자증권이 투자자들의 투자대상 자산의 시장가치 또는 공정가치 변동에 따른 투자이익 실현을 주된 목적으로 하여 발행되고, 투자대상 자산에 관한 정보가 투자자들의 이익 실현에 결정적인 요소가 된다는 점과 명확히 대비된다는 것이다. 본 연구에서 살펴보는 바와 같이, 미국에서는 이러한 차이가 집합투자와는 구분되는 자산유동화 특유의 규제 체계[88] 및 과세제도[89]의 설계로 이어지게 된다.

제3절 우리나라 자산유동화 시장의 현황

Ⅰ. 자산유동화의 등록, 비등록 문제

본 절에서는 우리나라의 자산유동화 시장 현황을 개괄적으로 살펴본다. 그에 앞서 선결문제로 이른바 자산유동화의 등록, 비등록 문제를 먼저 짚어 볼 필요가 있다. 자산유동화법은 유동화계획의 등록을 전제하고 있으나 실제 자산유동화 시장에서는 등록하지 않는 경우가 압도적 다수를 차지하고 있기 때문이다. 이리하여 실무에서는 자산유동화를 등록유동화와 비등록유동화로 나눈다.[90]

---

88) 제4장 논의 참조.
89) 제5장 및 제6장 논의 참조.
90) 정순섭[2017], 484면은 '정형유동화'와 '비정형유동화'라는 개념을 사용하고

등록유동화는 해당 자산유동화계획이 자산유동화법에 따라 금융위원회에 등록되는 거래를 의미한다.[91] 등록유동화는 채권양도의 대항요건에 관한 특례,[92] 근저당권에 의하여 담보된 채권의 확정,[93] 저당권 등의 취득에 관한 특례[94] 등 금융거래적 측면에서 자산유동화법상 특례의 적용 대상이 되는 동시에 유동화전문회사의 업무 범위 및 유동화증권의 발행 등[95]과 관련하여 자산유동화법상 규제 대상이 된다.

이에 비해 비등록유동화는 자산유동화법 밖에서 이루어지는 유동화거래로서, 자산유동화법의 적용을 받지 아니하는 거래를 말한다.[96]

2021년 유동화증권 발행 현황을 보면, 비등록 유동화증권이 전체 유동화증권 발행액의 약 90.2%를 차지하고 있다.[97] 이렇듯 자산유동화 시장에서 비등록유동화거래가 활발히 이루어지고 있는 것은 등록유동화가 발행절차 및 일정상의 제약, 단일유동화계획 원칙[98]에 따른 제약, 자산보유자 자격의 제한, 합성유동화(synthetic ABS) 거래구조[99]의 제한 등 금융감독당국의 행정규제의 대상으로서 여러 운

있다.

[91] 자산유동화법 제6조.
[92] 자산유동화법 제7조.
[93] 자산유동화법 제7조의2.
[94] 자산유동화법 제8조.
[95] 자산유동화법 제3장 및 제4장 참조.
[96] 다만, 2023. 7. 11. 자 개정[법률 제19533호, 2024. 1. 12.자 시행]을 통해 비등록유동화의 경우에도 유동화증권의 발행내역 등의 공개 및 유동화증권의 의무보유에 관한 규정에 대하여는 그 적용 대상에 포함된다(자산유동화법 제33조의2 및 제33조의3 참조).
[97] 〈표 1-1〉 및 〈표1-2〉 참조.
[98] 자산유동화법상 유동화전문회사등(신탁업자는 제외함)이 등록할 수 있는 자산유동화계획을 유동화자산 및 자산보유자의 수에 관계없이 1개로 한정하는 원칙을 말한다(자산유동화법 제3조 제2항).

영상 제약에 노출되어 있기 때문이다.[100]

한편, 등록유동화와 비등록유동화의 구분은 세법상으로는 법인세법이 규정하는 배당금손금산입 공제의 적용대상이 되는지 여부와 관련된다. 법인세법 제51조의2 제1항은 자본시장법에 따른 투자회사 등을 배당금액 소득공제의 적용 대상으로 규정하고 있는데, 유동화거래와 관련하여서는 '자산유동화법에 따른 유동화전문회사', 즉 등록 유동화법인만을 소득공제의 대상으로 정하고 있고 비등록 유동화법인은 적용 대상에서 제외하고 있다.[101] 이는 금융당국에 자산유동화계획을 제출한 등록 유동화법인에게만 과세 특례를 부여하기 위한 목적으로 보이는데, 그 이유가 뚜렷하게 드러나지는 않는다.

II. 자산유동화 시장의 개괄

2021년 기준 우리나라의 자산유동화 현황은 아래 표와 같다.[102] ⟨표 1-1⟩ 및 ⟨표 1-2⟩를 기준으로 살펴보면, 가장 먼저 눈에 띄는 것은 앞서 언급한 바와 같이, 전체 유동화증권 발행액(약 530조 9,136억원) 중 약 90.2%(약 479조 1,019억원)를 차지하는 유동화증권이 비등록 유

---

99) 합성유동화(synthethic ABS) 거래 구조에 대하여는 각주 403 설명 참조.
100) 김용호/이선지/유이환(2008), 49-53면; 이러한 제약을 개선하고자 2023. 7. 11. 자 개정[법률 제19533호, 2024. 1. 12.자 시행]을 통해, 자산보유자의 자격, 자산유동화계획의 범위 등의 면에서 일부 완화된 내용의 규정이 마련된 바 있다(자산유동화법 제2조 제2호, 제3조 제2항 등 참조).
101) 법인세법 제51조의2 제1항 제1호.
102) ⟨표 1-1⟩ 및 ⟨표 1-2⟩는 한국예탁결제원 증권정보포털 SEIBRO 유동화증권 거래정보에서 2021. 1. 4. - 2021. 12. 31. 기간을 설정하여 추출한 자료이고, ⟨표 1-3⟩은 금융감독원이 공시한 2021년 ABS 발행실적통계 3면에서 인용한 자료이다.

동화거래를 통해 발행되고 있다는 점이다. 등록 유동화거래를 통해서는 약 9.8%(약 51조 8,117억원)의 유동화증권이 발행되는 데 그치고 있다.

등록 유동화거래를 통해 발행되는 유동화증권 중에서도 약 66.5% (약 34조 4,644억원)는 한국주택금융공사가 주택금융공사법에 의거하여 주택저당채권을 기초자산으로 하여 발행하는 MBS(mortgage-backed securities)[103]가 차지하고 있으며, 금융회사나 일반회사가 자산보유자가 되는 경우는 약 33.5%(약 17조 3,473억원, MBS를 제외한 전체 유동화증권 발행액 대비로는 약 3.5%)에 불과하다.

이는 우리나라에서 금융회사나 일반회사가 보유하는 대출채권이나 매출채권 등을 기초자산으로 하는 유동화거래의 상당 부분이 자산유동화법 밖에서 비등록 유동화거래의 방식으로 이루어지고 있음을 보여준다.

한편, 자산유동화 거래 중 유동화법인을 이용한 경우와 유동화신탁을 이용한 경우의 비중에 대하여는 명확한 수치가 나와 있지 않은 상황이다. 뒤에서 살펴보는 바와 같이,[104] 우리나라에서는 유동화법인과 유동화신탁을 모두 활용하는 2단계 구조가 활발히 이용되고 있기 때문에, 양자의 이용 비중을 명확히 파악해 내는 것 자체가 어렵기도 하다.

---

103) 우리나라 유동화 실무에서 자산유동화법이 아니라 한국주택공사법에 근거하여 한국주택금융공사가 금융기관으로부터 양수한 주택저당채권을 기초로 발행하는 주택저당증권을 가리키는 개념으로 쓰이는 용어이다.
104) 제3장 제6절 참조.

III. 기초자산 종류별 유동화 현황

<표 1-1> 2021년 기초자산 종류별 등록유동화 및 비등록유동화 현황

(단위: 백만원)

기초자산 종류	등록유동화	비등록유동화	총합계
대출채권	1,107,600	72,535,734	73,643,334
PF 대출채권	1,388,194	166,636,129	168,024,323
모기지(MBS)	34,464,409	479,000	34,943,409
매출채권	8,848,900	29,428,545	38,277,445
정기예금	-	130,863,452	130,863,452
회사채	5,473,632	14,287,676	19,761,308
주식	-	6,781,670	6,781,670
신용파생	-	5,035,279	5,035,279
하이브리드증권	-	6,101,090	6,101,090
수익증권	250,800	39,448,877	39,699,677
지식재산권	-	-	-
기타	278,200	7,504,437	7,782,637
합계	51,811,735	479,101,889	530,913,624

유동화거래의 기초자산 종류를 살펴보면, 등록 유동화거래에서는 대출채권, PF대출채권, 매출채권, 회사채 등 채권[105]이 기초자산의 거의 대부분을 차지하고 있음을 알 수 있다.[106] 비등록 유동화거래

---

105) 본 연구에서 유동화자산으로서 '채권(債權)'은 장래채권을 포함하여 그 발생의 근거가 되는 계약에 따라 채무자에 대하여 일정한 금전적 청구를 할 수 있는 권리 일반을 말하는 것이다. 대출채권이나 매출채권뿐 아니라 회사채 등 채무증권을 모두 포함한다.
106) <표 1-1> 및 <표 1-2>에서는 '기타'로 집계되는 부분이 있으나, 금융감독원

에서도 주식, 신용파생상품, 하이브리드 증권 등 채권 이외의 자산이 기초자산으로 되는 경우가 있으나,107) 상당수는 채권을 유동화거래의 기초자산으로 삼고 있음을 알 수 있다.108)

Ⅳ. 유동화증권 발행 현황

유동화기구가 발행하는 유동화증권은 등록 유동화거래에서 발행되는 ABS,109) MBS 및 비등록 유동화거래에서 발행되는 AB사채, AB단

의 공시자료인 〈표 1-3〉에서는 채권 이외의 유형의 기초자산은 발견되지 아니한다.
107) 수익증권을 기초자산으로 하는 경우는 2단계 구조에서 유동화법인이 유동화신탁이 발행하는 수익증권을 취득하는 경우로 추측되나, 공시된 내용만으로 이를 명확히 파악하기는 어렵다.
108) (i) 비등록 유동화거래의 기초자산 중에는 PF 대출채권 및 예금채권이 상당 부분을 차지하고 있다. 그 원인으로는 (a) PF 유동화의 경우는 2006년 금융감독원이 등록유동화를 통한 PF 유동화에 대하여 해당 PF 사업에 대한 사업성 평가를 강화하고, 시공사의 PF 보증 내역을 공시하도록 하는 규제를 도입함에 따라 대거 비등록 유동화시장인 ABCP 시장으로 이동한 점, (b) 예금채권 유동화의 경우는 장단기 금리차 및 기관별 금리차이를 이용한 초과수익을 거두는 방법으로 증권회사 등이 예금채권 유동화를 활발히 이용하고 있는 점 등을 들 수 있다. 김필규(2015), 120-121면 참조. (ii) 예금채권 유동화는 자산보유자가 해당 자산을 유동화자산으로 이용하여 자금을 조달하는 것이 아니라, 유동화기구가 CP 발행 등으로 투자자로부터 조달한 자금을 수익성이 높은 자산에 투자하여 CP 투자자들이 높은 수익률을 얻도록 하는 것이 목적이라는 점에서 엄밀히는 또 다른 종류의 구조화금융일 뿐 유동화거래로 볼 수는 없다는 견해가 있다. 이미현(2021), 118-119면 참조.
109) ABS는 'Asset Backed Securities'의 약자로 자산유동화의 결과로 발행된 증권을 총칭하는 개념이다. 발행의 기초가 되는 자산의 종류에 따라 CLO (Collateralized Loan Obligation, 기초자산이 대출채권인 경우), CBO (Collateralized Bond Obligation, 기초자산이 회사채인 경우), MBS(Mortgage Backed Securities,

기사채, ABCP 등으로 구분되는데,110) 이 중 MBS, AB사채, AB단기사채, ABCP 등은 발행 형식의 측면에서는 사채, 수익증권, 어음 등 상이한 모습을 띠나, 경제적 실질 면에서는 원금 및 이자를 지급받는 채무증권으로서의 성질을 갖는다.

〈표 1-2〉에 제시된 자료만으로 ABS의 구체적인 형태를 파악하기는 어려우나, 실무상으로는 거의 대부분의 선순위, 중순위 또는 후순위 ABS는 비등록 유동화거래에서와 마찬가지로 사채, 수익증권 등의 여러 법적 형식을 띠면서도 그 경제적 실질 면에서는 채무증권으로서의 성질을 갖는 것으로 파악된다.111)

한편, 표 〈1-2〉는 시장에서 거래되는 유동화증권 발행 현황만을 나타내고 있기에 유동화기구가 발행하는 유동화증권 이외의 권리는 표시되어 있지 아니하다. 통상 유동화법인의 경우는 주식회사 또는 유한회사의 형태를 띠고 있으므로 주주 또는 사원은 주식 또는 출자지분을 보유하게 되고, 유동화신탁의 경우는 자산보유자가 2종 수익권112)을 보유하게 된다. 그런데 이러한 권리들은 경제적 실질 면에

기초자산이 모기지채권인 경우) 등으로 구분된다(금융감독원, 자산유동화 실무 안내(Asset Backed Securities Guide)(2021. 12), 2면 참조]. 다만, 우리나라 유동화 실무(표 1-2도 마찬가지)에서는 자산유동화법에 따른 등록 유동화거래에서 발행되는 자산유동화 증권만을 가리키는 개념으로 주로 쓰이고 있다.

110) AB사채, AB단기사채, ABCP는 순서대로 유동화자산에 기초해서(Asset Backed) 발행되는 사채, 단기사채, CP(Commercial Paper)를 말하는 것으로, 우리나라 유동화 실무(표 1-2도 마찬가지)에서는 비등록 유동화거래에서 발행되는 자산유동화 증권을 가리키는 개념으로 주로 쓰이고 있다.

111) 최근의 공시사례로 2021. 12. 21.자 에이치에프티일사유동화전문회사 자산유동화계획의 등록신청서(선순위 사채 및 후순위 사채의 형태로 유동화증권 발행), 2021. 12. 15. 자 케이비국민카드제팔차유동화전문회사(신탁회사) 자산유동화계획의 등록신청서(선순위 수익권증서 및 후순위 수익권증서의 형태로 유동화증권 발행) 각각 참조. DART 홈페이지에서 검색 가능하다.

서 채무증권으로서의 성질을 갖는 유동화증권과 달리 출자지분 내지는 잔여권으로서의 성격을 갖는다. 그에 따라 이러한 권리가 시장에서 거래되는 사례는 거의 없고, 다양한 투자 수요 충족을 위해 선순위, 중순위 등 여러 종류의 권리가 발행되는 유동화증권과 달리 이러한 권리는 통상 하나의 종류만이 발행되고 있다.

〈표 1-2〉 2021년 기초자산 종류별 유동화증권 발행 현황

(단위: 백만원)

유동화증권 발행 현황	ABS	MBS	AB사채	AB 단기사채	ABCP	총합계
대출채권	1,107,600	-	4,688,877	23,335,499	44,511,359	73,643,335
PF 대출채권	1,388,194	-	10,407,690	124,349,425	31,879,014	168,024,323
모기지 (MBS)	-	34,464,409	10,000	305,000	164,000	34,943,409
매출채권	8,848,900	-	298,300	19,935,559	9,194,686	38,277,445
정기예금	-	-	1,343,016	1,178,360	128,342,076	130,863,452
회사채	5,473,632	-	2,432,239	5,921,881	5,933,556	19,761,308
주식	-	-	171,600	6,487,020	123,050	6,781,670
신용파생	-	-	1,457,609	2,772,300	805,370	5,035,279
하이브리드 증권	-	-	255,200	4,754,800	1,091,090	6,101,090
수익증권	40,000	-	239,987	29,505,803	9,913,886	39,699,676
지식재산권	-	-	-	-	-	-
기타	278,200	-	776,697	4,343,870	2,383,870	7,782,637
합계	17,136,526	34,464,409	22,081,215	222,889,517	234,341,957	530,913,824

---

112) 2종 수익권에 대하여는 제3장 제5절 참조.

〈표 1-3〉 금융감독원 공시 2021년 중 자산보유자별 및
유동화자산별 발행현황(등록 유동화거래만 표시)[113]

(단위: 억원)

자산보유자		유동화자산	대출채권			매출채권					부동산 PF	증권	총계
			NPL	주택저당채권	SOC 대출채권	카드채권	자동차할부채권	기타할부리스채권	단말기할부대금채권	기타기업매출채권			
금융회사	은행		23,917										23,917
	증권											56,092	56,092
	신용카드사					42,758	4,820						47,578
	할부금융사						25,912	3,898					29,810
	상호저축은행		269										269
	기타[1]		43										43
	소계		24,229			42,758	30,732	3,898				56,092	157,710
일반기업[2]					7,276				69,545	1,994	14,482		93,297
공공법인	한국주택금융공사			365,733									365,733
총계			24,229	365,733	7,276	42,758	30,732	3,898	69,545	1,994	14,482	56,092	616,739

1) 농협협동조합자산관리회사, 협동조합
2) 부동산 PF 기초 ABS 및 SDC 대출채권 기초 ABS를 포함.

---

113) (i) 〈표 1-3〉의 유동화자산 중 증권은 P-CBO(Primary-Collateralized Bond Obligations) 거래의 기초자산이 되는 회사채를 의미한다. 금융감독원 공시자료 2021년 자산유동화증권(ABS) 발행 통계 2면 참조.
(ii) 〈표 1-1〉의 등록 유동화거래를 통해 발행된 유동화증권 발행액 합계액(약 51조 8,117억원)과 〈표 1-3〉의 합계액(약 61조 6,739억원) 사이에는 다소 간의 차이가 있다. 집계기관이 상이함에 따라 집계 기간이나 산정 기준에 일부 차이가 있는 것으로 추측되나, 공시된 내용만으로 그 이유를 명확히 파악하기는 어렵다.

V. 소결

우리나라의 자산유동화거래에서는 등록 유동화거래 및 비등록 유동화거래를 불문하고 현금흐름 발생자산으로서 채권 또는 장래채권을 기초자산으로 하면서 채무증권으로서의 경제적 실질을 갖는 유동화증권을 발행하는 형태[114]가 거의 대부분을 차지하고 있는 것으로 파악된다.

이는 우리나라에서도 미국과 마찬가지로 거의 대부분의 자산유동화거래가 시장기반 신용중개의 일환으로서 활발히 이용되고 있고, 전통적으로 은행이 수행해 온 유동성 변환, 만기 변환, 신용도 변환 기능을 대체하는 그림자 금융의 수단으로 기능하고 있음을 보여 준다.

이러한 우리나라의 자산유동화 현황은 제4장 이후에 살피는 미국의 논의가 우리나라에도 그대로 적용될 수 있는 가능성을 보여준다. 제1장에서 제시한 미국법과의 비교를 내세우는 본 연구의 방법론은 본 절에서 살펴본 우리나라의 자산유동화 현황을 통하여서도 정당화될 수 있는 것이다.

제4절 자산유동화의 거래 구조

I. 유동화기구: 법인, 신탁, 조합

자산유동화는 유동화기구의 법적 형식에 따라 유동화법인, 유동

---

[114] 본 연구에서 제시하는 유동화거래 유형 중 '적격자산 관리형'에 해당한다. 이 '적격자산 관리형'이 가장 전형적인 유동화거래 유형으로서 본 연구에서 주로 초점을 맞추어 논의하는 대상이다.

화신탁 및 유동화조합을 통한 방식으로 각각 구분해 볼 수 있다. 유동화기구는 유동화거래의 수행만을 목적으로 설립되는 특수목적기구인데, 우리나라에서는 이 중 법인과 신탁의 방식 또는 양자를 모두 이용하는 2단계 구조 방식이 주로 이용되고 있다. 자산유동화법도 유동화전문회사 또는 신탁업자를 유동화자산을 취득하는 법적 주체로 각각 규정하고 있다.115)

유동화조합을 통한 유동화거래의 사례는 실무에서 거의 찾아보기 어렵다. 그 이유로는 조합이 유동화기구가 될 수 있는지와 관련한 선결문제로서 (i) 자산보유자가 조합원의 지위에서 유동화조합의 잔여지분을 보유하는 경우, 유동화자산이 자산보유자의 채권자로부터 도산절연된 것으로 볼 수 있는지의 문제, (ii) 익명조합의 익명조합원 등은 유한책임을 부담하나, 민법상 조합의 조합원은 무한책임을 짐에 따라 유동화기구가 이러한 형태를 띨 경우 현실적으로 유동화조합의 조합원으로서 참여할 투자자를 찾기 어려울 수 있다는 점 등의 투자자로서의 책임 문제 등이 있다.116) 이러한 사정을 고려하여, 본 연구에서는 유동화신탁에 초점을 맞추어 논의를 전개한다. 그러나 위에서 언급했고 또 뒤에서 자세히 살펴보듯이,117) 유동화신탁 가운데 다수는 수익자와 신탁 사이에 유동화법인을 끼우는 2단계 구조 형태가 차지하고 있다.

한편, 유동화거래는 유동화법인의 형태로도 활발히 이루어지고 있는바, 유동화법인의 과세에 관한 논의는 여전히 중요한 의미를 갖는다.118) 그러나 본 연구는 유동화신탁의 소득과세를 다루고 있으므

---

115) 자산유동화법 제2조 제1호 가목 내지 라목.
116) 이러한 선결문제가 유동화조합을 이용한 유동화거래에서 법적 장애로 작용하지는 않는다는 견해로 이준봉(2012), 50-51면 논의 참조.
117) 제3장 제6절 참조.
118) 이와 관련한 선행연구로는 이준봉(2012), 298-338면 참조.

로, 유동화법인의 소득과세에 대하여는 따로 상세히 살펴보지 아니한다. 다만, 본 연구에서 유동화법인과 연계하여 한 가지 짚고 넘어갈 쟁점은 유동화신탁의 경우와 달리 법인세법은 자산유동화법에 따른 유동화전문회사, 곧 유동화법인에 대하여는 배당가능이익의 100분의 90 이상을 배당한 경우 그 금액을 해당 배당을 결의한 잉여금 처분의 대상이 되는 사업연도의 소득금액에서 공제하도록 하는 규정을 별도로 마련하고 있다는 점이다.[119] 즉, 법인세법은 유동화법인의 경우에는 지급배당금을 손금산입 내지 소득공제하게 해서 법인세 이중과세를 벗어날 길을 두고 있는 것이다. 나아가 이러한 혜택은 등록유동화에 한하고 있지만, 등록유동화와 비등록유동화는 자산유동화법의 적용 대상에 해당하는지 여부에 대하여만 차이가 있을 뿐, 별도의 유동화기구를 설립하고 유동화자산에 기초하는 유동화증권을 발행한다는 점에서 그 경제적 실질 및 기능 면에서는 동일하다고 볼 수 있고, 이에 따라 비등록 유동화법인의 경우에도 배당소득공제의 적용이 필요하다는 견해가 충분히 제기될 수 있다.

그러나 실제 유동화거래에서 법인세 이중과세는 문제되지 않는다. 즉, 자본시장법에 따른 투자회사 등의 경우에는 배당금손금산입 공제가 집합투자기구 단계의 과세를 방지함에 있어 핵심적 기능을 수행하고 있는 데 비해, 자산유동화법에 따른 유동화전문회사의 경우에는 적용례를 거의 찾아보기 어려울 정도로 그 활용이 미미한 실정이다. 이는 실무상으로 유동화전문회사의 자금 흐름을 계획하는 시점부터 1인 주주에게 배당금이 지급되지 않도록 유동화전문회사의 순이익이 0 이 되도록 맞추는 자금흐름 설계가 이루어지고 있기 때문이다.[120] 그런데 투자회사와 달리 유동화전문회사의 경우에만

---

[119] 법인세법 제51조의2 제1항; 참고로 구 조세특례제한법에서는 유동화자산과 관련하여 취득세, 등록세를 면제하는 규정을 두고 있었으나, 2014년 개정 시 폐지된 바 있다.

특별히 이러한 자금설계가 가능해지는 근본적 이유는 투자자들의 투자 목적 차이 때문이다. 즉, 투자대상자산의 시장가치 변동에 따른 이익 실현을 주된 목적으로 하는 투자회사의 경우에는 투자자들이 투자회사가 발행하는 지분증권의 형태로 집합투자증권을 취득하게 되고, 그에 따라 집합투자기구 단계의 과세 방지를 위해서 배당금손금산입이 반드시 필요해진다. 이에 비해, 적격자산[121]에서 발생하는 현금흐름에 기초한 이자소득의 실현을 주된 목적으로 하는 자산유동화거래에서는 투자자들이 채무증권 형태의 유동화증권을 취득하게 되고, 그 결과 별도의 배당금손금산입 없이도 유동화증권에 대한 지급액이 이자비용으로서 손금산입 효과를 누릴 수가 있는 것이다.[122]

한편, 신탁을 활용한 유동화거래에서 자산유동화법이 신탁업자를 유동화자산을 취득하는 법적 주체로 규정하고 있는 이유는 신탁법이 수탁자를 신탁재산에 대한 권리와 의무의 귀속주체로 정하고 있기 때문이다.[123] 수탁자인 신탁업자가 신탁재산인 유동화자산을 보유하게 되지만 유동화자산은 신탁업자의 고유재산과 법률상 분리되

---

[120] 이미현(2021), 119면; 참고로 미국에서는 미국 세법이 유동화법인에 대하여 별도의 배당금손금산입제도를 두고 있지 않음에 따라, 통상 자산보유자가 유동화법인의 잔여지분을 취득하여 유동화법인이 자산보유자의 연결회계처리 대상에 포함되도록 하거나, 우리나라에서와 마찬가지로 유동화법인의 잔여 소득이 0이 되도록 하는 방식으로 유동화거래 구조를 설계하고 있다.

[121] Rule 3a-7에서 제시하는 개념으로 이에 대한 상세한 검토는 제4장 제2절 및 제3절 논의 참조.

[122] 이와 관련하여 이미현(2021), 119면은 부실채권을 유동화자산으로 하는 경우처럼, 유동화자산에서 회수되는 총액의 예측이 어렵고 고위험자산이기 때문에 이자율만큼의 수익 정도로는 만족할 수 없는 투자자를 대상으로 하는 경우에 비로소 투자자들이 유동화법인의 지분을 취득하는 거래 구조가 의미가 있을 것이라 설명하고 있기도 하다.

[123] 신탁법 제31조.

고,[124] 이러한 신탁재산의 독립성이 신탁의 제도적 기능을 달성하기 위한 기반이 된다.[125] 나아가 유동화거래에서 신탁이 활용되는 이유는 자산유동화의 목적을 충족시키는 데 있어서 신탁이 가지는 기능들이 유용하기 때문이다.[126] 구체적으로 위탁자 및 수탁자의 도산위험을 회피하게 해 주는 도산절연(bankruptcy remoteness) 기능, 신탁을 수익자에게 소득을 연결하는 도관으로 보는 신탁도관이론에 기초한 이중과세 방지(conduit taxation) 기능, 수탁자에게 가장 높은 수준의 의무를 지게 하는 신인체제의 성립(fiduciary regime), 당사자의 의사에 따라 유연한 구조를 구현하도록 하는 구조 설계의 유연성(flexibility in design) 등을 들 수 있다.[127]

주목할 점은 제3장에서 자세히 살펴보는 바와 같이, 세법이 유동화법인의 경우와 달리 유동화신탁에 대하여는 별도의 과세제도를 마련하고 있지 않다는 점이다. 이는 미국이 REMIC이나 FASIT과 같은 세법상 유동화거래 특례 기구를 두고 있는 것이나, 일본이 일본의 자산유동화법상 유동화신탁에 해당하는 특정목적신탁[128]에 대하여 법인과세가 적용되도록 하면서 일정한 요건 충족 시 이익분배액을 손금산입할 수 있도록 하는 조항을 따로 마련하고 있는 점[129]과 대비되는 모습이다. 다만, 최근 우리나라에서도 수익증권발행신탁에 대하여 법인과세 신탁 적용을 선택할 수 있도록 하는 규정이 신설되었는바, 유동화신탁에 대하여 해당 규정의 적용이 가능할지 검토가

---

124) 대법원 1987. 5. 12. 선고 86다545, 86다카 2867 판결; 대법원 2002. 12. 6.자 2002마2754 결정 등 참조.
125) 정순섭[2021], 243면.
126) 안성포(2006), 283면.
127) 정순섭[2021], 7-8면; 안성포(2006), 283면 참조.
128) 일본 자산유동화에 관한 법률(이하 "일본 자산유동화법"이라 한다) 제2조 제13항.
129) 일본 조세특별조치법 제68조의3의2; 같은 법 시행령 제39조의35의2.

요구된다.130)

II. 자산유동화법상 유동화거래의 유형

자산유동화법은 아래 그림과 같이 4가지 형태의 유동화거래 유형을 규정하고 있다.131)

〈그림 1〉 유동화법인을 이용한 유동화거래(이하 "유형 A"라 한다)132)

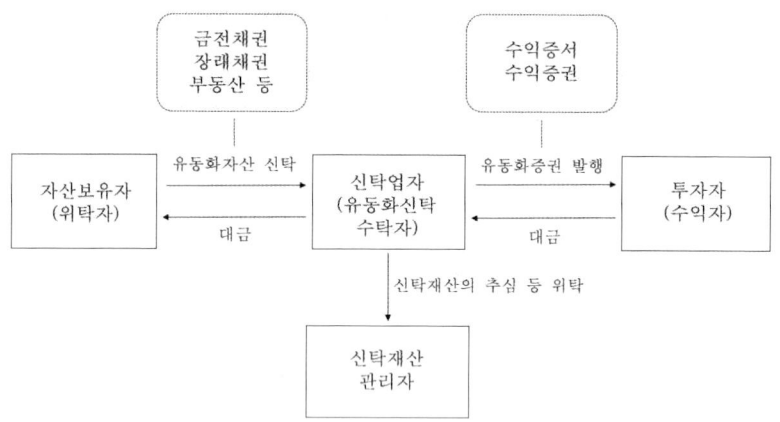

---

130) 이와 관련하여서는 제3장 제8절에서 살펴본다.
131) 〈그림 4〉부터 〈그림 7〉은 한민(2014), 26면에 제시된 각 구조도를 필자가 일부 수정·보완한 것이다.
132) 자산유동화법 제2조 제1호 가목
　　　유동화전문회사(자산유동화업무를 전업(專業)으로 하는 외국법인을 포함한다)가 자산보유자로부터 양도받은 유동화자산을 기초로 유동화증권을 발행하고, 해당 유동화자산의 관리·운용·처분에 따른 수익이나 차입금 등으로 유동화증권의 원리금 또는 배당금을 지급하는 일련의 행위.

〈그림 2〉 비금전신탁을 이용한 유동화거래(이하 "유형 B"라 한다)[133][134]

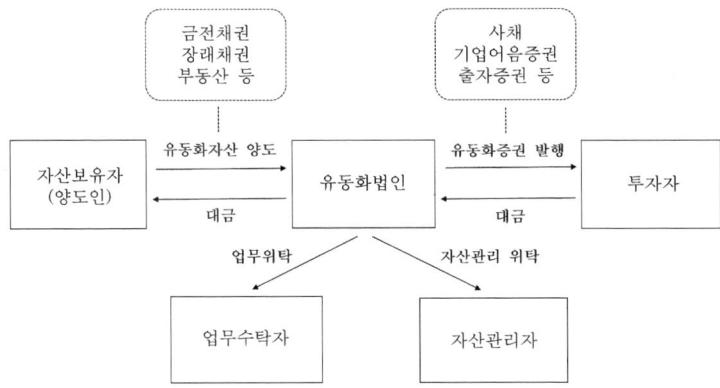

---

133) 자산유동화법 제2조 제1호 나목
　　「자본시장과 금융투자업에 관한 법률」에 따른 신탁업자가 자산보유자로부터 신탁받은 유동화자산을 기초로 유동화증권을 발행하고, 해당 유동화자산의 관리·운용·처분에 따른 수익이나 차입금 등으로 유동화증권의 수익금을 지급하는 일련의 행위.

134) 비금전신탁을 이용한 유동화거래(유형 B)에서는 직원이 고용되지 아니하는 특수목적기구(Special Purpose Entity)에 해당하는 유동화법인(자산유동화법 제20조)이 따로 설립되지 아니하므로, 유동화법인의 업무를 대신하여 수행하는 업무수탁자, 자산관리자 등(자산유동화법 제10조 및 제23조 참조)이 나타나지 않는다. 이때 자산관리업무 등은 신탁계약에 따라 신탁업자가 수행하게 된다. 이하 〈그림 3〉의 금전신탁을 이용한 유동화거래(유형 C)의 경우도 마찬가지이다.

〈그림 3〉 금전신탁을 이용한 유동화거래(이하 "유형 C"라 한다)135)

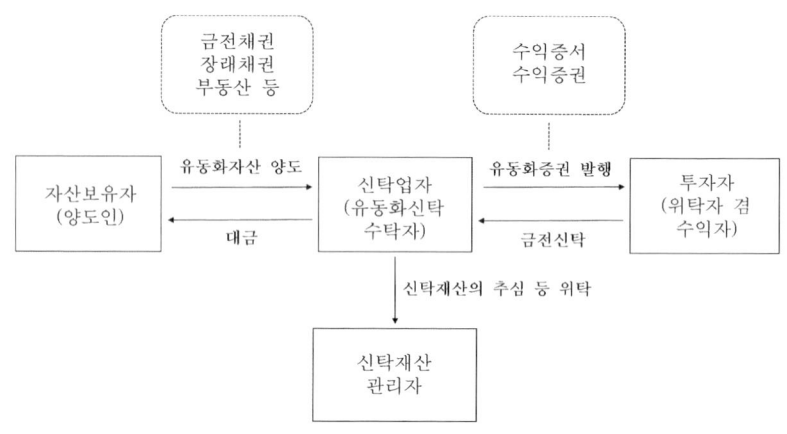

〈그림 4〉 유동화신탁과 유동화법인을 모두 이용하는 유동화거래
(이하 "유형 D"라 한다)136)

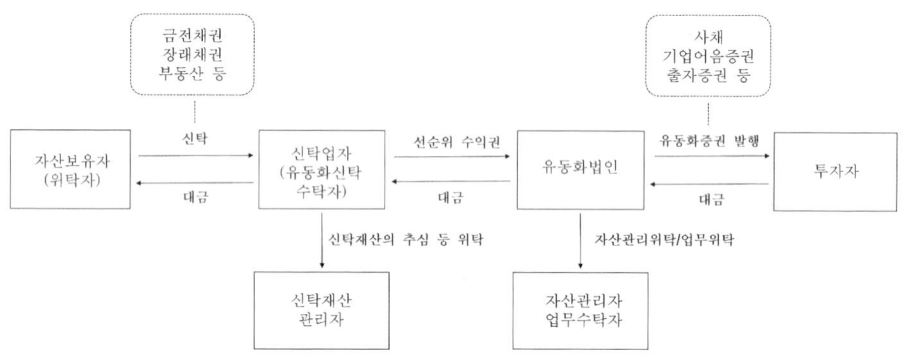

---

135) 자산유동화법 제2조 제1호 다목
　　　신탁업자가 유동화증권을 발행하여 신탁받은 금전으로 자산보유자로부터 유동화자산을 양도받아 해당 유동화자산의 관리·운용·처분에 따른 수익이나 차입금 등으로 유동화증권의 수익금을 지급하는 일련의 행위.

유형 A는 유동화법인을 이용한 유동화거래를 나타내고, 유형 B 내지 유형 C는 유동화신탁을 이용한 유동화거래에 해당하며,137) 유형 D는 유동화신탁과 유동화법인을 모두 이용하는 유동화거래로 볼 수 있다.

III. 유동화신탁의 1단계 구조와 2단계 구조

자산유동화법상 4가지 거래 유형 중 유동화신탁을 이용한 거래 구조는 유형 B/유형 C 및 유형 D이다. 이 중 유형 B/유형 C는 유동화신탁의 수익권을 투자자가 직접 취득하는 데 비해, 유형 D는 유동화신탁의 수익권을 유동화법인이 먼저 취득하고 투자자는 유동화법인이 발행하는 유동화증권을 취득한다는 점에서 차이를 보인다. 본 연구에서는 유형 B/유형 C에 해당하는 '유동화신탁이 투자자에게 직접 수익권(유동화증권)을 발행하는 구조'138)를 '1단계 구조'로, 유형 D에

---

136) 자산유동화법 제2조 제1호 라목
  유동화전문회사 또는 신탁업자가 다른 유동화전문회사 또는 다른 신탁업자로부터 양도받거나 신탁받은 유동화자산 또는 유동화증권을 기초로 하여 유동화증권을 발행하고 당초에 양도받거나 신탁받은 유동화자산 또는 유동화증권의 관리·운용·처분에 따른 수익이나 차입금 등으로 자기가 발행한 유동화증권의 원리금·배당금 또는 수익금을 지급하는 일련의 행위.
137) 유형 B와 유형 C는 유동화증권을 발행하기 전에 자산보유자 소유의 유동화자산을 신탁재산에 귀속시킬 것인지 아니면 유동화증권을 먼저 발행하여 자금을 조달한 후 유동화자산을 신탁재산에 귀속시킬 것인지 하는 순서상의 차이로 구분되는데, 실무에서는 위 절차가 동시에 완료되므로 이러한 차이는 관념상의 차이에 불과하다. 이미현(2003), 57면 참조.
138) (i) 수익권은 신탁법상 수익권(신탁법 제56조 제1항)을 말하는 것으로서, 증권(證券)으로서의 수익증권에만 국한되지는 아니하나, 본 연구에서는 간명한 표현을 위해 수익권 및 수익증권 모두에 대하여 신탁이 '발행'하는 것으로 표현하기로 한다. 증권(證券)이 아닌 경우에는 권리를 '설정하

해당하는 '유동화신탁의 수익권을 유동화법인이 1차적으로 먼저 취득하고, 유동화법인이 투자자에게 사채 등의 유동화증권을 2차적으로 발행하는 구조'를 '2단계 구조'로 각각 지칭하기로 한다.

그 간 우리나라의 유동화신탁을 통한 유동화거래에서는 2단계 구조 방식이 주로 활용되어 왔는데,[139] 이러한 현상이 발생한 요인은 거래적 측면과 세법적 측면에서 각각 찾아볼 수 있다. 구체적으로, (i) 거래적 측면에서는 자본시장법상 신탁업자가 발행하는 수익증권과 관련된 법령의 미비 등으로 인해 신탁의 수익권이나 수익증권이 시장에서 표준화된 투자 상품으로 자리 잡지 못한 점이 주로 지적되어 왔고,[140] (ii) 세법적 측면에서는 앞서 언급한 바와 같이,[141] '유동

여 준다'는 의미이다.
(ii) 엄밀히는 유동화신탁의 수탁자인 신탁업자가 발행인이 되는 것이나 (정순섭[2021], 525면), 본 연구에서는 간명한 표현을 위해 '신탁'이 수익권 또는 수익증권을 발행하는 것으로 표현하기로 한다.

139) 한민(2014), 27면.
140) (i) 한민(2011), 54면; 조영희(2012), 46-51면 참조; 수익증권이 표준화된 투자 상품으로 자리 잡지 못한 요인으로는 자본시장법상 신탁업자가 발행하는 수익증권 관련 법령이 미비되어 있는 점이 주요 원인으로 지적된다. 실무상 금융거래와 연계되어 활용되고 있는 신탁의 상당수가 자본시장법상 신탁업자를 수탁자로 정하고 있는 상황을 감안하여, 19대 국회에서 제출된 자본시장법 개정안(의안번호 1057)은 이러한 미비점을 보완하기 위해 (a) 수익증권발행신탁의 신탁대상을 모든 신탁재산으로 확대하고, (b) 수익증권 예탁, 예탁된 수익증권에 대한 실질수익자의 권리 행사 등 수익증권의 유통성 확보를 위한 장치를 규정한 다수 조항을 신설하는 한편, (c) 수익증권 투자자 보호에 관한 각종 규정을 도입하는 내용을 담고 있었다 [구기성, "자본시장과 금융투자업에 관한 법률 일부개정안(정부제출) 검토보고서, 국회 정무위원회(2013. 4), 17-20면 및 25-26면 각 참조]. 이러한 흐름은 금융위원회가 2022. 10. 발표한 신탁업 혁신 방안[금융위원회, 종합재산관리 및 자금조달기능 강화를 위한 신탁업 혁신 방안(2022. 10. 보도자료)]에서도 찾아볼 수 있는데, 여기에는 금전을 제외한 모든 재산의 수익증권 발행을 원칙적으로 허용하고, 수익증권의 실물발행을 금지하

화자산이 대출채권, 매출채권, 부동산 등 여러 종류의 자산으로 이루어진 상황에서 수종의 수익권이 발행되는 경우', 각 수익자에게 지급되는 신탁의 이익을 소득구분하여 과세하는 것이 거의 불가능하다는[142] 문제점이 지적되어 왔다.[143] 본 연구는 이 중 조세적 측면에서 제기되어 온 문제점에 주목하여 수익자과세의 적용이 어려운 이유를 살펴보고 이를 해결하기 위한 과세방안을 모색해 본다.

이상 제2장에서는 자산유동화와 관련한 금융규제법적 논의를, 그 배경이 되는 유동화거래의 대략적 얼개와 함께 먼저 살펴보았다. 이러한 논의를 먼저 짚어 본 이유는 자산유동화의 경제적 기능 및 현황에 대한 이해가 유동화신탁 소득 관련 과세제도 설계의 기초가 되기 때문이다. 그 결과 우리나라에서도 유동화거래는 그것이 태동한 미국처럼 시장기반 신용중개의 일환으로서 그림자 금융의 수단으로 기능하고 있으며, 우리나라 법제의 독특한 성격 때문에 실무에서는 신탁과 법인이라는 도구가 모두 이용되는 2단계 구조가 주로 활용되고 있음을 확인하였다. 이하 제3장에서는 유동화신탁 소득의 과세에

전자증권 발행만을 허용하는 한편, 수익증권 판매 시 투자매매업 및 투자중개업에 적용되는 행위규제 및 판매규제를 동일 적용하게 적용하는 방안 등이 담겨 있다. 나아가 최근 금융위원회는 조각투자 서비스 등과 관련하여 신탁수익증권의 기초자산 요건 등에 대한 가이드라인을 발표한 바 있기도 하대금융위원회, 신탁수익증권의 기초자산 요건 등에 대한 가이드라인을 마련합니다(2023. 12. 15.자 보도자료)].
(ii) 반면, 자본시장법상 집합투자업자가 발행하는 투자신탁의 수익증권(공모)은 투자신탁의 수익권 등에 관한 특칙(자본시장법 제189조) 등에 기초하여 시장에서 활발히 거래되고 있다.
(iii) 한편, 한국주택금융공사가 발행하는 MBS의 경우, 주택저당증권의 발행 등에 관한 특칙(한국주택공사법 제32조) 및 자기신탁 등에 기초하여 1단계 구조가 활발히 이용되고 있는 점은 주목할 만하다.

141) 제1장 제1절 참조.
142) 이미현(2003), 58면.
143) Id., 58-59면; 조영희(2012), 51면; 이준봉[2012], 251-252면.

관한 현행법을 살펴보고, 유동화 실무의 현행 과세체계를 1단계 구조 및 2단계 구조로 나누어 살펴보기로 한다.

제3장
유동화신탁 소득의 과세에 관한 현행법

제1절 현행법령

I. 2020년 세법 개정[144] 전부터 있던 법령의 검토

유동화신탁 소득의 과세에 관련될 수 있는 현행법 규정으로 2020년 세법 개정 전부터 있던 내용은 아래와 같다. 2020년 세법 개정 전에는 신탁소득 과세와 관련하여 원칙적으로 수익자과세를 적용하면서도, 투자신탁에 대하여는 별도의 특칙을 두고 있었다.

1. 신탁소득 과세

먼저 신탁소득과 관련하여, 소득세법은 신탁재산에 귀속되는 소득은 그 신탁의 이익을 받을 수익자에게 귀속되는 것으로 보고 있고,[145] 법인세법도 신탁재산에 귀속되는 소득에 대해서는 그 신탁의 이익을 받을 수익자가 그 신탁재산을 가진 것으로 보고 법인세법을 적용하도록 규정하고 있다.[146] 따라서 우리 법제 하에서, 신탁소득

---

144) 2020. 12. 22. 자로 법인세법이, 2020. 12. 29. 자로 소득세법이 각각 개정된 바 있다. 본 연구에서는 이를 "2020년 세법 개정"으로 부르기로 한다. 2020년 세법 개정은 기존의 법인세법 및 소득세법이 신탁도관이론을 따르고 있음에 따라 신탁소득 과세방식의 획일성으로 인해 신탁의 유연성과 다양성을 활용하는 데 어려움이 있다는 지적에 대응하여 이루어진 것으로, 그 결과 위탁자과세 신탁, 법인과세 신탁 등의 내용이 신설되었다. 이 개정은 우리나라의 신탁소득 과세에서는 특히 중요한 의미를 가지고 있기에 본 연구에서 이 개정을 따로 다루고 있는 것이다.

145) 소득세법 제2조의3 제1항.

146) 법인세법 제5조 제1항.

과세방식으로는 소득세법 및 법인세법 공히 원칙적으로 수익자과세가 적용된다.147)

2. 투자신탁 소득의 과세

소득세법은 투자신탁에 대하여는 법에서 정하는 일정한 요건을 충족하는 투자신탁(이하 "적격투자신탁"이라 한다)과 그 이외의 투자신탁(이하 "비적격투자신탁"이라 한다)을 구분하여 신탁소득에 대한 과세 방식을 달리 정하고 있다. 적격투자신탁이란 종래 자본시장법에 따른 집합투자기구로서 해당 집합투자기구의 설정일로부터 매년 1회 이상 결산·분배하고, 금전으로 위탁받아 금전으로 환급(금전 외의 자산으로 위탁받아 환급하는 경우로서 해당 위탁가액과 환급가액이 모두 금전으로 표시된 것을 포함함)하는 신탁을 말하였다.148) 적격투자신탁으로부터의 이익은 배당소득으로 과세되었다.149)

적격투자신탁의 요건을 충족하지 못하는 비적격투자신탁에서 발생하는 신탁의 이익에 대하여는 신탁재산에서 발생하는 소득의 내용별로 구분하여 과세하였다.150)

이러한 적격, 비적격의 구분은 결국 소득세법의 범위에서 소득의 성격이 다르게 나타나는 결과로 이어졌음을 알 수 있다.

---

147) 이중교(2020), 129면; 무궁화신탁법연구회/광장신탁법연구회[2021], 630면.
148) 소득세법 시행령 제26조의2 제1항.
149) 소득세법 제17조 제1항 제5호.
150) 소득세법 시행령 제26조의2 제3항 제1호, 소득세법 제4조 제2항 제2호 단서.

II. 2020년 세법 개정으로 신설된 것

1. 2020년 세법 개정의 취지

2020. 12. 22. 자 및 2020. 12. 29. 자로 각각 개정되기 전 기존 법인세법 및 소득세법은 신탁도관이론을 따르고 있었지만, 그로 인한 신탁소득 과세방식의 획일성으로 인해 신탁의 유연성과 다양성을 활용하는 데 어려움이 있다는 지적이 계속되어 왔다.[151] 또한 단순히 수익자에게 소득을 전달하는 도관의 기능을 넘어서서 신탁이 경제적 실체로서 법인과 유사한 활동을 수행할 수 있는 제도적 기반이 마련되었음에도 불구하고, 기존 세법이 여전히 신탁을 도관으로만 인식함에 따라 법인과의 조세중립성을 해치고 당해 신탁의 경제적 실질에도 부합하지 않는 면이 있다는 비판이 있어 왔다.[152] 나아가 수익자과세 시 신탁소득의 발생시기와 수익자에게 분배되는 시점 차이를 이용하여 과세를 이연하는 등 신탁 단계의 소득 유보를 통한 조세회피가 가능해 과세의 불확실성이 초래된다는 점도 자주 언급되어 왔다.[153]

이러한 문제들을 해소하고자, 위탁자과세 신탁 및 수탁자과세 신탁(법인과세 신탁)이 새로 도입되는 한편, 종래 투시과세하던 비적격투자신탁에 대하여도 법인과세를 적용하는 규정이 새롭게 마련되었다.

---

151) 손병철, 법인세법 일부개정법률안(정부제출) 검토보고서, 국회 기획재정위원회(2020. 11), 11-12면; 무궁화신탁법연구회/광장신탁법연구회[2021], 648면.
152) 손병철, 법인세법 일부개정법률안(정부제출) 검토보고서, 국회 기획재정위원회(2020. 11), 12면; 무궁화신탁법연구회/광장신탁법연구회[2021], 648면.
153) 손병철, 법인세법 일부개정법률안(정부제출) 검토보고서, 국회 기획재정위원회(2020. 11), 12면; 무궁화신탁법연구회/광장신탁법연구회[2021], 649면.

2. 위탁자과세 신탁 관련 신설 규정[154]

2020. 12. 22. 자로 개정된 법인세법[법률 제17652호]은 일반적인 신탁(수익자과세 신탁[155])에 대해서는 수익자과세를 원칙으로 하면서도,[156] 위탁자가 실질적으로 신탁에 대해 지배권과 통제권을 보유하는 경우(위탁자과세 신탁)는 신탁이 조세회피 수단으로 악용될 수 있는 점을 고려하여[157] 위탁자과세를 하도록 하였다.

구체적으로 개정된 법인세법에 의하면 수익자과세 신탁이나 법인과세 신탁[158]의 요건을 충족하더라도, 수익자가 특별히 정하여지지 아니하거나 존재하지 아니하는 신탁 또는 위탁자가 신탁재산을 실질적으로 통제하는 등 대통령령으로 정하는 요건을 충족하는 신탁의 경우에는 신탁재산에 귀속되는 소득에 대하여 그 신탁의 위탁자가 법인세를 납부할 의무가 있다.[159] 이 중 후자와 관련하여 대통령령으로 정하는 요건을 충족하려면 ① 위탁자가 신탁을 해지할 수 있는 권리, 수익자를 지정하거나 변경할 수 있는 권리, 신탁 종료 후 잔여재산을 귀속 받을 권리를 보유하는 등 신탁재산을 실질적으로 지배·통제할 것, ② 신탁재산 원본을 받을 권리에 대한 수익자는 위

---

154) 본 연구에서는 신탁재산에서 발생하는 소득을 위탁자에게 귀속시켜 과세한다는 의미에서 '위탁자과세 신탁'이라 부르기로 한다. 참고로 이창희[2023], 601면은 이를 '위탁자지배형 신탁'으로 부르고 있다.
155) 본 연구에서는 신탁재산에서 발생하는 소득을 수익자에게 귀속시켜 과세한다는 의미에서 '수익자과세 신탁'이라 부르기로 한다.
156) 법인세법 제5조 제1항.
157) 이중교(2020), 124면; 무궁화신탁법연구회/광장신탁법연구회[2021], 638면.
158) 본 연구에서는 과세 목적상 신탁재산을 내국법인으로 보고, 수탁자가 법인세를 납부한다는 의미에서 '법인과세 신탁' 또는 '수탁자과세 신탁'이라 부르기로 한다.
159) 법인세법 제5조 제3항.

탁자로, 수익을 받을 권리에 대한 수익자는 위탁자의 법인세법 시행령 제43조 제7항에 따른 지배주주등의 배우자 또는 같은 주소 또는 거소에서 생계를 같이 하는 직계존비속(배우자의 직계존비속을 포함한다)으로 설정했을 것의 2가지 요건 중 어느 하나를 충족하여야 한다.160)

또한 개정된 소득세법에 의하면 수익자가 특별히 정하여지지 아니하거나 존재하지 아니하는 신탁 또는 위탁자가 신탁재산을 실질적으로 통제하는 등 대통령령으로 정하는 요건을 충족하는 신탁의 경우에는 그 신탁재산에 귀속되는 소득은 위탁자에게 귀속되는 것으로 본다.161) 대통령령으로 정하는 요건을 충족하려면 위에서 살펴본 법인세법 시행령 제3조의 제2항과 유사하게 ① 위탁자가 신탁을 해지할 수 있는 권리, 수익자를 지정하거나 변경할 수 있는 권리, 신탁 종료 후 잔여재산을 귀속 받을 권리를 보유하는 등 신탁재산을 실질적으로 지배·통제할 것, ② 신탁재산 원본을 받을 권리에 대한 수익자는 위탁자로, 수익을 받을 권리에 대한 수익자는 그 배우자 또는 같은 주소 또는 거소에서 생계를 같이 하는 직계존비속(배우자의 직계존비속을 포함한다)으로 설정했을 것의 2가지 요건 중 어느 하나를 충족하여야 한다.162)

법인세법과 소득세법이 적용되는 경우의 각 내용이 기본적으로 같다고 볼 수 있다.

3. 법인과세 신탁 관련 신설 규정

개정된 법인세법은 (i) 수익자가 불특정되거나, 영리를 목적으로

---

160) 법인세법 시행령 제3조의2 제2항.
161) 소득세법 제2조의3 제2항.
162) 소득세법 시행령 제4조의2 제4항.

법인과 유사한 활동을 수행하는 사업신탁, (ii) 수익증권이 발행되어 장기간 신탁소득이 신탁에 유보될 가능성이 높고[163] 수익증권이 유통된다는 점에서 신탁이 단순히 도관의 역할만 수행한다고 볼 수 없는 수익증권발행신탁을 포함하여,[164] 신탁재산에 1차적 납세의무를 부과하는 것이 효율적인 신탁에 대해서는 신탁재산을 별도의 법인으로 보되 수탁자가 납세의무를 부담하는 수탁자과세 신탁(법인과세 신탁) 방식을 선택할 수 있도록 하였다.[165]

구체적으로 ① 신탁법 제3조 제1항 각 호 외의 부분 단서에 따른 목적신탁, ② 신탁법 제78조 제2항에 따른 수익증권발행신탁, ③ 신탁법 제114조 제1항에 따른 유한책임신탁, ④ 그 밖에 이와 유사한 신탁으로서 대통령령으로 정하는 신탁[166] 중 어느 하나에 해당하는 신탁으로서, i) 수익자가 둘 이상이고,[167] ii) 위탁자가 신탁재산을 실질적으로 지배·통제하는 경우[168]에 해당하지 않는 경우에는 신탁재산에 귀속되는 소득에 대하여 신탁계약에 따라 그 신탁의 수탁자[169]가

---

163) 무궁화신탁법연구회/광장신탁법연구회[2021], 649면.
164) 이중교(2020), 123면; 이와 관련하여 일본에서는 수익권이 세분화되어 발행된 수익증권에 화체되어 유통되는 경우라면 수익자가 신탁재산을 실질적으로 보유한다고 보는 것이 실제에 맞지 않을 뿐 아니라 그렇게 과세하는 것이 기술적으로 곤란하기 때문에 수익증권발행신탁을 법인형과세신탁으로 규정한 것이라고 보는 견해가 있다. 佐藤英明[2020], 469-470면; 송동진[2021], 181면 참조.
165) 손병철, 법인세법 일부개정법률안(정부제출) 검토보고서, 국회 기획재정위원회(2020. 11), 13면.
166) 현재 법인세법 시행령에서 추가로 정하고 있지는 아니하다.
167) 어느 하나의 수익자를 기준으로 법인세법 시행령 제2조 제5항에 해당하는 자(경제적 연관관계 또는 경영지배관계 등에 있는 자)이거나 소득세법 시행령 제98조 제1항에 따른 특수관계인에 해당하는 자는 수익자 수를 계산할 때 포함하지 않는다. 법인세법 시행령 제3조의2 제1항 제1호.
168) 법인세법 시행령 제3조의2 제2항 제1호.

법인세를 납부할 수 있고, 이 경우 신탁재산별로 각각을 하나의 내국법인으로 본다.170) 다만, 자본시장법에 따라 설정된 투자신탁은 위 요건을 충족하더라도 법인세법 제5조 제2항에 따른 법인과세 신탁에서 제외된다.171) 목적신탁, 수익증권발행신탁, 유한책임신탁 등의 경우에도 법인세 과세방식을 선택하지 않은 경우에는 법인과세 신탁재산에 해당하지 않는다.

법인과세 신탁재산의 수탁자는 법인과세 신탁재산에 귀속되는 소득에 대하여 그 밖의 소득과 구분하여 법인세를 납부하여야 하고,172) 법인과세 신탁재산이 그 이익을 수익자에게 분배하는 경우에는 배당으로 본다.173) 개정된 법인세법은 만일 법인과세 신탁에 대하여 이중과세 조정 요건으로 90% 이상의 배당을 강제하는 경우, 매년 배당이 이루어지지 않으면 수익자과세 신탁과 달리 이중과세 문제가 발생하게 되고, 이는 신탁재산의 자율적인 선택을 제약할 수 있다는 점 등을 감안하여 배당비율에 관계없이 수익자에게 배당한 금액에 대한 소득공제를 허용하고 있다.174) 이는 법인과세 신탁이

---

169) 내국법인 또는 소득세법에 따른 거주자인 경우에 한정한다.
170) (i) 법인세법 제5조 제2항, 같은 법 시행령 제3조의2 제1항.
　　(ii) 그럼에도 불구하고, 법인과세 신탁이라 하여 신탁이 그대로 법인인 것은 아니고, 이 제도는 수익자에게 넘겨주지 않는 소득에 대하여 과세이연을 막기 위해서 신탁재산 단계에서 과세하는 것을 목적으로 하는 것으로서 여전히 신탁재산은 수익자의 것이라는 점을 전제하고 있다는 설명으로 이창희[2023], 539면 참조.
171) 법인세법 제5조 제2항 각호 외의 부분 전문.
172) 법인세법 제75조의11 제1항.
173) 법인세법 제75조의11 제3항.
174) (i) 법인세법 제75조의14 제1항, 개정 조세특례제한법[시행 2025. 1. 1.][법률 제17759호] 제91조의2 제3항; Id., 43면.
　　(ii) 이와 대조적으로, 법인세법 제51조의2는 유동화전문회사 등의 경우에는 도관으로서의 성격을 강제하기 위해 배당가능이익의 90% 이상을 배당

소득이 발생할 때마다 수익자에게 분배하지 않고 신탁재산에 유보한 후 향후 분배할 수 있도록 허용함으로써 신탁운용의 효율성을 제고하려는 데 그 취지가 있다.175)

4. 투자신탁 소득과세 관련 개정

2020. 12. 29. 자로 개정된 소득세법[시행 2025. 1. 1.][법률 제17757회]은 적격투자신탁에 대하여 위에서 살펴본 종래 요건에 더하여, 2025. 1. 1. 이후부터는 '집합투자기구이익금과 분배금 및 유보금 내역 등을 기획재정부령으로 정하는 바에 따라 납세지 관할 세무서장에게 신고'하도록 하는 요건을 추가하였다.176) 적격투자신탁으로부터의 이익은 2020년 세법 개정 이후에도 배당소득으로 과세된다.177)

비적격투자신탁에서 발생하는 신탁의 이익은 2020년 세법개정으로 인해 2025. 1. 1. 이후부터는 신탁재산에 귀속되는 소득에 대하여 법인과세가 적용되고, 집합투자업자는 그 집합투자재산에 귀속되는 소득에 대하여 그 집합투자재산을 하나의 내국법인으로 보아 각 사업연도의 소득에 대한 법인세를 납부하여야 한다.178) 이 경우 법인세법상 법인과세 신탁재산에 대한 소득공제 규정이 준용된다.179)

한 경우에만 이를 소득금액에서 공제하도록 규정하고 있다. 손병철, 법인세법 일부개정법률안(정부제출) 검토보고서, 국회 기획재정위원회(2020. 11), 42-43면.

175) 손병철, 법인세법 일부개정법률안(정부제출) 검토보고서, 국회 기획재정위원회(2020. 11), 13면.
176) 개정 소득세법 시행령[시행 2025. 1. 1.][대통령령 제32516회] 제150조의26 제1항 제3호.
177) 소득세법 제17조 제1항 제5호.
178) 개정 소득세법[시행 2025. 1. 1.][법률 제17757회] 제4조 제2항 제2호 단서, 개정 조세특례제한법[시행 2025. 1. 1.][법률 제17759회] 제91조의2 제2항.

2020년 세법 개정 이전에는 투시과세하던 것이 법인과세가 적용되는 것으로 바뀐 것이다.

이상 본 절에서는 신탁 소득과세에 관한 현행법령을 규정 중심으로 2020년 세법 개정 전·후로 일반적인 신탁과 투자신탁으로 나누어 각각 살펴보았다. 이하 제2절에서는 이러한 세법 규정의 기저에 놓여 있는 이론적 논의를 고찰해 보기로 한다.

제2절 신탁과세이론과 수익자과세 원칙

I. 신탁과세이론

신탁과세이론은 그 자체로 다양하게 정의될 수 있으나, 세법상 신탁재산 자체[180]를 독립한 과세단위로 볼 수 있는지 여부에 관한 이론이라 할 수도 있다. 잘 알려진 대로 신탁과세이론으로는 ① 신탁재산의 법적 소유권을 수탁자가 보유하고 있음에도 불구하고, 신탁 또는 수탁자는 소득을 수익자 또는 위탁자에게 통과시키기는 도관

---

179) (i) 개정 조세특례제한법[시행 2025. 1. 1.][법률 제17759호] 제91조의2 제3항, 법인세법 제75조의14 제1항.
   (ii) 이에 대하여는 투자신탁이 법인과 경쟁하거나 법인과 유사한 기능을 수행하는 경제적 실질을 갖기 때문에 원칙적으로 수탁자과세를 적용하는 것이라는 설명이 있다. 이중교(2020), 123면; 기획재정부, 2020년 세법개정안 상세본(2020. 7. 22), 16면.

180) 이 경우 실제로 세금을 납부하는 자는 수탁자일 수밖에 없고, 수탁자에게 명시적으로 의무를 부과할지 아니면 신탁재산 자체를 납세의무자로 정하되 수탁자에게 해당 납세의무를 현실적으로 이행할 책임을 부과할지 여부는 양자 모두 신탁재산의 범위 내에서 납세의무를 부담한다는 점에서 결과적으로 차이가 없다. 윤지현(2017), 67면.

(conduit)으로 보아야 하고 그에 따라 신탁재산의 배후에 있는 수익자 또는 위탁자가 납세의무자가 되어야 한다는 신탁도관이론[181]과, ② 세법상 신탁재산 자체에 실체가 있다고 보아야 하고 그에 따라 신탁재산을 세법상 법인과 유사한 단체로 인정하여야 한다는 신탁실체이론[182]이 대립해 왔다.[183]

신탁과세와 관련하여서는 소득세 및 법인세, 증여세 및 상속세, 부가가치세, 취득세, 재산세 및 종합부동산세, 지방소득세 등 다양한 세목에서 관련 논의가 있어 왔으나,[184] 최근의 논의로 주목할 점은, (i) 신탁은 그 본래의 속성상 실체적 요소와 도관적 요소를 모두 가지고 있어서 어느 하나의 이론이 절대적으로 우월하다고 단정하기는 어렵다는 견해,[185] (ii) 미국과 일본의 입법례에서도 신탁도관이론이나 신탁실체이론이 일도양단적으로 선택되는 것이 아니고, 권리의 구분에 따라 신탁도관이론과 신탁실체이론을 선택적으로 적용할 수 있을 것이라는 견해[186] 등 신탁 과세에 있어 신탁도관이론과 신탁실체이론의 선택적 적용이 필요하다는 논의가 늘어나고 있다는 점이다.

특히 이러한 논의는 담세력을 소비, 재산 및 소득으로 구분하여 과세하는 세법의 입장에 따라[187] 소비과세, 재산과세, 소득과세 별로 구분되어 진행되어 왔다는 특징이 있는데, 이에 대하여 신탁에 관한 이론 중 가치지배권설[188]을 바탕삼아 수탁자는 신탁재산의 관리·처

---

181) 윤지현(2017), 53면; 백제흠(2020), 106면 참조.
182) 백제흠(2020), 107면.
183) 이와 관련한 그 간의 논의는 백제흠(2020), 이중교(2020)에 잘 정리되어 있다.
184) 각 세목 별 신탁과세에 관한 상세한 논의는 이창희[2023], 430-432, 502-506, 529, 538-539, 597-601, 1127-1128면; 송동진[2021], 제2편 신탁과 세법; 무궁화신탁법연구회/광장신탁법연구회[2021], Ⅵ. 신탁과 조세 부분 각 참조.
185) 이중교(2020), 99-100면.
186) 백제흠(2020), 114면.
187) Id., 113면.

분권을, 수익자는 가치지배권을 각각 보유한다는 데서 그 이유를 찾는 견해가 있다.[188] 이 견해는 수탁자의 관리·처분권은 수탁자의 대외적 법률행위에 관한 것으로 거래상대방으로서 제3자가 존재하는 거래세와 관련되고 소비과세 및 재산과세의 영역으로서 누진과세를 유지할 실익도 적다고 보면서, 이 경우에는 법적 안정성이 보다 강하게 요구되므로 신탁실체이론을 적용하는 것이 타당하다고 본다.[190] 이에 비해 수익자의 가치지배권은 소득 귀속의 근거가 되고 그 귀속에 대하여는 제3자의 이해관계가 관여되지 아니하며, 수익자에 대한 누진과세의 필요성도 크다고 할 수 있으므로 소득의 실질적 귀속자인 수익자를 납세의무자로 하는 신탁도관이론의 적용이 합리적이라고 설명한다.[191]

그런데 신탁재산의 관리·처분권과 관련된 소비과세나 재산과세에 비해 신탁재산의 가치지배권과 관련된 소득과세 분야에서는 개별 신탁의 기능과 역할, 즉 경제적 실질(economic substance) 및 기능을 분석하고 그에 부합하는 과세제도를 정립하려는 논의가 상대적으로

---

188) 신탁재산에 대한 권리는 그 기능상 재산권을 관리·운영함으로써 가치생산기능을 갖는 관리권과 그 생산된 가치를 지배하는 가치지배권으로 구분할 수 있고, 관리권은 수탁자에게, 가치지배권은 수익자나 위탁자에 각각 귀속되는 것으로 보는 견해이다. 장현옥(1997), 106면 참조[백제흠(2020), 103면에서 재인용].

189) 백제흠(2020), 114면.

190) Id.

191) Id.; 그러나 재화의 유통 그 자체를 규제한다는 별도의 목적이 있지 않는 한 재화의 이전·유통이 담세력일 수는 없는 점(이창희[2023], 383면), 재산과세의 경우에도 소득세제에 의해서 과세되지 않는 내재적 소득을 과세하는 소득세의 보완적 기능을 수행하고 있는 점(이창희[2023], 378면) 등을 고려할 때, 소비과세, 재산과세, 소득과세로 대별되는 과세유형과 신탁의 관리·처분권, 가치지배권으로 구분되는 신탁재산에 대한 권리유형 간에 명확한 대응관계가 인정된다고 보기는 어렵다고 생각된다.

충분히 이루어지지 못하고 있는 상황이다.192)

II. 수익자과세 원칙

제3장 제1절에서 살펴본 바와 같이, 개정된 법인세법은 일부 유형의 신탁재산에 대하여 수탁자가 납세의무자가 되는 법인과세 신탁을 선택적으로 허용하고, 개정된 소득세법은 위탁자과세의 범위를 확대하는 등 신탁소득 과세와 관련하여서는 2020년을 기점으로 최근 주목할 만한 변화가 있었다. 그러나 이러한 개정에도 불구하고 여전히 신탁소득 과세방식으로는 원칙적으로 수익자과세가 적용되므로, 신탁소득 과세에 있어서 수익자과세가 적용되는 경우의 효과 및 그 세법상 의미를 먼저 명확히 할 필요가 있다.

---

192) (i) 유동화신탁 소득의 투시과세 방안에 관한 주요 선행 연구로 미국 세법상 투자신탁의 신탁 해당 여부 및 위탁자신탁 해당 여부에 대한 판별 요건을 기초로 하여 유동화신탁 소득에 대한 투시과세 기준 및 그에 따른 과세 방안을 논의한 이준봉(2012), 250-286면이 있다. 본 연구는 여기서 한 걸음 더 나아가 미국 세법상 유동화신탁 소득 과세 방식으로 활용되는 위탁자신탁, REMIC 및 FASIT이 어떠한 연유로 그러한 모습을 갖추게 되었는지를 연혁적으로 살펴보는 동시에, 자산유동화의 경제적 기능 및 Rule 3-7에 나타나는 자산유동화의 경제적 실질에 기초하여 해당 거래 구조가 뜻하는 바를 보다 심층적으로 분석해 본다. 이를 통해 궁극적으로 유동화자산의 범위, 유동화신탁의 업무 범위, 유동화증권의 발행 구조의 세 가지 측면에서 적격자산 관리형을 중심으로 유동화신탁 소득의 과세 방안을 제시한다는 점이 기존 선행연구와 차별화되는 본 연구의 특징이다. (ii) 한편, 유동화신탁 소득에 대한 법인과세와 관련한 선행연구로는 수익증권발행신탁의 형태를 띤 유동화신탁의 법인과세 여부를 검토한 김성균(2014), 275-284면이 있다. 본 연구는 유동화신탁 소득의 법인과세 방안을 본격적으로 살펴보지는 아니하나, 법인과세 신탁 적용을 고려할 필요가 있는 유동화신탁의 거래 유형(적격자산 운용형, 비적격자산 관리형, 비적격자산 운용형)을 세분화하여 제시한다.

수익자과세 원칙을 정하고 있는 소득세법 및 법인세법 관련 조항의 문언을 살펴보면, 소득세법 제2조의3 제1항은 '신탁재산에 귀속되는 소득은 그 신탁의 이익을 받을 수익자에게 귀속되는 것으로 본다'고 규정하고 있는 데 비해, 법인세법 제5조 제1항은 '신탁재산에 귀속되는 소득에 대해서는 그 신탁의 이익을 받을 수익자가 그 신탁재산을 가진 것으로 보고 이 법을 적용한다'라고 규정하여 그 표현에 일부 차이가 있음을 알 수 있다. 즉, 소득세법은 단순히 신탁소득이 수익자에게 귀속된다는 점만을 규정하고 있으나, 법인세법은 신탁재산에 귀속되는 소득에 대하여는 수익자가 신탁재산을 가진 것으로 본다는 점까지 규정하고 있는 것이다. 이에 대하여는 법인세법이 소득세법보다 신탁도관이론의 입장을 보다 뚜렷하게 규정하고 있다고 보는 견해가 있다.[193]

신탁소득 과세에 있어서 수익자과세가 갖는 세법상 의미는 신탁법이 신탁에서 수탁자의 관리·처분 등의 대상이 되는 신탁재산[194]에 대하여 일정한 독립성을 인정하고[195] 신탁재산에 대한 권리와 의무의 귀속주체를 '수탁자'로 규정하고 있음에도 불구하고,[196] 세법상으

---

193) 이중교(2020), 101면; 소득세법은 법인세법과 유사한 표현을 사용하다가 1994년부터 현재와 같은 형태를 갖게 되었으나, 법인세법은 1967년부터 현재와 같은 표현을 사용해 오고 있다. 무궁화신탁법연구회/광장신탁법연구회[2021] 631면 참조; 한편, 윤지현(2017), 61면은 그럼에도 불구하고 세법이 수익자를 신탁재산 그 자체를 보유하는 자로 보는 것은 아니고, 어떠한 재산에 관하여 신탁이 설정되면 결과적으로 그 재산의 보유 문제와 그로부터 발생하는 소득의 귀속 문제는 분리하여 다루어지게 된다는 입장을 보이고 있다.

194) 신탁법 제27조.

195) 신탁법 제22조 내지 제30조; 대법원 2007. 9. 20. 선고 2005다48956 판결은 신탁재산의 독립성과 관련하여 "신탁재산의 감소 방지와 수익자의 보호 등을 위하여 수탁자의 고유재산과 신탁재산은 분별하여 관리되어야 하고 양자는 별개 독립의 것으로서 취급" 되는 것이라고 판시한 바 있다.

로는 신탁재산에 귀속되는 소득은 그 이익을 받는 '수익자'에게 귀속되는 것으로 보는 데 있다. 사법상 소유권이 수탁자에게 있다 하더라도, 신탁재산에서 생기는 소득을 실제 누리거나 누릴 자는 수익자가 되는 것이다.[197]

수익자과세 또는 위탁자과세의 경우를 포괄하는 신탁도관이론은 통상 세법상 실질과세의 원칙[198]에 부합한다는 평가를 받아 왔는데,[199] 한편으로는 신탁이 법인과 유사한 역할을 담당하는 경우에는 법인과 다르게 과세되는 결과를 초래한다는 점에서 조세중립성에 반한다는 비판도 꾸준히 제기되어 왔다.[200]

한편, 신탁도관이론은 이중과세 방지 효과와도 연계되어 설명되는데, 통상 이중과세 방지는 기구의 법적 형식에 따라 다양한 방법으로 추구된다. 가령, '법인' 형태의 기구에 대하여는 법인세법이 자산유동화법상 유동화전문회사, 자본시장법상 투자회사 등 일정한 요건을 갖춘 기구에 대하여 배당소득공제를 허용하고 있고,[201] '조합'

---

196) 신탁법 제31조.
197) 이창희[2023], 430면; 신탁을 단체로 보는 미국법과 달리 우리 법에서는 신탁이 단순히 계약에 불과하여 투시과세를 원칙으로 삼을 수밖에 없다는 설명으로 이창희[2023], 431면 참조.
198) 국세기본법 제14조.
199) (i) 백제흠(2020), 106면; 이중교(2020), 99면.
    (ii) 이창희[2023], 506면은 사모투자기구의 과세와 관련하여 그 성격상 투시가능한 사모투자기구에 대하여는 당연히 투시과세가 적용되어야 한다고 설명하고 있다.
200) 이중교(2020), 99면; 윤지현(2017), 68면은 이러한 비판론을 수긍하면서도 우리나라는 법인의 경우에도 법인 아닌 사업체와의 사이에서 완전한 조세중립성을 추구하고 있지 않으며(이창희[2023], 623-627면 참조), 이에 기초해 볼 때 신탁과 법인을 완전히 동일하게 취급해야 할 당위성이 있는 것은 아니라는 점을 지적하고 있다.
201) 법인세법 제51조의2 제1항.

의 경우에는 공동사업장 과세 또는 동업기업 과세 특례의 적용으로 공동사업장이나 동업기업 단계가 아닌 공동사업자 또는 동업자 단계에서 소득세나 법인세가 과세되도록 하고 있다.[202] 주목할 점은 법인이나 조합의 경우에 비해 신탁에 대하여는 원칙적으로 '기구'단계의 과세 방지와 관련한 규정이 따로 마련되어 있지 않다는 점이다.[203] 이는 세법이 신탁소득에 대하여는 기구 단계인 신탁재산의 수탁자가 아니라 수익자를 귀속 주체로 보는 신탁도관이론을 따르고 있어서 별도의 규정을 마련하지 않아도 이중과세 방지 효과가 발생하기 때문이다. 요컨대, 기구의 법적 형식으로 신탁을 채택하는 경우 널리 신탁도관이론을 택한 세법의 입장에서 파생하는 부수적인 효과로 이중과세 방지가 이루어지게 된다.

제3절 자산유동화와 집합투자

앞서 살펴본 제3장 제2절의 논의는 실상 자산유동화가 집합투자에 해당하지 않는다는 본 연구의 일관된 이해[204]를 전제로 한다. 그런데 앞서 보았듯,[205] 자산유동화법은 자산유동화를 느슨하게 정의하고 있어서 실제의 유동화거래를 제대로 설명하지 못하고 있고, 그 문언상으로는 집합투자의 부분집합처럼 보인다. 그러나 집합투자와

---

202) 조세특례제한법 제100조의16 제1항 및 제2항, 소득세법 제3조 제3항, 소득세법 제43조 제2항.
203) 다만, 2020년 법인세법 개정으로 예외적으로 법인과세 신탁에 대한 배당소득공제가 신설된 점은 앞서 살펴본 바 있다.
204) 제2장 제2절 및 제4장 논의 참조.
205) 제2장 제1절 참조.

강학상 자산유동화의 정의를 대비해 보면 양자 간에는 뚜렷한 차이가 있다. 물론 이렇게 정의를 몇 마디 달리 함으로써 자산유동화를 집합투자의 범위에서 간단히 빼낼 수는 없고, 집합투자와는 구분되는 자산유동화 고유의 경제적 기능 및 실질에 대한 명확한 설명이 필요하다. 이와 관련하여 그림자금융의 수단으로서 자산유동화의 경제적 기능에 대하여는 이미 제2장 제2절에서 살펴보았고, 제4장에서는 실정법적인 문제로서 미국에서 자산유동화와 집합투자를 어떻게 구분하는지 분석해 봄으로써 자산유동화의 경제적 실질을 규명해 보기로 한다. 이러한 검토는 제5장 이하의 과세제도 논의로 이어가는 전제 작업으로서 성격을 갖는다. 그에 앞서 우선 본 절에서는 우리 법체계 하에서 자산유동화와 집합투자 두 가지가 어떻게 다른가라는 현행법 분석만 해보기로 하자.

Ⅰ. 수익자과세 규정의 투자신탁 적용 가능성

신탁도관이론에 따른 수익자과세 규정을 투자신탁[206]에 적용하기는 어렵다.[207] 수많은 사람의 돈을 모은 투자신탁을 투시해서 수익자과세를 실현하는 것이 현실적으로 불가능하기 때문이다.[208] 나아가 투자신탁의 경우에도 수종의 수익권이 발행되는 상황이 나타

---

206) 자본시장법상 집합투자기구의 일 유형으로서 투자신탁을 의미한다(자본시장법 제9조 제18항 제1호).
207) 송동진[2021], 162면.
208) 이에 더하여 (i) 투자신탁의 이익이 수탁자에게 유보되는 동안 현실적으로 세금을 내지 않는 과세이연의 문제, (ii) 투자자가 자신의 지분(신탁수익자라는 지위)을 양도하는 경우 그러한 양도에서 발생하는 소득이 과세대상인지, 그 소득구분은 무엇인지와 같은 문제도 아울러 나타난다. 이창희[2023], 504면.

날 수 있는데,209) 이때 각 수익자에게 지급되는 신탁의 이익을 소득구분하여 과세하는 것은 거의 불가능하다. 이하에서는 이러한 문제를 해소하기 위해 투자신탁 소득과세210)에 대하여 소득세법이 어떠한 입장을 취하고 있는지 2020년 개정 전·후를 비교하여 살펴본다.

〈그림 5〉 투자신탁의 거래 구조211)

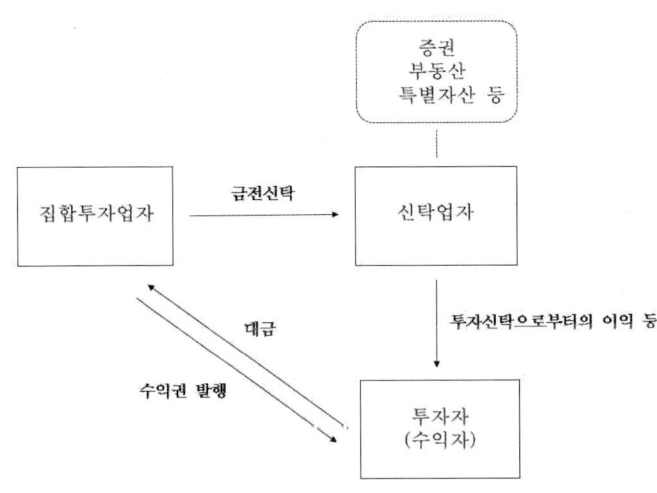

---

209) 자본시장법 제249조의8 제8항.
210) 본 연구에서는 투자신탁의 신탁재산에서 발생하는 소득에 대한 과세를 가리켜 '투자신탁 소득과세'로 부르기로 한다.
211) (i) 자본시장법은 투자신탁의 경우 집합투자업자가 수익증권을 발행하는 것으로 규정하고 있다(자본시장법 제189조 제1항). 다만, 이에 대하여는 수탁자의 수익권 발행에 관한 권한 내지 업무를 자본시장법에서 집합투자업자에게 위임한 것으로 보는 것이 타당하다는 견해가 있는 등(박삼철/차태진/박재현/김건/이화석[2021], 149-150면), 투자신탁의 법률관계와 관련하여서는 현재 이론적으로 일관성 있는 설명이 어려운 상황이다(박삼철/차태진/박재현/김건/이화석[2021], 82면).
(ii) 소득세법은 '집합투자기구로부터의 이익'이라는 문언을 사용하고 있다(소득세법 제17조 제2항 제5호).

II. 투자신탁 소득과세 관련 규정의 검토

앞서 살펴본 대로,[212] 소득세법은 적격투자신탁과 비적격투자신탁을 구분하여 신탁소득에 대한 과세 방식을 달리 정하고 있다. 적격투자신탁으로부터의 이익은 배당소득으로 과세된다.[213] 즉, 소득세법은 신탁 단계에서는 따로 과세하지 아니하고, 적격투자신탁으로부터의 이익을 일괄적으로 배당소득으로 과세하는 방식을 취함으로써 신탁도관이론 적용상의 현실적 어려움을 해소하고 있다.[214]

한편, 비적격투자신탁에서 발생하는 신탁의 이익에 대하여는 종래 신탁재산에서 발생하는 소득의 내용별로 구분하여 과세하였으나, 2020년 세법개정으로 인해 2025. 1. 1. 이후부터는 신탁재산에 귀속되는 소득에 대하여 법인과세가 적용된다.[215] 즉, 비적격투자신탁의 경우에는 종래에는 신탁도관이론을 그대로 적용하였으나, 개정 소득세법에서는 법인과세를 적용하는 방식으로 변경하였다.

투자신탁 과세와 관련한 이러한 세법의 입장에 대하여는 적격투자신탁의 경우에는 "법인과세 신탁재산이 소득 전부를 배당하여 소득공제를 받음으로써 과세되지 않는 경우"와 사실상 같고, 비적격투자신탁은 집합투자업자가 "신탁재산에 귀속되는 소득에 관하여 그 신탁재산을 하나의 내국법인으로 보아 법인세를 납부하여야 하므로, 그 점에서는 사실상 법인과세 신탁재산과 동일하다"고 볼 수 있는바,

---

212) 제3장 제1절 I. 2, II. 4. 각 참조.
213) 개정 소득세법[시행 2025. 1. 1.][법률 제17757호] 제17조 제1항 제5호.
214) 이창희[2023], 505면; 이러한 소득세법의 입장은 신탁실체이론의 입장이 반영된 것으로 볼 수 있다는 견해로 이중교(2020), 102면 참조.
215) 다만, 비적격투자신탁이 수익자에게 배당한 경우에는 그 금액을 해당 배당을 결의한 잉여금 처분의 대상이 되는 사업연도의 소득금액에서 공제한다. 개정 조세특례제한법[시행 2025. 1. 1.][법률 제17759호] 제91조의2 제3항, 법인세법 제75조의14 제1항 각 참조.

결국 "투자신탁은 현행세법상 실제로는 법인과세 신탁재산과 유사한 지위에 있고, 수탁자의 선택을 요하지 않는다는 점에서 과세실체로서의 성격이 더 강하게 인정되는 면이 있다"는 견해도 찾아볼 수 있다.[216]

이렇듯 세법은 투자신탁에 대하여는 납세의무를 지는 자로서의 성격을 강하게 인정하는 방식으로 수익자과세 시 발생하는 문제점을 해소하고자 하는 입장임을 알 수 있다.

Ⅲ. 유동화신탁과 투자신탁의 구분

그런데 이러한 논의에 앞서는 문제로 과연 우리 실정법상 유동화신탁이 자본시장법상 투자신탁에 해당한다고 볼 여지는 없는지 살펴볼 필요가 있다. 소득세법은 투자신탁의 과세요건을 정함에 있어 자본시장법상 투자신탁의 정의에 기초하는 방식을 취하고 있기에, 어떠한 신탁이 자본시장법상 투자신탁에 해당하는지 여부에 따라 투자신탁 과세의 적용 여부가 결정되기 때문이다. 즉, 금융법 체계 내에서 유동화신탁과 자본시장법상 투자신탁을 구분하는 명확한 기준이 세법 적용에 앞서 요구되는 것이다.

특히 우리나라에서는 이러한 논의가 관련 법률의 문언에 의해 더욱 증폭되는 경향이 있는데, 자산유동화법은 유동화전문회사 또는 신탁업자의 유동화업무로 유동화자산의 '관리·운용·처분'을 규정하고 있고,[217] 자본시장법도 집합투자를 투자대상자산을 '취득·처분 그 밖의 방법으로 운용'하는 것으로 정의하고 있어[218] 앞서 짚어본 바

---

216) 송동진[2021], 181-182면.
217) 자산유동화법 제2조 제1호 각목.
218) 자본시장법 제6조 제5항 각호 외의 부분.

와 같이,[219] 문언상으로는 자산유동화법상 유동화기구의 유동화업무와 자본시장법상 집합투자기구의 업무가 거의 유사하게 규정되어 있다. 주목할 점은 자본시장법이 이 점을 미리 인식하고 있었으면서도 집합투자와 유동화거래를 구분하는 구체적 기준을 제시하는 대신, '자산유동화법 제3조의 자산유동화계획에 따라 금전 등을 모아 운용·배분하는 경우'를 일괄적으로 자본시장법상 집합투자에서 배제하는 특칙을 두는 방식을 취하였다는 점이다.[220] 이에 따라 자산유동화법에 근거하는 등록 유동화거래의 경우에는 위 특칙에 따라 자본시장법상 집합투자에 해당하지 않게 되나, 비등록 유동화거래는 집합투자에 해당하는지 여부가 해석과 실무 운용에 맡겨져 있어 법적 불확실성을 초래하고 투자자 보호에 취약하다는 비판이 줄곧 제기되어 왔다.[221]

요컨대, 세법이 자본시장법상 투자신탁의 정의에 기초하여 투자신탁에 대한 과세 방식을 정하고 있다는 점에서 유동화신탁이 투자신탁에 해당하는지 여부에 대한 금융법상 판단 기준이 마련될 필요가 있고, 나아가 이러한 기준은 등록 유동화신탁인지 비등록 유동화신탁인지 여부를 불문하고 유동화거래와 집합투자를 구분하는 일반적 기준으로서 적용될 수 있어야 한다. 본 연구는 기본적으로 과세 방식은 형식이 아니라 내용에 따라 정해져야 한다는 입장을 취하고 있기 때문이다.

결론적으로 본 연구에서 상세히 살펴보는 바와 같이,[222] 유동화거래의 가장 전형적인 형태라 할 수 있는 적격자산 관리형의 유동화거래의 경우는, 유동화자산의 범위, 유동화기구의 업무 범위, 유동화증

---

219) 제2장 제1절 참조.
220) 자본시장법 제6조 제5항 제2호.
221) 한민(2014), 47면.
222) 제7장 제2절 및 제3절 논의 참조.

권 발행 구조의 각각의 측면에서 집합투자재산의 범위, 집합투자기구의 업무 범위, 집합투자증권 발행 구조와 뚜렷이 구분되고, 그에 따라 실정법상으로도 양자는 명확히 구분되어야 한다.

제4절 도관이론에 따른 소득과세

본 절에서는 본격적으로 우리나라의 유동화신탁 소득 과세 현황을 살펴보기에 앞서, 신탁도관이론에 따른 신탁소득 과세 일반에 대해 먼저 짚어보기로 한다.

Ⅰ. 신탁계약에 따른 소유권 이전

먼저 소득세법상으로는 신탁 설정 시 이를 양도로 볼 수 있는지 살펴볼 필요가 있다. 이에 대하여는 양도담보와 경제적 기능이 거의 유사한 담보신탁[223]의 경우와 그 밖의 경우를 구분하여 살펴보는 것이 유용하다.[224]

우선 양도담보와 유사한 경제적 기능을 수행하는 담보신탁의 경우에는 채권담보 목적의 소유권 이전을 양도로 보지 아니하는 판례[225]가 이 경우에도 적용되는 것으로 보아 양도로 보지 않는 것이

---

223) 담보신탁이란 채권담보 목적의 소유권 이전이 발생하는 경우로, 전형적인 사례로 부동산 소유자가 개발사업에 필요한 자금을 은행으로부터 조달하면서 담보로 부동산을 은행에 신탁하고, 은행이 개발사업으로 벌 돈에 대한 선순위수익권을 받는 경우를 들 수 있다(이창희[2023], 538면). 담보신탁의 여러 유형에 대하여는 정순섭[2021], 658-672면 참조.

224) 이창희[2023], 538면.

타당하다.226) 매매대금에 상응하는 자금의 흐름이 없어 유상으로 이전한다는 양도소득세 고유의 요건이 충족되지 않는 것이다.227)

담보신탁 이외의 다른 신탁은 (i) 위탁자가 신탁재산을 실질적으로 지배하고 소유하는 것으로 볼 수 있는 경우, (ii) 신탁재산에 대한 실질지배가 수탁자에게 넘어가는 경우로 각각 구분해 볼 수 있는데,228) 전자에 대하여는 소득세법에서 이를 양도로 보지 아니하는 특칙을 따로 규정하고 있다.229) 후자의 경우에도 (a) 위탁자가 수익자가 되는 실물신탁230)으로서 투시과세 대상인 경우에는 소득세법상으로는 신탁재산은 여전히 위탁자의 재산에 해당한다고 볼 수 있는 점,231) (b) 위탁자와 수익자가 따로 존재하고, 원본을 포함한 신탁의 이익 전부를 수익자가 받기로 하는 경우는 증여와 마찬가지이고 유상으로 넘기는 것으로 볼 수 없는 점,232) (c) 법인과세를 선택한 신탁의 경우라 하더라도, 법인과세 선택으로 곧 신탁이 법인이 되는 것은 아니고, 법인과세 신탁은 수익자에게 넘겨주지 않은 소득에 대한 과세이연을 방지하는 데 그 취지가 있는 점233) 등을 고려할 때, 위 경우 모두 양도에 해당하지 않는다고 보는 것이 타당하다.

---

225) 대법원 1991. 4. 23. 선고 90누8121판결; 1987. 10. 13. 선고 87누581 판결 참조.
226) 이창희[2023], 538면.
227) Id.
228) Id.
229) 소득세법 제88조 제1호 다목.
230) 신탁의 인수 시 금전 이외의 재산을 수탁하고 신탁 종료 시 신탁재산을 운용현황 그대로 수익자에게 교부하는 형태의 신탁을 가리키기 위해 실무에서 쓰이고 있는 용어이다. 이미현(2003), 52면; 이창희[2023], 538-539면 각 참조.
231) 이창희[2023], 538면.
232) Id., 538-539면.
233) Id., 539면; 그 밖에 사업신탁의 경우에도 양도로 판단되는 경우를 상정하기는 어려운데 이에 대한 설명은 이창희[2023], 539면 참조.

한편, 법인세법은 소득을 구분하여 과세하는 소득세법과 달리 순자산증가설을 취하고 있다.[234] 따라서 신탁 설정이 해당 법인의 순자산을 증가시키는 거래에 해당하는지 판단이 필요하고,[235] 익금인지, 그 귀속시기는 언제인지에 대한 법적 평가는 순자산증감 하나하나를 단위로 하여 평가하여야 한다.[236] 법인세법 등에서 달리 규정하고 있는 바가 없다면 기업회계기준 또는 관행에 따르게 된다.[237] 요컨대, 신탁되는 재산의 종류별로 순자산 증가라는 일반적 기준에 따라 익금 해당 여부 등을 따져볼 필요가 있다. 다만, 위 소득세법상 양도 해당 여부에 관한 논의의 연장선상에서, 신탁계약에 따라 유상으로 소유권이 이전되는 등의 상황이 아니라면, 법인세법이 적용되는 경우에도 신탁계약에 따른 소유권 이전이 위탁자의 순자산 증가로 평가될 경우가 흔치는 않을 것으로 사료된다.

Ⅱ. 소득의 귀속

신탁재산에서 발생하는 소득은 수익자가 개인인 경우에는 그 신탁의 이익을 받을 수익자(수익자가 사망하는 경우에는 그 상속인)에게 당해 소득이 귀속되는 것으로 보아 소득금액을 계산하고,[238] 수익자가 법인인 경우에도 수익자에게 당해 소득이 귀속되는 것으로 보고 법인세법에 따라 소득금액을 계산한다.[239]

---

234) *Id.*, 573면.
235) 법인세법 제15조 제1항.
236) 이창희[2023], 908면.
237) 법인세법 제43조.
238) 소득세법 제2조의3 제1항.
239) 법인세법 제5조 제1항.

이에 따라 토지 등의 특정한 물건을 신탁하는 실물신탁에서 위탁자가 수익자가 되는 이른바, 자익신탁[240]의 경우에는 위탁자 본인에게 투시과세한다.[241] 위탁자 이외의 제3자가 수익자가 되는 타익신탁의 경우에는 신탁의 이익은 수익자의 소득이 된다.[242]

III. 소득의 구분

개인에 대한 소득세는 소득의 종류별로 과세방법이 달라지므로 수익자가 개인인 경우에는 신탁재산에 귀속되는 소득의 구분이 필요하다. 소득세법은 신탁법 제2조에 따라 수탁자에게 이전되거나 그 밖에 처분된 재산권에서 발생하는 소득을 그 내용별로 구분하도록 규정하고 있다.[243] 수익자가 법인인 경우에도 소득의 귀속시기에 관한 법인세법 시행령 제68조 내지 제71조를 적용하는 경우에는 그 종류 별로 소득을 구분하여야 한다.

---

240) 수익자신탁은 위탁자와 수익자가 같은지 여부에 따라 자익신탁과 타익신탁으로 구분된다. 정순섭[2021], 63면 참조.
241) 이창희[2023], 431면.
242) 다만, 이 경우에도 원물에 대하여는 수익자에게 증여세가 부과되어야 하고(이창희[2023], 431면; 윤지현(2017), 62-63면), 만일 원본을 받을 권리는 위탁자에게 있고 수익자는 신탁의 이익만 받는 경우라면 해당 신탁의 이익은 위탁자의 소득이 된다(소득세법 제2조의3 제2항; 이창희[2023], 431면).
243) 소득세법 제4조 제2항.

IV. 과세시기

수익자가 개인이든 법인이든 무관하게 신탁에 소득이 발생하는 시점에 수익자에게 과세된다.[244] 예를 들어 채권이 신탁되고 이에 대한 이자가 지급된 경우, 수익자가 직접 보유하면서 이자를 지급받는 경우와 동일하게 보아 수익자가 개인이면 무기명채권[245]은 이자를 지급받는 날 또는 기명채권[246]은 약정에 의한 지급일이 이자소득의 수입시기가 된다.[247] 수익자가 법인인 경우에도 대동소이하다.

V. 원천징수

수익자가 개인인 경우, 신탁에 소득이 발생하는 시점에 소득의 종류 별로 수익자의 소득으로 과세하는 것이므로 이자소득, 배당소득 등 소득세법상 원천징수대상이 되는 소득[248]을 수탁자에 지급하는 자는 일반 원칙에 따라 그 지급시점에 원천징수를 하여야 한다. 수익자가 법인인 경우에도 법인세법상 원천징수대상이 되는 이자소득 및 배당소득[249]을 신탁에 지급하는 자는 마찬가지이다.

그런데 신탁에 소득을 지급하는 자가 해당 신탁을 넘어서서 신탁의 수익자를 대상으로 하여 일일이 해당 수익자가 개인인지 법인인

---

244) 소득세법 제4조 제2항.
245) 소득세법 제46조 제1항의 규정에 의한 채권으로서 무기명인 것을 말한다 (소득세법 시행령 제45조 제2호).
246) 소득세법 제46조 제1항의 규정에 의한 채권으로서 기명인 것을 말한다(소득세법 시행령 제45조 제3호).
247) 소득세법 시행령 제45조 제2호 내지 제3호.
248) 소득세법 제127조 제1항.
249) 법인세법 제73조 제1항 제1호 및 제2호.

지 여부를 파악하는 것은 현실적으로 불가능하므로 소득세법 및 법인세법은 별도의 특칙을 규정하고 있다.[250] 자본시장법상 신탁업자가 신탁재산을 운용하거나 보관·관리하는 경우에는 해당 신탁업자와 해당 신탁재산에서 발생하는 소득을 지급하는 자 사이에 원천징수의무의 대리 또는 위임의 관계가 있는 것으로 보고 원래는 지급받는 자인 수탁자가 소득을 지급하는 자의 원천징수의무를 대리하여 수행한다.[251] 그리고 소득세법 제17조 제1항 제5호에 따른 집합투자기구 외의 신탁에 해당하는 경우에는 원천징수를 대리하거나 위임을 받은 자가 이자소득 또는 배당소득이 신탁에 귀속된 날로부터 3개월 이내의 특정일(동일 귀속연도 이내로 한정한다)에 그 소득에 대한 소득세를 원천징수한다.[252] 따라서 신탁업자가 이자소득 또는 배당소득을 지급받는 경우에는 소득을 지급받는 시점으로부터 3개월 이내의 특정일을 정하여 그 신탁의 수익자에 대한 원천징수의무를 대리 수행하게 된다.[253] 신탁업자가 지급받은 소득의 일부를 세금으로 납부하게 된다는 의미이다.

---

250) 여기에 더하여 신탁소득에 대한 과세시기가 수탁자에게 귀속되는 시점이 아니라 수익자에게 지급되는 시점으로 이연되는 문제를 해결하기 위해 위 특칙이 도입되었다. 한편, 위 특칙이 도입되기 이전에도 실무상으로는 수익자에 이익을 지급하는 날을 수입시기 및 지급시기로 하여 처리하여 왔다. 무궁화신탁법연구회/광장신탁법연구회[2021], 672면 참조.
251) 소득세법 제127조 제4항; 법인세법 제73조 및 같은 법 시행령 제111조 제7항.
252) 소득세법 제155조의2; 법인세법 제73조 제8항 및 같은 법 시행령 제111조 제6항.
253) 참고로 자산유동화법상 유동화전문회사는 법인세법 제73조 제1항에서 규정하고 있는 대통령령으로 정하는 금융회사에 해당하고, 그에 따라 자산유동화법상 유동화전문회사가 대출채권에서 이자를 지급받는 경우에는 원천징수 대상 자체에 해당하지 않게 된다. 법인세법 제73조 제1항 및 같은 법 시행령 제111조 제1항 제1호, 제61조 제2항 제27호; 국세청 질의회신 법인 원천세과-442(2010. 5. 28) 참조.

VI. 수익권의 양도

먼저 수익자가 법인인 경우에는 수익권의 양도에 따른 손익은 법인세법상 익금 또는 손금으로 산입되므로 법인이 수익권을 제3자에게 양도하는 경우 그로 인한 손익은 법인세가 과세된다.

수익자가 법인이 아닌 개인인 경우와 관련하여서는 2020년 세법개정 시 주목할 만한 변화가 있었는데, 개정된 소득세법 제94조 제1항 제6호 본문은 신탁의 이익을 받을 권리[254]의 양도로 발생하는 소득을 양도소득세의 과세 대상으로 새롭게 추가하였다.[255] 아울러 소득세법은 수익권의 양도를 통하여 신탁재산에 대한 지배·통제권이 사실상 이전되는 경우는 신탁재산 자체의 양도로 보는 내용을 함께 신설하였고,[256] 위 소득세법 개정에 따라 2021. 5. 4. 자로 후속 개정된 소득세법 시행령 제159조의3은 양도소득세 과세대상에서 제외되는 수익권의 유형을 구체적으로 열거하고 있다.[257][258] 제외되는 수

---

254) (i) 소득세법상 '신탁의 이익을 받을 권리'(신탁 수익권)가 신탁법 등과 바로 연결하여 정의되어 있지는 아니하나, 어떠한 권리가 신탁의 이익을 받을 권리에 해당하는지 여부는 기본적으로 신탁법에 따라 판단될 것으로 보인다. 무궁화신탁법연구회/광장신탁법연구회[2021], 669면 참조.
(ii) 자본시장법에 따른 특정금전신탁의 경우 투시과세가 적용되고 그에 따라 투자대상 재산 자체가 수익자 또는 위탁자의 재산으로 과세되므로 '신탁의 이익을 받을 권리'의 양도소득이라는 것 자체가 발생하지 않는다는 설명으로 이창희[2023], 529면 참조.

255) 소득세법 제94조(양도소득의 범위)
① 양도소득은 해당 과세기간에 발생한 다음 각 호의 소득으로 한다.
6. 신탁의 이익을 받을 권리(「자본시장과 금융투자업에 관한 법률」 제110조에 따른 수익증권 및 같은 법 제189조에 따른 투자신탁의 수익권 등 대통령령으로 정하는 수익권은 제외하며, 이하 "신탁 수익권"이라 한다)의 양도로 발생하는 소득. 다만, 신탁 수익권의 양도를 통하여 신탁재산에 대한 지배·통제권이 사실상 이전되는 경우는 신탁재산 자체의 양도로 본다.

256) 소득세법 제94조 제1항 제6호 단서.

익권의 유형은 (i) 금전신탁계약에 의한 수익권, (ii) 투자신탁의 수익권 등으로서 해당 수익권 등의 양도에 대하여 배당소득이 과세되는 경우, (iii) 신탁의 이익을 받을 권리로서 해당 권리의 양도에 대하여 배당소득이 과세되는 경우, (iv) 담보신탁의 선순위 수익자로 참여하고 있는 경우이다. 이 중 본 연구와 관련하여서는 담보신탁의 선순위 수익자로 참여하고 있는 경우에 주목할 필요가 있다.[259]

그러나 거래계에서는 유동화신탁의 수익권을 개인이 보유하는 경우는 사실상 찾기 어려운바, 수익자가 개인인 경우의 수익권 양도에 관한 과세 계기 자체가 일어나지 않고 있는 상황이다.

---

257) 소득세법 시행령 제159조의3(양도소득세 과세대상에서 제외되는 수익권) 법 제94조제1항제6호 본문에서 "투자신탁의 수익권 등 대통령령으로 정하는 수익권"이란 다음 각 호의 수익권 또는 수익증권을 말한다.
   1. 「자본시장과 금융투자업에 관한 법률」 제110조에 따른 수익권 또는 수익증권
   2. 「자본시장과 금융투자업에 관한 법률」 제189조에 따른 투자신탁의 수익권 또는 수익증권으로서 해당 수익권 또는 수익증권의 양도로 발생하는 소득이 법 제17조제1항에 따른 배당소득으로 과세되는 수익권 또는 수익증권
   3. 신탁의 이익을 받을 권리에 대한 양도로 발생하는 소득이 법 제17조제1항에 따른 배당소득으로 과세되는 수익권 또는 수익증권
   4. 위탁자의 채권자가 채권담보를 위하여 채권 원리금의 범위 내에서 선순위 수익자로서 참여하고 있는 경우 해당 수익권. 이 경우 법 제115조의2에 따른 신탁 수익자명부 변동상황명세서를 제출해야 한다.

258) 소득세법 시행령 제159조의3 제3호에 따라 수익증권발행신탁 중 수탁자가 신탁재산에 대하여 법인과세를 선택한 경우에는 소득세법 제94조 제1항 본문은 적용되지 아니한다.

259) 이와 관련하여서는 제3장 제5절 V. 논의 참조.

제5절 1단계 구조의 과세

본 절에서는 먼저 가장 간결한 형태의 유동화신탁 거래 구조라 할 수 있는 1단계 구조를 모델로 하여 어떠한 연유로 유동화신탁 소득에 대한 투시과세에 어려움이 따르는지 검토해 보고, 이어서 제6절에서는 이를 회피하기 위해 현재의 유동화 실무에서 널리 쓰이고 있는 2단계 구조의 과세를 살펴본다.

I. 개요[260]

유동화신탁에서 자산보유자는 자금조달 목적으로 채권 등의 유동화자산을 신탁하게 되고 그에 따라 신탁재산은 경제적 담보로서 기능한다.[261] 이러한 목적을 실현하기 위해 유동화신탁은 여러 종류의 수익권을 발행하게 되는데, 가령 1종 수익권(선순위 수익권)과 2종 수익권(후순위 잔여권)을 각각 발행하면서, 1종 수익권은 유동화증권 투자자에게 부여하여 자금조달의 방편으로 활용하는 한편, 2종 수익권은 자산보유자에게 부여하여 1종 수익자에게 지급되고 남은 잔여 신탁재산이 자산보유자에게 환원될 수 있게 하는 구조를 취하는 경우를 볼 수 있다.

---

260) 이하의 논의는 법인세법 시행령 제71조 제4항이 적용되지 않는 것을 전제로 한다. 법인세법 시행령 제71조 제4항이 적용되는 경우를 포함한 완전한 논의는 제6절에서 살펴본다.

261) 자산유동화는 경제적으로는 담보로서의 성격이 있지만, 실무에서는 부동산을 신탁재산으로 하여 담보 목적으로 신탁을 설정하는 또 다른 전형적인 방법이 있고 통상의 언어습관에서는 후자만을 담보신탁이라 부르고 있다.

즉, 수익권에 지급 우선순위를 매기고 여러 종류의 수익권(선순위 수익권, 후순위 수익권 등)을 각각의 수익자에게 부여하는 이른바, '수익권의 복층화' 현상이 나타나는 것이다. 이를 수익자의 입장에서 보면, 유동화증권 투자자는 1종 수익권을 취득함으로써 유동화신탁의 신탁재산을 경제적 담보로 하는 안전한 투자자산을 확보하는 효과를 거두게 되고, 자산보유자는 2종 수익권을 취득함으로써 신탁재산에서 발생한 금원 중 1종 수익권에 대한 지급이 이루어진 후 남는 금원을 취득할 수 있는 일종의 잔여권(residual right)을 보유하는 효과를 누리게 된다.[262]

〈그림 6〉 1단계 구조를 이용한 유동화거래

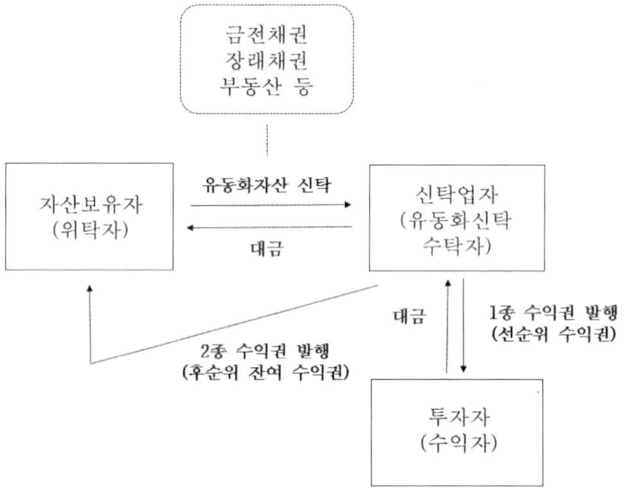

---

262) 강율리(2006), 82면.

II. 유동화자산의 신탁 단계

자산보유자가 유동화자산을 신탁에 이전하는 시점에 살펴볼 점은 양도차손익을 인식할 수 있는지 여부이다. 앞서 본 바와 같이,[263] 위탁자가 수탁자에게 신탁재산을 이전하는 경우 소득세법상으로는 신탁재산의 양도에 해당하지 않는 경우가 일반적이고, 법인세법상으로는 익금이 발생하는지 여부를 유동화자산별로 순자산 증가라는 일반적 기준에 따라 따져보아야 한다.

III. 신탁재산의 관리·운영 단계

자산보유자가 대출채권, 매출채권, 부동산 등의 유동화자산을 신탁하게 되면, 대출채권에서는 이자소득, 부동산에서는 임대소득 등이 발생할 수 있고, 매출채권의 경우에도 수탁자가 채권 회수로 인해 보유하게 되는 현금을 정기예금 등의 금융상품에 운용하는 경우에는 신탁에 이자소득이 발생할 수 있다.[264] 이때 신탁소득 과세가 이루어져야 하는데, 신탁도관이론에 따라 수익자과세를 적용하는 경우, 수익자에게 신탁소득이 어떻게 귀속되는 것으로 보아야 할지 문제된다. 유동화신탁이 1종 수익권과 2종 수익권을 각각 발행함에 따라 수익권의 복층화가 발생하였고, 1종 수익권과 2종 수익권은 지급 우선순위뿐 아니라 내용 면에서도 상이한 성격을 띠고 있기 때문이다.[265]

---

263) 제3장 제4절 I. 참조.
264) 통상적으로 신탁특약에서 신탁재산 중 현금이 존재하는 경우에는 수탁자가 유효신용등급 AAA 이상인 금융기관이 취급하는 예금 등의 상품에 운용하도록 규정하고 있다.
265) 이와 관련하여서는 일본 학계에서도 선순위 수익권, 후순위 잔여권과 같

나아가 유동화자산이 대출채권, 매출채권, 부동산 등 여러 종류의 자산으로 이루어져 있고, 1종 수익권을 취득하는 투자자가 개인이라면, 1종 수익자에게 지급하는 신탁의 이익은 각각의 유동화자산별로 소득 구분 후 과세되어야 하는데, 이는 여러 번 강조한 대로 실무상 그 구현이 거의 불가능하다.266)

이와 관련하여 현재의 자산유동화 실무는 이에 대한 명확한 판단은 보류한 채, 이하 2단계 구조의 과세에서 살펴보는 바와 같이,267) '법인세법 시행령 제71조 제4항 및 2단계 구조의 결합'이라는 방식을 통해 이러한 문제점이 드러나는 상황 자체를 미리 차단하는 미봉적 대처에 머물고 있다.

Ⅳ. 신탁재산의 처분

자산보유자는 자금조달 목적으로 채권 등을 신탁하는 것이어서,

이 서로 성질을 달리하는 여러 종류의 수익권이 존재하는 경우, 일본 세법상 신탁재산에 관한 수익, 비용에 관한 규정을 적용하기 곤란해진다는 문제점이 지적되고 있다. 佐藤英明[2020], 415-416면, 송동진[2021], 159면 각 참조.

266) (i) 가령 유동화자산이 부동산, 매출채권, 주식 등의 여러 종류의 자산으로 구성되어 있는 상황에서 4~5종류의 수익증권이 선순위, 후순위 구조로 발행되는 경우, 각 수익자에게 배당되는 신탁의 이익을 신탁재산 종류별로 소득구분하여 과세하는 것이 거의 불가능해진다. 이미현(2003), 58면 참조.
(ii) 조영희(2012), 49면은 이러한 문제점을 해결하기 위해 현실적인 대안으로서 신탁이 발행하는 수익권을 유동화법인이 인수하고 이를 기초로 다시 유동화증권을 발행함으로써 유동화법인을 신탁의 유일한 수익자로 하는 2단계 구조를 사용하게 되었다고 설명하고 있다.

267) 제3장 제6절 참조.

신탁재산은 경제적 담보로서 기능한다. 따라서 통상적으로 신탁의 수탁자는 신탁재산을 자금조달기간 종료 시까지 계속 보유하게 되는데, 채권 미회수 등으로 인해 1종 수익자에 대한 수익 지급이 어려울 것으로 예상되는 등 예외적인 상황에서는 수탁자가 신탁재산을 처분해야 하는 경우가 발생할 수 있다.[268]

이 경우 신탁재산의 처분에 따라 발생하는 소득에 대한 과세가 이루어져야 하는데, 이때에도 위 신탁재산의 관리·운영 단계에서 살펴본 문제가 동일하게 발생하게 된다.

V. 수익권의 양도

유동화신탁이 발행한 1종 수익권의 수익자가 법인인 경우에는 수익권의 양도에 따른 손익은 법인세법상 익금 또는 손금으로서 해당 법인의 익금 또는 손금에 포함되어 법인세가 과세된다.

한편, 비록 거래계에서 유동화신탁의 1종 수익권을 개인이 보유하는 경우를 찾아보기는 어려우나, 최근 우리나라에서 새롭게 등장한 이른바 '조각투자' 사업 등과 같이,[269] 향후에는 유동화신탁이 발행하는 유동화증권에 대하여도 개인이 직접 투자자로 참여하는 사례가 나타날 수 있다. 이와 관련하여 주목할 만한 변화는, 앞서 살펴본 바와 같이,[270] 개정된 소득세법 제94조 제1항 제6호 본문이 신탁

---

[268] 통상적으로 신탁특약에 '수탁자는 신탁기간 종료일까지 제1종 수익자에 대한 수익을 지급하지 못할 것으로 예상되는 경우에는 신탁기간 종료일까지 수익을 전액 지급할 수 있도록 적절한 시기에 자산을 처분할 수 있다'는 내용의 문구가 포함된다.

[269] 이영경(2022), 61면 참조.

[270] 제3장 제4절 Ⅵ. 참조.

의 이익을 받을 권리의 양도로 발생하는 소득을 양도소득세의 과세 대상으로 새롭게 추가하였다는 점이다.

검토컨대, 유동화신탁의 1종 수익권은 개정된 소득세법 시행령 제159조의3에서 열거하는 양도소득세 과세대상 제외 수익권 유형 각 호에 해당하지 아니하므로 문언상으로는 양도소득세 과세 대상에 해당하는 것으로 판단된다. 다만, 본 연구에서 검토하는 바와 같이,[271] 유동화거래에서 발행되는 1종 수익권은 대부분 확정수익부 증권으로서의 성격을 가지게 되고, 자산유동화의 체계 내에서 그 경제적 성격은 자산보유자에 대한 채권에 가깝다. 따라서 소득세법 시행령 제159조의3 제4호에서 규정하고 있는 '위탁자의 채권자가 채권 담보를 위하여 채권 원리금의 범위 내에서 선순위 수익자로서 참여하고 있는 경우'에 유동화신탁의 1종 수익권이 포함된다고 보거나, 확정수익부 증권의 성격을 갖는 1종 수익권을 별도의 양도소득세 과세대상 제외 유형으로 추가할 필요가 있다고 생각된다.

자산보유자가 2종 수익권을 제3자에게 양도하는 경우에도, 자산보유자는 법인에 해당하므로,[272] 수익권의 양도에 따른 손익은 자산보유자의 익금 또는 손금에 포함되어 법인세가 과세된다.

---

[271] 제7장 제3절 논의 참조.
[272] 한편, 거래계에서 개인이 자산보유자가 되는 경우는 사실상 찾아보기 어렵다.

제6절 2단계 구조의 과세

I. 개요

앞 절에서 이미 언급한 대로, 그 간의 유동화 실무에서는 유동화 자산이 여러 종류의 자산으로 구성되고 여러 종류의 수익권이 발행되는 경우, 수익자에게 신탁소득이 어떻게 귀속되는지 불분명해지는 문제를 직접적으로 해결하는 대신, '법인세법 시행령 제71조 제4항 및 2단계 구조의 결합'을 통해 이러한 문제가 드러나는 상황 자체를 회피하는 소극적 대응 방식을 취해 왔다. 이하에서 상세히 살펴본다.

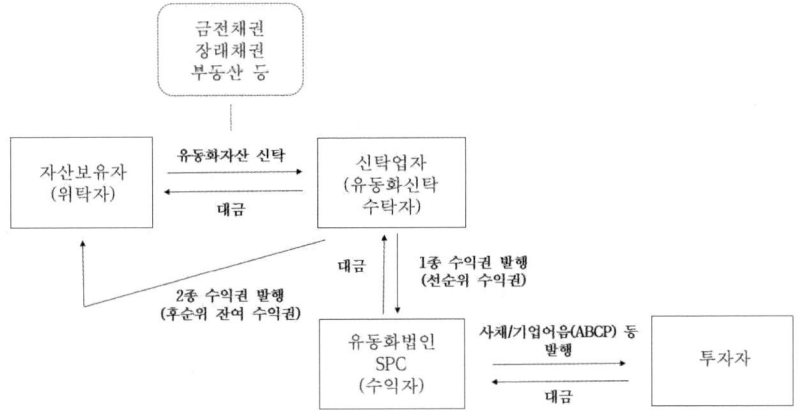

〈그림 7〉 2단계 구조를 이용한 유동화거래

Ⅱ. 법인세법 시행령 제71조 제4항의 검토

법인세법 시행령 제71조 제4항[273]은 자산보유자가 자산유동화법 제13조[274]에 따른 방법에 의하여 보유자산을 양도하는 경우 및 매출채권 또는 받을어음을 배서양도하는 경우에는 기업회계기준[275]에 의한 손익인식방법에 따라 관련 손익의 귀속사업연도를 정하도록 규정하고 있다.[276] 2012년에 개정되기 전 조항은 해당 자산이 매각된

---

273) 법인세법 시행령 제71조(임대료 등 기타 손익의 귀속사업연도)
④ 법 제40조 제1항 및 제2항을 적용할 때 「자산유동화에 관한 법률」제13조에 따른 방법에 의하여 보유자산을 양도하는 경우 및 매출채권 또는 받을어음을 배서양도하는 경우에는 기업회계기준에 의한 손익인식방법에 따라 관련 손익의 귀속사업연도를 정한다.

법인세법 제40조(손익의 귀속사업연도)

① 내국법인의 각 사업연도의 익금과 손금의 귀속사업연도는 그 익금과 손금이 확정된 날이 속하는 사업연도로 한다.
② 제1항에 따른 익금과 손금의 귀속사업연도의 범위 등에 관하여 필요한 사항은 대통령령으로 정한다.

274) 자산유동화법 제13조(양도의 방식)
유동화자산의 양도는 자산유동화계획에 따라 다음 각 호의 방식으로 하여야 한다. 이 경우 해당 유동화자산의 양도는 담보권의 설정으로 보지 아니한다.
1. 매매 또는 교환으로 할 것
2. 유동화자산에 대한 수익권 및 처분권은 양수인이 가질 것. 이 경우 양수인이 해당 자산을 처분할 때에 양도인이 이를 우선적으로 매수할 수 있는 권리를 가지는 경우에도 수익권 및 처분권은 양수인이 가진 것으로 본다.
3. 양도인은 유동화자산에 대한 반환청구권을 가지지 아니하고, 양수인은 유동화자산에 대한 대가의 반환청구권을 가지지 아니할 것
4. 양수인이 양도된 자산에 관한 위험을 인수할 것. 다만, 해당 유동화자산에 대하여 양도인이 일정 기간 그 위험을 부담하거나 하자담보책임(채권의 양도인이 채무자의 지급능력을 담보하는 경우를 포함한다)을 지는 경우는 제외한다.

275) 세법에서 기업회계기준 및 국제회계기준(IFRS)이 갖는 의미에 대한 상세한 설명으로는 이창희[2023], 872-875면 참조.

것으로 보아 관련 손익의 귀속사업연도를 정하도록 규정하고 있었으나, 국제회계기준 도입에 따른 세무조정 부담을 완화할 목적으로 기업회계기준에 따라 차입거래 또는 매각거래 중 하나를 선택하여 처리할 수 있도록 개정되었다.[277]

법인세법 시행령 제71조 제4항은 자산유동화법 제13조에서 정하는 방법에 따른 양도 등의 경우를 그 적용 대상으로 규정하고 있으나, 동 규정의 입법취지는 자산유동화법이 요구하는 '진정양도'(True Sale)[278]의 요건을 갖춘 경우라 하더라도 자산보유자가 차입거래로 회계처리하는 경우에는 세무상 차입거래로 보아 자산보유자의 세무조정 부담을 완화해 주는 데 있다. 따라서 이 취지에 따른다면 비등록 유동화의 경우에도 위 규정이 유추적용될 수 있다고 보는 것이 합리적이라고 생각된다.[279]

또 유동화자산의 진정양도도 차입으로 본다면 신탁을 차입으로 보는 것은 당연하다.[280]

---

276) 조문의 문언상으로는 양도 시에만 기업회계기준에 따르는 것으로 해석될 여지도 있으나, 양도 시에만 기업회계기준에 따르고 그 이후에는 다시 세법의 적용을 받는 것 자체가 가능하지 아니하므로 양도 이후의 유동화자산의 관리·운영, 처분, 수익권의 양도 등의 경우에도 법인세법 시행령 제71조 제4항이 적용된다고 보는 것이 타당하다. 유동화 실무에서도 마찬가지이다.
277) 법인세법 시행령[대통령령 제23589호, 2012. 2. 2, 일부개정] 재·개정 이유 (국가법령정보센터 웹페이지 게시) 중 주요내용 라목 참조.
278) 유동화자산의 양도가 일정한 요건을 갖춘 경우 담보권의 설정으로 보지 않도록 하여 자산보유자의 도산위험으로부터 격리시키는 것을 의미한다. 김건식/정순섭[2010], 718-719면.
279) 통상 유동화 실무상으로도 이와 같이 보고 있다.
280) 현재 유동화 실무상으로도 양도 방식의 유동화거래와 신탁 방식의 유동화거래를 구분하지 아니하고 회계처리 내용에 따라 세법상 손익의 귀속사업연도를 정하고 있다.

Ⅲ. 유동화자산의 신탁 단계

2단계 구조에서는 1종 수익권(선순위 수익권)을 유동화법인에게, 2종 수익권(후순위 잔여권)을 자산보유자에게 부여하게 된다.[281] 자산보유자가 2종 수익권의 취득으로 잔여권을 보유하게 되면, 회계상으로는 이전되는 자산의 위험과 보상의 대부분이 여전히 자산보유자에게 있는 것으로 보아 매각거래가 아닌 차입거래로 인식한다.[282] 따라서 회계상으로 자산보유자는 해당 자산을 계속 보유하게 되는 것이어서 유동화자산 양도차손익을 인식하지 않게 되고, 그 결과 세법상으로도 회계처리 내용에 따라 양도차손익이 발생하지 않은 것으로 본다. 이러한 결론은 신탁도관이론 일반을 따르는 경우와 크게 다르지 아니하다.

---

[281] (i) 서브프라임 금융위기 이후 미국에서는 이른바 대출·유통모델(O&D, Originate to Distribute)(정순섭[2017], 9면 참조)의 확산으로 인한 자산보유자(originator 또는 sponsor)의 도덕적 해이를 규제할 필요성이 심도 있게 논의되었고, 그에 따라 자산보유자가 유동화자산 신용위험의 최소 5% 이상을 계속하여 보유하도록 하는 5% 위험 보유(risk retention) 규정이 새롭게 도입되었다(Dodd-Frank Act § 941, Securities Exchange Act of 1934 § 15G). 우리나라에서도 자산유동화법 제33조의3에서 유동화거래 이해상충방지를 위한 위험보유규제를 도입하고 있다. 동 규정의 시행으로 면제·완화 대상에 해당하지 않는 한, 자산보유자 등이 위험보유규제 준수를 위해 의무적으로 일정 수준의 2종 수익권을 취득하여야 할 것으로 예상된다.
(ii) 유동화 실무에서는 여러 종류의 선순위 수익권과 후순위 잔여권이 발행되는 경우도 있으나, 본 연구에서는 논의의 간명성을 위해 1종 수익권으로서 선순위 수익권, 2종 수익권으로서 잔여권이 발행된 경우를 전제하여 논의를 진행하기로 한다. 이러한 구조 하에서는 2종 수익권자가 곧 잔여권자가 된다.

[282] 한국채택국제회계기준(이하 "K-IFRS"라 한다) 제1039호 금융상품: 인식과 측정 문단 15 내지 37. 분개로 나타내면, 차) 현금   대) 차입금.

Ⅳ. 신탁재산의 관리·운영 단계

자산보유자가 대출채권, 매출채권 등의 유동화자산을 신탁한 뒤,[283] 신탁의 수탁자가 대출채권, 매출채권 등의 회수금을 실제로 수취하게 되면 신탁재산은 채권에서 현금으로 변경되고, 자산보유자는 신탁의 수탁자가 1종 수익자인 유동화법인에 차입금을 지급하는 시점에 채권(기초자산)을 장부에서 제거하는 회계처리를 한다.[284] 또한 자산보유자는 차입원리금을 초과하는 금액에 대하여는 잔여권자로서 그 지급을 요구할 수 있으므로, 해당 금액이 확정되고 청구 가능한 시점이 되면 채권(기초자산)을 신탁계정에 대한 미수금으로 계정 대체할 수 있다.[285]

한편, 신탁의 수탁자가 채권 회수 등으로 인해 보유하게 되는 현금을 정기예금 등의 금융상품에 운용하는 경우에는 신탁에 이자소득이 발생할 수 있다.[286] 정기예금 등의 이자를 지급하는 각 금융기관이 신탁의 수익자별로 원천징수하는 것이 불가능하므로 그 대신 신탁의 수탁자인 신탁업자가 이자소득이 신탁에 귀속된 날로부터 3개월 이내에 위 소득에 대한 원천징수세를 납부한다. 1종 수익자인

---

283) 자산보유자가 장래매출채권을 유동화자산으로 하여 신탁하는 경우, 신탁 시점에는 자산보유자도 회계상 장래매출채권을 인식하지 않은 상태에 있게 된다. 다만, 신탁 이후 자산보유자가 거래처 등에게 일정한 재화를 공급하거나 용역을 제공함에 따라 신탁 기간 중 어느 시점에는 매출채권으로 인식하게 되는 것이므로 장래매출채권의 경우에도 위 논의가 동일하게 적용될 수 있다.
284) 분개로 나타내면, 차) 차입금   대) 채권(기초자산).
285) 2002. 2. 7. 자 질의회신(KQA02-035) 참조. 다만, 실무상으로는 번거로움을 피하기 위해 채권의 미수금 계정 대체는 생략하고 실제로 현금을 수령하는 시점에 채권을 제거하는 방식을 취하는 것이 일반적이다. 분개로 나타내면, 차) 현금   대) 채권(기초자산).
286) 제3장 제5절 Ⅲ. 참조.

유동화법인에 실제로 수익금을 지급하는 시점에는 신탁의 수탁자에게 별도의 원천징수의무가 없다.[287]

2종 수익자는 잔여권 보유자이므로 원칙적으로 1종 수익자에 대한 차입원리금 상환이 종료되기 전에는 신탁재산을 지급 받을 수 없다. 다만, 실무에서는 가지급의 형태로 신탁 기간 중에 1종 수익자에 대한 차입원리금 모두 상환되지 않은 경우에도 2종 수익자에게 신탁재산 중 일부가 미리 지급되는 경우를 자주 볼 수 있는데,[288] 어느 경우이든 2종 수익자가 지급받는 금액은 회계상으로는 2종 수익자가 보유하고 있는 기초자산의 회수금으로서의 성격에 불과하므로[289] 손익인식 사건 자체가 발생하지 않고, 세법상으로도 회계처리 내용에 따라 익금 또는 손금이 발생하지 않은 것으로 본다.

---

[287] 제3장 제4절 V. 참조; 실무상 유동화법인은 신탁계약에 따라 지급받게 되는 유동화증권 원금 상당액은 '유동화수익권증서' 또는 '유동화수익증서' 등의 자산계정으로, 신탁계약에 따라 지급받게 되는 유동화증권 이자 상당액은 '유동화자산이자수익' 등의 수익계정으로 인식하고 있다. 뉴스타해피제일차유동화전문유한회사 제1기 1분기 재무제표, 비엔케이오토제일차유동화전문유한회사 제2기 재무제표 참조(해당 정보는 KISLINE 홈페이지에서 검색 가능하다).

[288] 통상적인 가지급 요건으로는 i) 1종 수익자에게 지급하여야 하는 금액의 일정 수준 이상에 해당하는 금액이 이미 신탁재산에 유보되어 있거나, ii) 유동화자산에서 실제 회수되고 있는 금액이 유동화거래 설계 당시 예상하였던 추정 회수액의 일정 비율 이상을 상회하는 경우 등을 들 수 있다. 그 취지는 1종 수익자에 대한 지급이 충분히 담보되는 상황 하에서 2종 수익자에 대한 가지급을 예외적으로 허용하겠다는 것이다.

[289] 분개로 나타내면, 차) 현금 대) 채권(기초자산).

V. 신탁재산의 처분

자산보유자는 자금조달 목적으로 기초자산을 신탁하는 것이고, 그에 따라 신탁재산은 경제적 담보로서 기능하기 때문에, 통상적으로 신탁의 수탁자는 신탁재산을 자금조달기간 종료 시까지 계속 보유하게 된다. 다만, 채권 미회수 등으로 인해 1종 수익자에 대한 수익 지급이 어려울 것으로 예상되는 경우에는 예외적으로 수탁자가 신탁재산을 처분해야 하는 상황이 발생할 수 있다. 그런데 회계상으로는 신탁이 아닌 자산보유자가 채권을 계속 보유하여 온 것이므로 채권의 처분에 따른 손익은 자산보유자가 인식하게 되고,[290] 그 결과 신탁 차원에서 처분손익의 인식 계기는 발생하지 않는다.

VI. 수익권의 양도

2단계 구조에서는 유동화신탁이 유동화법인에 1종 수익권을 발행하므로, 수익권의 양도에 따른 손익은 유동화법인의 익금 또는 손금에 포함되어 법인세가 과세된다.

자산보유자가 2종 수익권을 제3자에게 양도하는 경우를 보면, 자산보유자가 보유하는 유동화자산의 위험과 보상이 제3자에게 이전되므로 회계상 유동화자산의 양도가 발생한 것으로 인식하게 되고,[291]

---

290) 분개로 나타내면(채권처분손실이 발생하는 경우),
　　　차) 차입금　　　　　　대) 채권(기초자산)
　　　　 채권(기초자산)처분손실
291) 즉, 자산보유자의 변경이 발생하는 경우이다. 분개로 나타내면(채권처분손실이 발생하는 경우),
　　　차) 차입금　　　　　　대) 채권(기초자산)
　　　　 채권(기초자산)처분손실

그에 따라 세법상으로 신탁재산 자체의 양도로 보아 과세된다.

Ⅶ. 소결

이렇듯 현행법 하에서 이루어지고 있는 2단계 구조의 과세는 1종 수익자에게 수익자과세가 이루어지지 않는다는 면에서 신탁도관이론 일반을 따르는 경우와 뚜렷하게 차이가 난다는 점을 알 수 있다.

이러한 차이가 발생하는 핵심 요인은 법인세법 시행령 제71조 제4항이 기업회계기준에 의해 관련 손익의 귀속사업연도를 정하도록 규정하고 있고, 기업회계기준은 위험과 보상의 대부분이 이전되지 아니한 상황 하에서는 매각거래가 아닌 차입거래로 인식하도록 정하고 있으며, 여기에 더하여 실무에서는 법인세법 시행령 제71조 제4항의 적용 범위를 유동화신탁의 경우에까지 널리 적용되는 것으로 새기고 있기 때문이다.

그러나 이러한 접근 방식은 비록 그 결과 면에서는 자산유동화의 경제적 기능이나 본 연구의 결론에 부합하는 측면이 있기는 하나, 세법이 법률에서 정하고 있는 수익자과세 원칙에 대하여 시행령에서 다시 기업회계기준에 의거하는 방식으로 예외 사유를 정하고 있다는 점에서 법체계적 측면에서 타당하지 않은 면이 있다.

제7절 유동화신탁 소득의 과세: 무엇이 문제인가

Ⅰ. 앞선 논의의 정리

유동화신탁 소득에 대하여 수익자과세를 적용할 때, '유동화자산이 대출채권, 매출채권, 부동산 등 여러 종류의 자산으로 이루어진 상황에서, 수종의 수익권이 발행되는 경우'에는, 각 수익자에게 지급되는 신탁의 이익을 신탁재산 종류 별로 소득구분하여 과세하는 것이 불가능하다는 점은 앞서 여러 차례 지적한 바 있다.[292] 현재의 실무는 '법인세법 시행령 제71조 제4항 및 2단계 구조의 결합'을 통해 이러한 문제가 드러나는 상황의 발생 자체를 차단해 온 것으로 볼 수 있는데, (i) 유동화법인을 1종 수익자로 지정함으로써 개인이 수익자가 되는 경우를 원천적으로 차단하는 한편,[293] (ii) 기업회계기준에 의한 손익인식방법에 따라 세법상 관련 손익의 귀속사업연도가 정해지도록 한 법인세법 시행령 제71조 제4항에 근거하여 자산보유자의 유동화자산 신탁 설정을 회계상 차입거래로 구성함으로써 1종 수익자에게 지급되는 신탁소득이 세법상 이자소득으로 인식되도록 해 오고 있는 것이다.

---

292) 제2장 제4절 Ⅲ. 등.
293) 유동화법인은 세법상 법인에 해당하고, 법인세법은 소득세법이 소득 구분 조항을 별도로 두고 있는 것과는 달리 과세소득을 포괄적으로 정의하고 있다.

Ⅱ. 거래계에서 유동화신탁을 선호하는 이유

이러한 거래 구조 설계상의 난맥상에도 불구하고, 거래계에서 유동화신탁을 이용한 유동화거래를 선호하는 이유 중 하나도 세법상 고려에서 찾아볼 수 있다. 유동화신탁은 자산보유자가 자금조달 목적으로 채권 등의 유동화자산을 신탁하는 것이므로 신탁재산은 경제적 담보로서 기능하고, 그에 따라 신탁재산의 가치 중 1종 수익자에게 지급되고 남은 잔여가치를 자산보유자가 환수해 오는 장치가 필요하다. 유동화신탁에서는 1종 수익권과 2종 수익권을 동시에 발행하면서, 잔여권으로서 2종 수익권은 자산보유자가 보유하는 구조를 취함으로써 이러한 장치를 마련하고 있다. 이때 앞서 살펴본 바와 같이,[294] 2종 수익자가 환수하는 금원에 대하여는 별도의 소득과세가 이루어지지 않게 된다.

그런데 이러한 구조는 이론적으로는 유동화법인을 통해서도 구현 가능하다. 가령, 유동화법인이 사채 등의 유동화증권을 발행하고, 유동화법인의 주식은 자산보유자가 취득하는 구조를 떠올려 볼 수 있다. 그러나 유동화 실무에서는 자산보유자가 아니라, 해당 유동화거래를 주관한 증권회사나 유동화법인의 설립 및 회계처리 업무 등을 담당하는 회계법인의 직원 1인이 유동화법인의 주주가 되는 경우가 거의 대부분을 차지한다. 이는 자산보유자 또는 그 임원이 유동화법인의 주주가 되면 K-IFRS 제1110호 연결재무제표 문단 7에 따라 유동화법인이 자산보유자의 연결대상으로 판단될 가능성[295]이 높아

---

[294] 제3장 제6절 Ⅳ. 참조.

[295] 이 경우 자산보유자에게는 종속회사인 유동화법인에 대한 공시 의무가 발생하고, 유동화법인과의 거래가 「독점규제 및 공정거래에 관한 법률」 등의 각종 규제 대상에 해당할 가능성이 높아질 뿐 아니라, 연결재무제표 작성 범위에 유동화법인이 포함됨에 따라 부채비율 감소 등의 재무비율 개선 효과도 기대할 수 없게 된다.

지기 때문이다. 그 결과 실질적으로는 유동화법인과는 아무런 경제적 이해관계가 없는 자가 유동화법인의 1인 주주가 되는 상황이 나타나게 된다. 그에 따라 실무상으로는 유동화거래를 계획하는 시점부터, 매 회계기간마다 유동화법인의 순이익이 0이 되도록 자금흐름을 맞추어 설계함으로써296) 유동화법인의 1인 주주에게 배당금이 지급되지 않도록 하는 조치를 취하고 있다. 즉, 유동화법인의 형태를 띠는 경우에는 여타의 법적, 회계적 고려 사항으로 인해 잔여가치 환수를 위한 장치, 곧 잔여권의 구현이 이루어지지 못하고 있는 것이다.

III. 유동화신탁 소득 과세의 문제점

2단계 거래 구조 방식의 현재의 실무는 구현 가능한 유동화거래 구조 자체에 제한을 가져올 뿐 아니라, 근본적으로는 유동화신탁 소득의 과세에 대한 세법의 적용을 기업회계기준에 의한 손익인식방법에 의존하고 있다는 점에서 투시과세 시 맞닥뜨리게 되는 문제점들에 대한 본질적인 해소책이라 할 수 없다.297) 실제로 현재의 실무에서도 매우 드물지만 유동화신탁의 잔여권을 자산보유자가 아닌 제3자가 보유하는 경우를 찾아볼 수 있는데,298) 이때에는 기업회계

---

296) 이를 위해 유동화 실무에서는 등록유동화법인에 양도되는 유동화자산의 평가액에 상응하는 금액으로 유동화증권이 발행되고 있다. 2023. 5. 31. 자 이에이이에스제일차유동화전문 유한회사 자산유동화계획의등록신청서 등 참조.
297) 제3장 제5절 III.에서 '미봉적 대처'라고 설명한 부분은 이를 두고 한 말이다.
298) 이 경우 자산보유자는 회계상으로 유동화자산을 유동화신탁에 이전하는 매각거래(off-balance)로 처리 가능하고, 그 결과 부채비율 감소 등의 재무비율 개선 효과를 거둘 수 있는 이점이 있다.

기준상으로도 유동화자산의 신탁이 매각거래에 해당하여 더 이상 자산보유자의 유동화자산 신탁을 차입거래로 구성할 수 없게 되므로, 유동화신탁의 소득은 수익자에 귀속되는 것으로 보아 과세가 이루어져야 한다. 그러나 실무에서는 1종 수익자, 잔여권자 공히 재무제표에 이를 자산으로 인식하지 아니하고 유가증권으로 계상하고 있고,[299] 신탁도관이론에 따른 과세가 이루어지지 못하고 있는 상황이다.

더욱이 자산유동화가 수행하는 만기변환기능에 비추어 보면,[300] 유동화거래는 그 경제적 기능상 만기가 긴 채권을 기초자산으로 하면서, 다양한 만기를 갖는 수종의 유동화증권을 발행하는 거래 구조로 발전해 갈 수밖에 없는데, 이 경우 유동화신탁의 수익권은 여러 종류로 더욱 세분화 될 수밖에 없는바, 현재의 실무가 취하는 미봉책만으로는 대처할 수 없는 사례가 필연적으로 나타날 수밖에 없다.

이러한 현행 과세체계 및 자산유동화 실무는 유동화신탁 소득에 수익자과세를 적용하기 위해서는, 그 전제 조건으로 첫째, 유동화신탁에 이전되는 유동화자산의 성격 및 유형을 명확히 구분하고, 둘째, 유동화신탁이 발행하는 여러 종류의 수익권을 경제적 실질 및 기능에 따라 구분하여 인식할 수 있는 별도의 기준이 마련될 필요가 있음을 시사해 준다.

---

[299] 2019. 5. 9. 자 카드오토제일차유동화전문유한회사 자산유동화계획의등록 신청서(정정) 및 카드오토할부제일차 주식회사 2020. 2. 29. 자 재무제표 참조. 각각 DART 및 KISLINE 홈페이지에서 검색 가능하다.

[300] 제2장 제2절 참조.

제8절 유동화신탁의 법인과세 가능 여부

앞선 논의에 더하여, 2020년 세법 개정으로 신설된 사항 중 본 연구와 관련하여 유동화신탁도 '수익증권발행신탁'으로서 법인과세 적용 대상에 해당하는지 여부를 추가로 살펴볼 필요가 있다.

개정된 법인세법은 신탁법 제78조 제2항에 따른 수익증권발행신탁에 대하여 법인과세 선택을 허용하고 있는데, 현행법상 수익증권으로는 신탁법상 수익증권 이외에도 자본시장법상 수익증권,[301] 자산유동화법상 수익증권[302]이 있다.

먼저, 자산유동화법에 근거하지 않는 비등록 유동화신탁이 수익증권을 발행하고자 하는 경우에는 신탁법상 수익증권발행신탁의 형태가 되어야 하므로 이 경우에는 법인과세 신탁의 선택이 가능하다. 다만, 수탁자가 신탁업자로서 자본시장법의 적용을 받게 되는 경우에는 금전신탁인 경우에 한해서만 수익증권 발행이 가능하다는 한계가 있다.[303]

다음으로, 자산유동화법상 수익증권은 등록 유동화신탁의 신탁업자가 자산유동화법에 근거하여 발행하는 수익증권을 말하는데, 이 경우 등록 유동화신탁이 신탁법상 수익증권발행신탁에 해당하는지 여부가 문제된다. 신탁법상 수익증권발행신탁은 '신탁행위[304]로 수

---

301) 자본시장법 제4조 제5항.
302) 자산유동화법 제32조.
303) 자본시장법 제110조 제1항; 다만, 이와 관련하여 금융위원회는 2022. 10. 발표한 보도자료에서 신탁업 혁신 방안의 일환으로 금전을 제외한 모든 재산의 수익증권 발행을 원칙적으로 허용하는 방안을 발표한 바 있다. 금융위원회, 종합재산관리 및 자금조달기능 강화를 위한 신탁업 혁신 방안(2022. 10. 보도자료).
304) 신탁법에서 정의하고 있지는 아니하나, 신탁설정을 위한 법률행위(계약,

익권을 표시하는 수익증권을 발행하는 뜻'을 정한 신탁을 의미한다.305) 그런데 이는 자본시장법이나 자산유동화법 그 밖의 법률상 발행 근거가 없는 경우 신탁행위를 통한 수익증권의 발행 근거를 명확히 하는 데 그 제도적 의의가 있고,306) 등록 유동화신탁과 신탁법상 수익증권발행신탁은 근거 법률 면에서는 구분된다. 그러나 비등록 유동화신탁에 법인과세가 가능하다면 등록 유동화신탁도 그렇다고 보아야 균형이 맞는다. 또한 등록 유동화신탁이 자산유동화법에 근거하여 수익증권을 발행하는 것이기는 하나, 신탁법상 신탁으로서의 법적 성격은 그대로 유지된다고 보는 것이 타당하다. 따라서 등록 유동화신탁의 경우에도 법인과세 선택이 가능하다고 보는 것이 합리적이라고 생각된다.307)

다만, 앞서 살펴본 바와 같이,308) 개정된 법인세법은 법인과세 신탁의 요건을 충족하더라도 위탁자가 신탁 종료 후 잔여재산을 귀속받을 권리를 보유함으로써 신탁재산을 실질적으로 지배·통제하는 경우에는 위탁자과세가 적용되도록 규정하고 있는데, 자산유동화에서는 자산보유자가 유동화자산을 유동화신탁에 이전하고 유동화신탁의 잔여권을 취득하는 거래 구조가 활발히 이용되고 있는바, 이러한 경우에는 법인과세 신탁 선택이 허용되지 않는 것으로 생각된다.

이상의 논의는 투시과세가 적용되지 아니하는 유형의 유동화신탁에 대하여 법인과세를 적용할지 여부와 관련하여 의미를 갖는다.

유언, 신탁선언)를 의미한다. 정순섭[2021], 10면.
305) 신탁법 제78조 제1항 전단.
306) 정순섭[2021], 521면.
307) 참고로 이와 관련하여 정순섭[2021], 524면은 수익증권발행신탁은 신탁행위로 수익증권을 발행할 수 있는 경우를 의미하기 때문에 "자본시장법상 특정금전신탁이나 투자신탁에 대해 신탁법상 수익증권발행신탁규정이 당연히 적용되는 것은 아니"라는 견해를 제시하고 있다.
308) 제3장 제1절 II. 3. 참조.

제9절 논의의 정리

본 장에서는 유동화신탁 소득의 과세에 관한 현행법을 살펴보았다. 먼저 제1절 내지 제4절에서는 신탁과세이론과 현행법령, 도관이론에 따른 소득과세 구조 등을 검토해 보았다. 구체적으로 제1절에서는 2020년 세법 개정 이전과 이후의 신탁 소득과세 관련 법령의 변화 양상을 짚어 보고, 제2절에서는 그 기저에 놓여 있는 신탁과세이론과 수익자과세 원칙을 살펴보았다. 제3절에서는 자산유동화와 투자신탁의 과세체계가 어떻게 다른지 확인해 보고, 제4절에서는 도관이론에 따른 소득과세 구조를 각 단계 별로 구분하여 고찰해 보았다.

이후 제5절과 제6절에서는 본격적으로 실무에서의 유동화 거래구조를 대상으로 이를 1단계 구조와 2단계 구조로 각각 구분하여 유동화거래의 각 단계별 소득과세에 대하여 살펴본 뒤, 이러한 논의를 토대로 제7절에서는 현재의 유동화신탁 소득 과세가 맞닥뜨리고 있는 문제점을 확인해 보았다.

제8절에서는 후속 논의를 위해 유동화신탁에 대하여 법인과세가 적용 가능할지 여부를 별도로 살펴보았다.

이러한 논의를 토대로 이하 제4장 내지 제6장에서는 본격적으로 미국에서의 금융규제법적, 세법적 논의를 차례대로 검토해 본다. 먼저 제4장에서는 Rule 3a-7을 중심으로 유동화거래와 집합투자의 미국법상 제도적 차이를 조명해 본다.

제4장
유동화거래와 집합투자의 미국법상 제도적 차이

제1절 논의의 배경 및 구성

제3장에서 보았듯 유동화거래를 집합투자에 포섭해서 과세해야 하는가는 우리 현행법 해석에서도 그렇고 입법론에서도 결정적으로 중요하다. 본 연구의 논지는 어느 쪽에서도 아니라는 것이다. 우리 현행법 해석상 양자의 차이는 이미 제3장에서 본 바 있다. 제4장에서는 훨씬 더 깊은 문제, 곧 자산유동화와 집합투자는 애초 경제적 실질이 다르다는 점을 살펴보기로 한다. 자산유동화의 본질이 그림자금융의 수단이라는 점에서 집합투자와 다르다는 큰 그림은 앞서 제2장 제2절에서 이미 보았다. 이를 배경 삼아 제4장에서는 집합투자 규제와 관련하여 두 가지가 구체적으로 도대체 어떻게 다른가를 분석한 미국의 입법사와 법령을 살펴보기로 한다.[309] 이 논의를 통해서 드러나는 자산유동화의 경제적 실질은 미국이든 우리나라든 뒤따르는 과세제도 실계의 내전세가 된다.

미국에서는 유동화거래가 태동하여 선도적으로 발전해 왔을 뿐 아니라, 2018년 기준 글로벌 신규 유동화증권 발행의 약 절반 정도가 미국에서 이루어질 정도로 현재에도 전 세계에서 가장 활발히 유동화거래가 일어나고 있다.[310] 그에 따라 자산유동화와 집합투자의 관계에 대하여도 ① 1940년 투자회사법(Investment Company Act of 1940,

---

309) 일본의 자산유동화 제도 도입 초창기 유동화거래와 집합투자의 비교에 관한 논의는 金融審議会 第一部会, 中間整理(第一次)(1999. 7.) (https://www.fsa.go.jp/p_mof/singikai/ kinyusin/top.htm) 참조. 이에 대한 상세한 소개로는 조경준, "자산유동화 규제 체계의 검토", 상사법연구, 제43권 제1호(2024), 435-437면 참조.
310) 각주 13 참조.

ICA[311])의 적용을 받는 투자회사[312]와의 구분 문제를 비롯한 유동화증권의 공시 등 금융규제 분야, ② 위탁자신탁 세제 및 REMIC이나 FASIT 등의 유동화거래 관련 조세특례기구의 설정 및 운영 등의 조세 분야 각각에서 정책 당국, 거래계 및 학계에서 심도 있는 논의가 오랜 기간 이어져 왔다.

본 장에서는 먼저 유동화거래와 집합투자의 구분에 관한 Rule 3a-7의 내용을 상세히 살펴보고, 실질적으로 같은 내용이 유동화증권 공시 사항을 규정하는 Regulation AB[313])에도 반영되어 있음을 본다. 이후 Rule 3a-7의 내용과 우리나라 자산유동화법에서 정하고 있는 바를 유동화자산의 범위, 유동화기구의 업무 범위, 유동화증권의 발행 구

---

311) 미국 공법 조문 체계상으로는, United States Code - Title 15. COMMERCE AND TRADE - Chapter 2D. INVESTMENT COMPANIES AND ADVISERS - Subchapter I. INVESTMENT COMPANIES §§ 80a-1 - 80a-64.

312) 여기서의 투자회사는 'investment company'를 직역한 용어로 그 법적 형태로는 투자법인(corporation) 또는 신탁을 이용한 투자신탁(investment trusts) 등이 모두 포함된다[오성근(2011), 189면 참조]. 즉, 우리나라 자본시장법의 집합투자기구에 대응하는 개념으로 볼 수 있다. ICA § 3(a)는 투자회사를 '투자, 재투자, 증권의 소유, 보유 또는 증권거래를 영위하거나 또는 영위할 목적으로 별도재무제표 기준으로 발행인의 총자산가치의 40%를 초과하는 투자증권을 보유하거나 취득할 것을 목적으로 하는 [증권(any security)의] 발행인(issuer)'으로 정의하고 있다.

313) (i) 유동화증권의 발행공시 및 유통공시에 관하여 정하고 있는 SEC 규정을 말한다. 미국연방규정집 조문 체계상으로는, CFR - Title 17. Commodity and Securities Exchanges Chapter - II. SECURITIES AND EXCHANGE COMMISSION - Part 229. STANDARD INSTRUCTIONS FOR FILING FORMS UNDER SECURITIES ACT OF 1933, SECURITIES EXCHANGE ACT OF 1934 AND ENERGY POLICY AND CONSERVATION ACT OF 1975 - REGULATION S-K - Subpart 229.1100. Asset-Backed Securities (Regulation AB).

(ii) 통상 'Rule'은 SEC가 증권법의 위임을 받아 그 구체적 시행을 위해 만든 규정을 뜻하고, 'Regulation'은 동일하거나 유사한 주제에 관한 여러 조항의 Rule을 묶어서 하나의 이름을 붙이는 경우를 가리킨다.

조의 각각의 측면에서 비교 검토해 본다.314)

본 장에서의 논의는 비단 유동화신탁에만 국한되는 것이 아니라 유동화거래 전반을 그 대상으로 한다. 이러한 논의의 기초 하에 제5장 이하에서는 미국의 유동화신탁 세제에 초점을 맞추어 구체적인 검토를 이어가기로 한다.

제2절 Rule 3a-7의 개괄

Rule 3a-7은 유동화거래가 ICA에서 규제 대상으로 삼고 있는 투자회사에 해당하지 않기 위한 요건을 규정하고자 도입된 것이다. ICA는 자산유동화라는 금융 거래가 출현하기 전인 1940년에 제정된 법으로, 제정 당시에는 구조화금융(structured financing)이라는 새로운 금융 기법을 알지 못하였다.315) 그런데 유동화증권을 발행하는 유동화기구는 그 거래 구조상으로는 ICA에서 정의하는 투자회사의 범위에 포함되나, 경제적 기능 면에서는 집합투자와는 명확히 구분되는 특징을 가진다.316) 근본적으로는 ICA에서 규정하는 제반 요건을 충족하는 방식으로는 유동화거래의 실현 자체가 불가능하다. 가령, ICA의 투자회사로 등록하게 되면 투자자 보호 등을 위해 투자회사와 투자회사의 계열사 등과의 거래가 제약되는데, 이러한 규정이 자산유동화에도 동일하게 적용되는 경우 자산보유자가 유동화기구에 유동

---

314) Rule 3a-7에서 규정하는 자산유동화의 요건은 자산유동화의 강학상 정의(제2장 제1절 참조)와 사실상 일치한다는 점에서, 이하의 논의는 자산유동화의 강학상 정의에 대한 검토로서의 의미도 갖는다.

315) 한민(2014), 32면.

316) 제2장 제2절 참조.

화자산을 매도하는 것 자체가 원칙적으로 금지되고,317) 투자회사의 외부차입에 따른 투자자의 손실위험을 막기 위해 마련된 선순위 증권 발행 금액 제한 규정 등으로 인해,318) 선순위 증권으로서의 확정수익부 증권 발행 금액에 제한이 가해지는 등 시장에서 구현하고자 하는 자산유동화 운영 방식과의 상충이 발생한다.

나아가 ICA의 투자회사 등록이 요구되는 경우 그 자체로 비용이 소요될 뿐 아니라, 등록 이후에는 투자자 보호를 위해 마련된 사외이사(independent directors)의 승인,319) 재무 구조(capital structure) 및 레버리지 비율의 제한, 회계 장부의 기록 및 보관320) 등 투자회사 운영과 관련된 각종 규제의 적용을 받아야 한다.321)

만일 유동화거래가 경제적 실질 및 기능 면에서 투자회사와 실질적인 차이가 없다면, 유동화거래에 대하여도 집합투자 관련 규제가 적용되는 것이 타당하다. 그러나 양자 간에는 구조와 운영 면에서 뚜렷한 차이가 나타나기에, 유동화거래가 갖는 고유한 경제적 특징을 식별해 내고 이러한 특징을 갖는 거래에 대하여는 투자회사 규제를 적용하지 않고 그에 걸맞은 별도의 규제를 하고자 Rule 3a-7이 도입된 것이다.

이러한 취지 하에, SEC는 1992. 5. 29. 자로 일정한 제한 아래, 사실상 모든 자산유동화를 ICA의 투자회사의 정의에서 배제시키려는 목적으로 Rule 3a-7의 제정에 관한 제안서(이하 "Rule 3a-7 제안서"라 한다)322)를 내어 놓았고, 실무계 및 학계 등 각계의 의견을 수렴한 뒤,

---

317) ICA § 17(a); 한민(2014), 33면.
318) ICA § 18.
319) ICA § 15.
320) ICA §§ 10, 17, 18, 31.
321) Coates(2009), pp. 621-622.
322) SEC, "Exclusion from the Definition of Investment Company for Certain Structured

1992. 11. 27. 자로 Exclusion From the Definition of Investment Company for Structured Financings", Investment Company Act Release[323] No. 19105(1992. 11. 19), 57 FR(Federal Register) 56248 (1992. 11. 27)(이하 "SEC Rule 3a-7 고시"라 한다)을 발표한다.

Ⅰ. 도입 배경[324]

자산유동화는 현금흐름 발생자산(income-producing assets,[325] 대부분 비유동적(illiquid)임[326])을 모아서(pooling) 자본시장에서 유통되는 증권(capital market instruments)으로 전환시키는 금융기법을 말한다. 전형적인 유동화거래에서는 자산보유자(sponsor)가 유동화자산을 특수목적기구에 이전하고, 환매가 불가능한 '채무증권 또는 실질적으로는 채무증권의 특징을 갖는 지분증권'[이하 통칭하여 "확정수익부 증

Financings, Investment Company Act Release No. 18736 (1992. 5. 29), 57 FR 23980 (1992. 6. 5).

323) '告示(Release)'란 미 연방증권법상 구체적 문제에 대한 SEC의 방침 또는 해석을 담은 문서를 말한다. 김건식/송옥렬[2001], 30면 참조.

324) 이 부분은 SEC Rule 3a-7 고시 Ⅰ. Background 부분의 내용을 거의 그대로 옮긴 것이다. 원문의 의미를 명확히 전달하기 위해 필요한 경우 영문 원문을 병기하였다.

325) '수입 발생자산'으로 번역하는 것이 직역에 더 가까울 것이나, Rule 3a-7의 적격자산 정의에서 현금흐름(cash flow)을 발생시키는 것으로 설명하고 있고, 제2장 제1절에서 '현금흐름이 발생하는 또는 발생할 것으로 예상되는 자산'(rights to, or expectations of, payment)을 현금흐름 발생자산으로 번역한 점 등을 고려하여 논의의 일관성을 제고하고자 '현금흐름 발생자산'으로 번역하였다.

326) 처분 등을 통해 현금으로 신속히 전환되기 어렵다는 의미이다. 대표적으로 은행의 대출채권이나 회사의 매출채권 등을 들 수 있다.

권(fixed-income securities)"이라 한다］을 발행한다.

　유동화증권에 대한 지급은 주로 유동화자산에서 발생하는 현금흐름(cash flows)에 기초하게 된다. 확정수익부 증권에 대한 지급액을 전부 지급하는 데 필요한 금액 이상의 현금흐름을 발생시키거나 발생시킬 것으로 기대되는 유동화자산을 이전하는 경우, 자산보유자는 남는 현금흐름(residual cash flow)에 대한 권리, 즉 잔여권을 증권화하여 이를 제3자에게 양도할 수도 있다.

　자산관리자(servicer)는 유동화자산의 관리 업무를 담당하는 자로서, 기초자산(underlying asset)의 지급기일이 도래하면 현금흐름을 회수하고 이를 유동화증권의 지급기일에 맞추어 투자자에게 지급하는 역할을 담당한다. 대부분의 경우 독립적인 수탁자(통상적으로는 대형 시중은행)가 유동화기구의 유동화증권에 대한 자금 지급을 감독한다.

　1970년대에 처음 태동한 이래, 자산유동화는 급격히 성장하여 미국에서 자금조달의 주요한 수단 중 하나로 자리매김하였다. 그럼에도 불구하고, 유동화거래 시장의 성장 및 발전은 ICA 규정에 의해 제약되어 온 면이 있다. 글귀로 따지면 자산유동화는 ICA § 3(a)에 따른 투자회사(investment company)의 정의에 포섭된다.[327] 그러나 ICA의 투자회사 규정을 다 지키자면 자산유동화의 운영 자체가 불가능하다. 예를 들어, ICA § 18에서 규정하는 선순위 증권(senior securities)의 발행 제한 및 ICA § 17에서 규정하는 계열사(affiliates)와의 거래 금지 등은 자산유동화의 운영 방식과 상충된다. 이로 인해 상당수의 미국 투자자들이 자본시장에서 유통되는 투자위험이 낮은 안전한(sound) 증권에 투자할 기회를 얻지 못하는 상황이었다.

　이에 SEC는 등록된 투자회사와 유동화거래 간의 구조적(structural),

---

327) 우리나라에서도 같은 문제가 발생하고 있음은 앞서 살펴 본 바 있다. 제2장 제1절 참조.

운영적(operational) 차이를 반영하고, 현재 시장의 실무에만 의존하고 있는 투자자 보호에 관한 규정을 새로이 마련하는 한편, 장차 자산 유동화 시장에서 새로운 금융기법이 도입되는 경우에도 포괄적으로 적용될 수 있는 규정을 만들어 내는 것을 주요 골자로 하여, Rule 3a-7 을 제정하게 되었다.

II. Rule 3a-7의 내용[328]

1. 유동화증권 발행인의 투자회사 배제 요건[329]

다음의 요건이 모두 충족되는 경우, 적격자산(eligible assets)[330]을 매입(purchasing) 또는 취득(acquiring) 및 보유(holding)하고(이와 관련되거나 수반하는(related or incidental) 활동을 포함함), 환매 가능한 증권(redeemable securities)을 발행하지 않는 발행인(issuer)은 투자회사(investment company)가 아니라고 본다.

① 발행인은 적격자산에서 발생하는 현금흐름에 주로 기초하여 (depend primarily on the cash flow from eligible assets) 지급하는 확정수익부 증권(fixed-income securities) 또는 기타 증권을 발행하여야 한다.

---

[328] 이 부분은 Rule 3a-7 원문을 번역한 것이다. 원문의 의미를 명확히 전달하기 위해 필요한 경우 영문 원문을 병기하였다.

[329] Rule 3a-7(a).

[330] '적격자산'이라는 용어의 우리말 번역은 한민(2014), 34면을 참조하였다. 적격자산의 내용에 대하여는 이하 제4장 제2절 II. 2. 에서 살펴본다.

② 발행인이 발행하거나 인수인이 인수하는 증권은 다음의 각 경우를 제외하고는, 최초 발행 시점 기준으로 최소 1개사 이상의 전국적으로 인정된 신용평가사(statistical rating organization)로부터 최상위 4개 투자등급 중 하나에 해당하는 평가등급을 받아야 한다.
  (i) 일정한 요건을 갖춘 적격투자자(accredited investors)에게 확정수익부 증권을 발행하는 경우
  (ii) 일정한 요건을 갖춘 기관투자자(institutional buyers)에게 유동화 증권을 발행하는 경우
③ 발행인은 다음의 요건이 모두 충족되는 경우에 한해, 적격자산을 추가로(additional) 취득(acquire)하거나 처분(dispose)할 수 있다.
  (i) 증권 발행의 근거가 되는 계약에서 정해진 조건에 따라(in accordance with the terms and conditions set forth in the agreements) 적격자산을 취득 또는 처분하는 경우일 것
  (ii) 적격자산의 취득 또는 처분으로 인하여 발행인이 발행한 확정수익부 증권의 신용평가 등급이 강등되지 아니할 것
  (iii) 시장가치의 변동(market value changes)으로 인한 이익 실현(recognizing gains)이나 손실 감소(decreasing losses)를 주된 목적으로 하여 적격자산을 취득 또는 처분하는 경우에 해당하지 아니할 것
④ 발행인이 1933년 증권법(Securities Act of 1933, SA[331]) § 3(a)(3)에 따라 등록이 면제되는 증권 이외의 증권을 발행하는 경우는 다음의 요건을 모두 갖추어야 한다.
  (i) ICA § 26(a)(1)[332]에서 규정하는 요건을 갖추고, 발행인 또는

---

331) 미국 공법 조문 체계상으로는, United States Code - Title 15. COMMERCE AND TRADE - Chapter 2A. SECURITIES AND TRUST INDENTURES - Subchapter I. DOMESTIC SECURITIES §§ 77a - 77aa.

발행인의 관계자와 관련되지 아니하며, 발행인에게 신용보강을 제공하지 아니하는 수탁자를 선임할 것
(ii) 확정수익부 증권 보유자(holders)에게 지급하는 데 필요한 현금흐름을 주로 발생시키는 적격자산과 관련하여 수탁자가 제3자에게 대항할 수 있는 담보권(security interest) 또는 소유권(ownership interest)을 취득할 수 있도록 하는 합리적인 조치를 취할 것
(iii) 확정수익부 증권 보유자를 위해 적격자산으로부터 발생하는 현금흐름을 수탁자에 의해 관리 또는 통제되는 별도의 계좌에 주기적으로 예치할 것

2. Rule 3a-7에서 사용되는 용어의 정의[333]

① '적격자산(Eligible assets)'이란, "정해진 기간 내에 그 자체의 조건

---

[332] 증권의 보관 및 판매에 관한 규정으로 그 원문은 아래와 같다.
　　ICA § 26(a)
　　(a) Custody and sale of securities
　　No principal underwriter for or depositor of a registered unit investment trust shall sell,except by surrender to the trustee for redemption, any security of which such trust is the issuer (other than short-term paper), unless the trust indenture, agreement of custodianship, or other instrument pursuant to which such security is issued-
　　(1) designates one or more trustees or custodians, each of which is a bank, and provides that each such trustee or custodian shall have at all times an aggregate capital, surplus, and undivided profits of a specified minimum amount, which shallnot be less than $500,000 (but may also provide, if such trustee or custodianpublishes reports of condition at least annually, pursuant to law or to therequirements of its supervising or examining authority, that for the purposes of thisparagraph the aggregate capital, surplus, and undivided profits of such trustee or custodian shall be deemed to be its aggregate capital, surplus, and undivided profits as set forth in its most recent report of condition so published);

[333] Rule 3a-7(b).

에 따라 현금으로 전환되는 고정(fixed) 또는 '리볼빙'(revolving)[334] 금융자산(financial assets) 및 증권 보유자에게 원금 상환(servicing) 또는 적시의 수익금 배분(timely distribution of proceeds)을 확실히 하기 위하여 고안된 기타 권리 또는 자산"을 말한다.[335]

② '확정수익부 증권(Fixed-income securities)'이란, 증권의 보유자에게 다음의 금액이 지급되도록 하는 권리를 부여하는 증권을 말한다. 실질적으로 해당 증권의 보유자에게 지급되는 금액 전부가 아래 각 금액들로 구성되어야 한다.

   (i) 명시된 원금(a stated principal amount); 또는

   (ii) 원금에 대한 이자(interest). 단, 고정 이율(fixed rate) 또는 적격 자산의 시장가치(market value) 또는 공정가치(fair value)의 변동에 영향을 받지 아니하는 기준(standard)이나 공식(formula)에 의해 산출되어야 함; 또는

   (iii) 원금에 대한 이자(interest). 단, 증권 보유자 또는 보유 예정자 사이의 경쟁 입찰(auctions) 또는 증권의 재매각(remarketing)을 통하여 산출되어야 함; 또는

   (iv) 발행인이 보유하는 자산에서 발생하는 이자 중 특정된(specified) 고정(fixed) 또는 변동(variable) 부분(portions)과 동일한 금액; 또는

   (v) 위 4가지 금액의 조합(combination)

---

334) 만기가 짧아, 유동화기구에 지속적으로 현금흐름이 발생할 수 있도록 계속해서 교체해 줄 필요가 있는 경우를 뜻한다.

335) 적격자산 정의의 우리말 번역은 한민(2014), 34면 각주 75에 기초하되, 내용을 보다 명확히 하는 차원에서 일부 문구 등(그 '자체의' 조건, 현금으로 '전환되는' 등)을 수정한 것이다.

III. Rule 3a-7 도입 당시의 논의[336]

1. 논의의 경과

Rule 3a-7 도입 당시 SEC는 Rule 3a-7 제안서와 관련하여 42곳의 기관, 전문가 등으로부터 검토 의견서를 받았으며, 이 중 2개를 제외한 나머지 의견서 모두가 자산유동화는 투자회사를 규율하는 ICA의 적용 대상에서 제외되어야 한다는 점에 동의하였다. 다만, 대부분의 의견서는 Rule 3a-7 제안서의 내용이 유동화거래의 장애 요소를 제거하는 진일보한 시도임은 인정하면서도 그 내용이 여전히 자산유동화에 불필요하게 제약을 가하거나, 어느 면에서는 다수의 자산유동화 현행 실무에 배치된다는 의견을 보였다. SEC는 이러한 의견들을 받아 들여 Rule 3a-7 최종안에서는 제출된 의견서에서 언급된 우려 사항들을 해소하고자 그 내용을 일부 수정하였다.

2. 적격자산의 범위 관련 논의

Rule 3a-7은 적격자산을 취득, 보유하고 이와 관련되거나 수반되는 업무를 영위하면서, 환매가 불가능한 증권만을 발행하는 발행인을 투자회사의 정의에서 배제한다. 적격자산에는 정해진 기간 내에 그 자체의 조건에 따라 하나의 또는 다수의 현금흐름으로 전환되는, 즉 '그 자체로 현금 전환이 가능한 자산(self-liquidating asset)'이라면 어떠한 형태든지 포함된다.[337] 따라서 신용평가사나 투자자들에 의해 통

---

336) 이 부분은 SEC Rule 3a-7 고시 II. Discussion 부분의 내용을 거의 그대로 옮긴 것이다. 원문의 의미를 명확히 전달하기 위해 필요한 경우 영문 원문을 병기하였다.
337) 이것이 앞서 각주 29에서 언급한 현금흐름 발생자산이다.

계적으로 분석이 가능한 현금흐름을 발생시키는 자산이라면 어떠한 형태든지 유동화자산이 될 수 있다.

나아가 적격자산의 범위에는 유동화증권의 지급, 기초자산의 신용도(credit) 또는 유동성(liquidity)을 보강하는 내용의 약정 및 이에 부수하거나 수반하여(ancillary or incidental) 기초자산의 현금 회수 및 유동화증권 지급을 위해 필요한 자산도 포함된다. 가령, 주식은 통계적으로 분석 가능한 현금흐름을 발생시키는 자산이 아니므로 적격자산에 해당하지 아니하나, 만일 발행인이 기초자산과 관련한 회사의 도산절차 개시 등으로 인해 비자발적으로 주식을 보유하게 되는 경우 해당 주식은 부수하거나 수반하는 자산으로서 적격자산에 해당할 수 있다.

또한 당초 Rule 3a-7 제안서는 이자율 스왑(interest rate swaps)을 적격자산의 범위에 열거하고 있었으나, 이후 SEC가 Rule 3a-7을 최종 확정하는 과정에서 적격자산의 범위를 일일이 열거하는 방식이 오히려 향후 자산유동화 시장의 발전에 저해 요소로 작용할 것을 우려하여 적격자산에 대한 일반적 기준을 제시하는 방식으로 선회하였다. 따라서 이자율 스왑 등 다양한 종류의 파생상품(financial derivative products)도 부수하거나 수반하는 자산으로서의 요건을 갖춘다면 적격자산에 해당할 수 있다.[338]

3. 적격자산의 추가 취득 및 처분 관련 논의

Rule 3a-7은 세 가지 요건이 모두 충족되는 경우에 한하여 발행인

---

[338] 실제 미국의 자산유동화 실무에서는 변동이율과 고정이율 간 상호 교환 등 다양한 목적으로 장외파생상품계약이 활발히 이용되고 있다. Structured Finance Industry Group, A Comprehensive Guide to U.S. Securitization, Chinese Market Committee White Paper (2016. 4. 7) pp. 78-82.

이 적격자산을 추가로 취득하거나 처분하는 것을 허용한다. 자산유동화의 기초자산 관리는 투자회사의 자산 운용과는 매우 다르다. 자산유동화에서는 자산관리자(servicer)는 대부분의 투자회사의 집합투자업자와 달리 매우 제한적인 재량권을 행사할 뿐이고, 유동화증권 발행 이전에 이미 합의된 특정한 관리 지침(specific guidelines)을 반드시 준수하여야 한다. 기초자산의 취득 또는 처분도 유동화증권의 지급에 거의 영향을 미치지 아니한다. 일반적으로 유동화거래에서 오로지 기초자산의 시가 변동에 따른 이익 실현 또는 손실 감소의 목적으로만 기초자산을 취득하는 경우는 없다.

다만, 이러한 추가 취득 및 처분의 제한이 자산유동화의 통상적인 업무와 연관된 활동 – 계약 내용의 흠결이나 진술 및 보증 위반에 따른 기초자산의 매각, 채무불이행이나 임박한 채무불이행으로 인한 기초자산의 처분, 과도한 신용보강의 해소를 목적으로 한 처분 등 – 까지 제약하는 것은 아니고, 발행인이 기초자산과 관련하여 어떠한 재량권도 가져서는 안 된다는 것을 의미하지도 않는다. 확정수익부 증권의 원리금 지급에 영향을 미치지 아니하는 한 발행인은 일상적(routine), '행정적'[339](perfunctory) 업무와 관련하여 재량권을 갖는다. 나아가 발행인은 유동화거래의 운영계약(operative documents)에서 미리 정해진(predetermined) 바에 따라 기초자산의 처분 또는 취득과 관련하여 재량권을 갖는 경우도 있다.

Rule 3a-7은 기초자산의 시장가치의 변동에 기인하는 이익 실현 또는 손실 방지를 주 목적으로 하는 적격자산의 취득 또는 처분을 막는 데 그 핵심 취지가 있다. 이는 발행인이 기초자산의 시장가치를 평가한 후 자본 이득(capital gains)을 얻을 목적으로 적격자산을 취득

---

339) 'perfunctory'는 형식적, 의례적 등의 문어적 의미를 갖는 용어이나(옥스퍼드 영어사전 참조), 여기서는 유동화 실무에 맞게 이를 의역하여 '행정적'이라는 용어로 번역하였다.

하는 것을 금지하기 위한 것이다. 이에 따라 발행인이 잔여권을 보유하는 투자자에게 기초자산의 후속 처분 시 시장가액의 평가에 따른 이익을 제공하는 것을 주 목적으로 하여 적격자산을 취득하는 행위 역시 허용되지 아니한다.

4. 확정수익부 증권 및 유동화증권 지급 관련 논의

확정수익부 증권의 정의는 현행 자산유동화 실무에서 발행되는 다양한 유형의 채무증권(debt securities) 및 경제적 실질이 이자를 발생시킨다고 할 만한 증권(debt-like securities)을 모두 포섭하기 위한 목적에서 마련되었다. 당초 Rule 3a-7 제안서는 발행인이 적격자산으로부터 발생하는 현금흐름에 의존하는 확정수익부 증권을 '주로(primarily) 발행할 것'을 요구하였으나, 만일 잔여권(residual interests)과 같은 비확정수익부 증권의 가치가 확정수익부 증권의 가치를 초과하는 경우에는 그 요건을 충족하지 못하게 되는 등 불필요한 제약이 될 수 있다는 반론이 제기되었다. 이러한 의견을 수용하여 확정된 Rule 3a-7에서는 확정수익부 증권과 비확정수익부 증권의 발행을 모두 허용하되, 각 증권에 대한 지급의무가 모두 기초자산에서 발생하는 현금흐름에 '주로(primarily) 기초할 것'을 요구하는 내용으로 수정하였다.

기초자산에서 발생하는 현금흐름에 주로 의존하도록 규정하는 것 역시 적격자산의 시장가치(market value)나 공정가치(fair value) 실현을 통한 자금 유입을 배제하는 데 그 목적이 있다. 이는 시가 차익이 목적인 자산유동화를 막기 위한 장치이다. 기초자산의 담보권 행사를 통해 유입되는 자금이나 신용보강 또는 유동성 보강 장치를 통해 유입되는 자금은 기초자산에서 발생하는 현금흐름에 포함된다. 이를 위해 기초자산의 담보권이나 신용보강 또는 유동성 보강 장치를 적격자산의 범위에 포함하였다.

 한편, 자산유동화에서 확정수익부 증권과는 달리 잔여권의 경우에는 적격자산의 처분에서 발생하는 자금 유입에 기초하여 지급이 이루어지는 경우가 종종 발생할 수 있다. 아울러 기초자산의 거래 상대방이 진술 및 보장에 위반하는 경우에는 기초자산의 처분이 필요하고 이 경우 처분에 따른 자금 유입에 기초하여 유동화증권의 지급이 이루어질 수도 있다. 이러한 실무를 반영하여 Rule 3a-7은 유동화증권이 '주로'(primarily) 적격자산으로부터 발생하는 현금흐름에 기초하여 지급될 것을 요건으로 규정하게 되었다.

5. 환매가 불가능한 증권 발행 관련 논의

 Rule 3a-7은 환매가 불가능한 증권(non-redeemable securities)을 발행할 것을 요건으로 한다. 이는 유동화거래와 개방형 투자회사(open-end management investment companies): 뮤추얼펀드(mutual funds) 사이의 자금조달 방식을 구분하기 위한 목적이다. 뮤추얼펀드와 같은 방식의 자산유동화를 방지하자는 목적이지만, 현행 유동화거래의 실무를 반영한 것이기도 하다.

6. 유동화증권의 신용평가 관련 논의

 Rule 3a-7은 일부 예외가 인정되는 경우를 제외하고는 유동화증권의 최초 발행 당시 1개 사 이상의 전국적으로 인정된 신용평가사로부터 투자적격 등급을 받도록 요구하고 있고, 제출된 의견서 모두가 이러한 요건에 동의하였다. 신용평가 요건은 자산유동화와 등록 투자회사를 구분하는 수단으로서 Rule 3a-7에 포함된 것이기도 하다. 신용평가사가 자산유동화에 참여하는 것은 자산유동화의 가장 중요한 특징 중 하나인데, 자산유동화는 유동화기구를 통해 비유동적(illiquid)이고 신용평가를 받지 아니한(unrated) 자산을 시장에서 유통 가능한(marketable) 신용평가를 받은(rated) 증권으로 전환하는 기능을 수행함으로써 자금을 조달하기 때문이다.

나아가 신용평가사의 평가 절차는 그 과정에서 ICA의 투자회사에 대한 규제 사항[340]이 자산유동화에서 아울러 검토되는 효과를 가져올 수 있다.

7. 독립적인 수탁자 관련 논의

Rule 3a-7은 수탁자(trustee)가 유동화증권에 대한 신용보강을 제공하는 것을 허용하지 않는다. 또한 적격자산에서 발생하는 현금흐름은 주기적으로 수탁자에 의해 관리되고 통제되는 별도의 계정에 예치되어야 한다.

제3절 Rule 3a-7의 검토

Ⅰ. Rule 3a-7에 나타난 유동화거래의 경제적 실질과 집합투자의 경제적 실질의 비교

Rule 3a-7이 유동화거래를 집합투자와 구분 짓는 핵심 요건은 ① '현금흐름 발생자산'을 중심으로 하는 '적격자산'에서 발생하는 현금

---

[340] 구체적으로 (i) 내부자(insiders)의 자기거래(self-dealing)와 과도한 관여(over-reaching), (ii) 자산의 가치 평가 오류(misvaluation of assets) 및 (iii) 자산의 범위를 넘어서는 과도한 증권의 발행(inadequate asset coverage) 등을 들 수 있다.

흐름에 주로 의존하여 지급되는, ② '확정수익부 증권'을 중심으로 하는 유동화증권의 발행이다. 이하에서 상세히 살펴본다.

1. 기초자산으로서의 적격자산

Rule 3a-7에서 정의하는 적격자산은 현금흐름 발생자산 및 유동화증권의 지급 또는 상환을 위해 부수되거나 수반되는 자산으로 구성된다. 이 중 현금흐름 발생자산이란 그 자체로 현금 전환이 가능한 자산(self-liquidation asset)을 의미하는데, 대표적인 형태로 채권(obligation) 또는 장래채권[341]을 들 수 있다.

유동화거래의 기초자산은 거의 대부분 은행 등의 금융회사 및 일반 회사에서 최초로 창출(origination)해 낸 대출채권, 매출채권 등의 채권으로 구성된다. 채권은 청구권으로서 그 자체의 조건에 따라 장래에 일정한 현금흐름을 지급받는 권리이기 때문이다.

---

[341] (i) 금융감독원이 2021. 12. 발간한 "자산유동화 실무 안내(Asset Backed Securities Guide)" 10면은 장래채권을 "장래 발생할 채권 중 현재 그 권리의 특정이 가능하고 가까운 장래에 발생할 것임이 상당한 정도로 기대되는 경우"로 정의하고 있다. 구체적으로 권리의 특정가능 여부에 대하여는 "사회통념상 양도 목적 채권을 다른 채권과 구별하여 그 동일성을 인식할 수 있을 정도로 하려면 채권 계약의 내용이 어느 정도 구체화되어 있어야 하고 채무가 특정되어 있어야"한다고 설명하고 있고, 발생가능성의 정도는 "구체적인 사안을 고려하여 채권양도 당시 채권이 가까운 장래에 발생할 것임을 상당한 정도로 기대될 수 있는가를 기준으로 판단하며 상당한 정도라 함은 판례, 사회적 통념을 기준으로 한다"고 하면서, 제조업체의 장래 판매대금 채권, 해운사의 해상화물운임채권, 항공사의 항공권 신용판매대금채권 등을 대표적인 사례로 제시하고 있다.
(ii) 우리나라의 자산유동화 실무에서는 이미 장래채권에 기초한 유동화거래가 활발히 이루어지고 있으며, 이를 반영하여 자산유동화법은 최근 개정을 통해 유동화자산의 범위에 장래채권을 명시적으로 추가한 바 있다(자산유동화법 제2조 제3호).

이에 비해 투자 대상 자산의 시장가치 또는 공정가치 변경에 따른 투자이익 실현을 목적으로 하는 집합투자는 채권 등의 현금흐름 발생자산뿐 아니라 주식, 부동산 등 그 자체로는 현금흐름 발생이 예정되어 있지는 않지만 시장가치 변동에 따른 투자 이익 실현이 가능한 자산도 투자 대상 자산의 범위에 포함시킨다. 또한 채권의 경우에도 이미 정해진 조건에 따른 현금흐름 유입 그 자체가 아니라 현금흐름 및 시장이자율의 변경 등에 따른 채권의 시세 차익이 투자의 목적이 된다는 점에서 유동화거래와 구분된다.

2. 적격자산 처분의 제한

Rule 3a-7은 유동화거래에서 유동화기구가 적격자산을 추가로 취득하거나 처분함으로써 미리 정해진 조건에 따라 예정된 현금흐름에 변경을 가하는 상황을 엄격히 통제한다. 이는 집합투자에서 집합투자업자가 투자자들의 영향을 받지 아니하고 투자 대상자산을 추가 취득하거나 처분할 수 있는 광범한 재량권을 보유하는 것과 명확히 대비된다.[342]

이러한 차이가 발생하는 이유는 유동화거래가 적격자산으로부터 발생이 예정된 현금흐름 그 자체를 유동화증권의 지급 재원으로 삼는 데 비해,[343] 집합투자는 투자대상 자산의 시가 변동 내지 자산이

---

342) (i) ICA § 3(a).
(ii) 자본시장법 제80조 제1항도 집합투자업자가 투자신탁재산을 보관·관리하는 신탁업자에 대하여 투자대상자산의 취득·처분 등에 관한 필요한 지시를 하여야 한다고 하여 집합투자업자에게 운용 지시 권한을 부여하고 있다. 이를 수탁자의 기능 분화의 관점에서 이해하는 견해로 정순섭, "자본시장법상 투자신탁의 법적 구조에 관한 연구: 집합투자업자와 수익증권 판매업자의 신탁법상 법적 지위를 중심으로", 2021 한국신탁학회 동계학술대회 자료집(2021. 12. 10) 11면 참조.

창출하는 현금흐름의 변경 가능성을 주된 투자 목적으로 삼기 때문이다. 미래에 창출되는 현금흐름이나 그 할인율에 변동이 생기는 경우에는 해당 자산의 시장가치 또는 공정가치가 변경된다. 이러한 시장가치 또는 공정가치의 변동을 통한 이익 실현은 종국적으로 통상 해당 자산의 처분을 통해 이루어진다.

채권 등 현금흐름 발생자산의 경우에도 현금흐름 및 그 할인율 등의 변경으로 인해 시장가치 또는 공정가치의 변동이 발생할 수 있는 점에서는 여타의 자산과 같으나, 미리 정해진 조건에 따른 예정된 현금흐름이 존재하고 채권의 이행이 이루어지는 한 그 현금흐름이 그대로 유입된다는 고유한 특징이 있다. 그리고 유동화거래는 유동화거래 개시 당시에 이미 정해진 조건에 따른 적격자산의 예상 현금흐름에 기초하여 유동화증권의 원금을 상환하거나 이자를 지급하는 것을 목적으로 한다. 이 목적에 충실하고자 Rule 3a-7은 유동화자산의 처분을 통한 시세차익 실현을 엄격히 금지하고 있는 것이다. 이렇듯 유동화거래에서 적격자산의 추가 취득 및 처분을 엄격히 제한하는 것은 앞서 제2장 제2절에서 살펴본 바와 같이 투자위험이 낮으면서도 안전한 투자자산의 창출에 대한 자본시장의 수요에 부응하기 위함이다.

적격자산의 처분 제한은 통상 유동화거래를 위해 체결되는 운영계약에서 유동화기구의 재량권을 엄격히 제한하는 형태로 구체화된다. 우리나라 유동화거래 실무에서도 거래당사자 간에 체결되는 업무위탁계약이나 자산관리위탁계약에서 유동화기구가 자산유동화와 관련된 일상적, 행정적 업무에만 국한하여 재량권을 행사할 수 있도록 규정하고 있다.[344] 유동화기구는 해당 유동화거래만을 목적으로

---

343) Schwarcz(2012), p. 1297.
344) 금융감독원, 자산유동화 실무 안내(Asset Backed Securities Guide)(2021. 12), 35면 참조.

설립된 특수목적기구로서, 거래 설계 당시 거래 당사자 간에 미리 합의된 방식으로만 해당 거래가 운영될 수 있도록 통제할 필요가 있기 때문이다.

다만, Rule 3a-7은 다음의 2가지 상황 하에서는 예외적으로 적격자산의 처분을 허용한다.

첫 번째는 현금흐름 발생자산의 발생 근거가 되는 기본 계약상 내용의 흠결이나 거래 상대방의 진술 및 보증 위반 등이 사후에 발견된 경우 또는 거래상대방의 채무불이행이 발생하거나 채무불이행이 임박한 경우 등 현금흐름 발생자산이 더 이상 예정된 현금흐름을 발생시키는 것을 기대할 수 없게 된 때이다. 이러한 상황에서는 해당 자산을 처분하는 것이 유동화증권 투자자에 대한 지급에 더 유리할 수 있으므로, Rule 3a-7은 이 경우 자산유동화를 위한 통상적 업무와 연관된 활동으로 보아 처분을 허용하고 있다.

두 번째는 잔여권의 지급을 위해 적격자산을 처분하는 경우이다. 유동화거래에서 잔여권은 유동화자산을 유동화기구로 이전하는 자산보유자가 후순위권리로서 보유하는 경우가 일반적이다. 자산보유자는 유동화증권의 발행을 통해 자금을 조달하는 실질적 채무자로서 경제적인 관점에서는 자금 조달을 위해 현금흐름 발생자산을 유동화증권 투자자에게 일종의 담보 목적으로 제공한 것으로 볼 수 있다. 그에 따라 유동화증권에 대한 지급이 완료된 이후의 잔여 금액은 자산보유자가 잔여권의 행사를 통해 환수하는 절차가 필요하다. 다만, 자산보유자가 잔여권을 양도하는 것도 가능하고,[345] 애초에 잔여권 자체를 유동화증권으로서 제3의 투자자에게 발행하는 것도 가능하다. 어떠한 상황이든 잔여권에 대한 지급은 확정수익부 증권에 대한 지급이 모두 완료된 이후에 이루어지는데, 잔여권을 보유한 자

---

345) 제3장 제7절 Ⅲ. 참조.

산보유자의 경우에는 이미 해당 현금흐름 발생자산과 관련한 영업을 영위해 오고 있기 때문에 해당 자산 자체를 환수해 오는 것에 큰 부담이 없으나, 투자자로서 잔여권을 보유한 자는 해당 기초자산을 자신이 직접 환수하여 보유·관리하는 것에 큰 부담을 가질 수 있다. 이 경우 투자자는 유동화기구가 적격자산을 처분하고, 그 대금을 수령하는 방식을 보다 선호하게 된다.

Rule 3a-7은 잔여권의 지급을 위한 적격자산의 처분을 예외적으로 허용하면서도, 잔여권을 보유하는 투자자가 적격자산의 후속 처분에 따른 시장가치의 이익 실현을 주된 목적으로 삼는 것은 허용하지 않고 있다.[346] 이는 유동화거래에서 잔여권에 대한 투자가 집합투자와 같은 방식으로 이루어질 가능성을 사전에 차단하기 위함이다. 이를 위해 Rule 3a-7은 확정수익부 증권 및 잔여권에 대한 지급 모두가 적격자산에서 발생하는 현금흐름에 '주로' 기초할 것을 요구하고 있다.

3. 환매가 불가능한 확정수익부 증권의 발행

1) 확정수익부 증권 형태의 유동화증권의 발행

자산유동화에서 유동화기구가 발행하는 유동화증권은 크게 확정수익부 증권과 잔여권으로 나누어 볼 수 있다. 이 중 집합투자와 비교하여 유동화거래에서 특징적인 부분은 유동화증권의 주요 형태로 확정수익부 증권이 발행된다는 점이다. 확정수익부 증권은 SEC가 채무증권 및 채무증권의 경제적 실질을 갖는 증권을 모두 포섭하기 위한 개념으로 제시한 것으로, 구체적으로는 ① 원금에 대한 상환의무 및 ② 기초자산의 시장가치 또는 공정가치 변경에 영향을 받지 아니

---

[346] 즉, 시장가치의 이익 실현을 주된 목적으로 삼는다고 판단되는 경우에는 ICA에서 규정하는 투자회사 운영과 관련된 각종 규제의 적용 대상이 된다.

하는 기준에 의해 산정된 이자의 지급의무를 부담하는 증권을 말한다. 즉, 확정수익부 증권은 그 지급 예정액이 사전에 미리 정해진다는 특징이 있다.

집합투자에서 투자자들은 투자회사에 대한 지분증권 또는 투자신탁에 대한 수익증권을 보유하게 되고, 이로 인해 집합투자기구의 투자성과가 그대로 투자자들에게 배분되는 효과가 나타난다. 애초에 집합투자의 투자자들은 집합투자업자의 투자대상 자산 운용에 따른 투자이익의 실현 및 회수를 의도하여 자금을 투입한 것이기 때문에 투자의 성과가 고스란히 투자자에게 이어지도록 할 필요가 있다.

반면, 유동화거래의 확정수익부 증권 투자자는 비록 유동화기구가 보유하는 적격자산에서 나오는 현금흐름에 의존하여 유동화증권의 지급을 받기는 하나, 통상적으로 그 현금흐름 전부를 그대로 이어 받는 것을 의도하지 아니하고 해당 현금흐름을 재원으로 하되 그 중 일부에 대하여 미리 정해진 이자율만큼의 확정적인 수익을 얻는 데 그 목적을 둔다.[347] 이 점에서도 확정수익부 증권 투자자와 집합투자의 투자자의 투자 목적은 명확히 구분된다.[348]

한편, Rule 3a-7은 유동화증권의 형태를 확정수익부 증권으로 국한

---

[347] 제2장 제2절 참조.

[348] (i) 이준봉(2012), 122면은 이러한 점을 지적하면서 유동화기구가 미국 세법상 적격투자회사(Regulated Investment Companies, 이하 "RIC"라 한다)의 요건을 충족하는 경우는 극히 드물 수밖에 없다고 설명한다. 한편, 유동화기구가 '고정된' 현금흐름 발생자산을 보유하고 그 현금흐름 발생자산 내역에 변동이 발생하지 아니하는 경우에는 유동화증권 투자자가 패스스루증권(pass-through certificate)를 보유하더라도 확정수익부 증권을 보유한 것과 동일한 효과를 거둘 수 있는데 이에 대하여는 제5장 제4절에서 살펴본다.

(ii) 참고로 이준봉(2012), 82면은 pass-through certificate을 '이체증권'으로 번역하고 있다.

하지는 아니하고, 적격자산에서 나오는 현금흐름이 그대로 투자자에게 전달되는 효과를 가져 오는 이른바 '패스스루형 증서'(pass-through certificates)의 발행도 허용하고 있다.349) 패스스루형 증서는 잔여권의 발행 시 주로 활용되는데, 잔여권 자체가 적격자산의 모든 잔여 현금흐름에 대한 권리를 표상하는 권리이기 때문이다. 그런데 패스스루형 증서는 적격자산에서 발생하는 잔여 현금흐름이 잔여권 투자자에게 그대로 이어지게 한다는 점에서 집합투자기구가 투자자에게 발행하는 증권과 동일한 경제적 효과를 가져 올 수 있다. 이에 Rule 3a-7은 유동화거래가 집합투자와 같이 운영되는 것을 방지하고자, 패스스루형 증서 발행에 대하여 일정한 제한을 가하고 있다. 즉, Rule 3a-7은 잔여권을 보유하는 투자자가 적격자산의 후속 처분에 따른 시장가치의 이익 실현을 주된 목적으로 하는 것을 허용하지 않고 있으며, 이를 위해 잔여권에 대한 지급도 확정수익부 증권과 마찬가지로 적격자산에서 발생하는 현금흐름에 '주로 기초할 것'을 요구하고 있다.

2) 환매가 불가능한 유동화증권의 발행

Rule 3a-7은 확정수익부 증권이든 잔여권이든 어느 경우에나 유동화증권이 환매가 불가능한 증권일 것을 요구한다. 이는 개방형 투자회사인 뮤추얼펀드에서 환매가 가능한 증권을 발행하는 것과 뚜렷이 대비된다. SEC는 이 요건이 유동화기구가 집합투자기구의 일종인

---

349) 한민(2014), 34면; 패스스루(pass-through)형과 페이스루(pay-through)형은 유동화자산의 위험을 반영하는 정도에 따른 구별을 말한다. 패스스루형은 유동화 자산에 대하여 직접적인 권리를 표창하는 데 비해, 페이스루형은 유동화자산에 대한 직접적인 권리를 표창하는 것이 아니라 이를 경제적 토대로 하되 변형된 자금흐름에 대한 권리를 의미한다. 김건식/정순섭 [2010], 715면 참조.

뮤추얼펀드와 같은 방식으로 운영되는 것을 방지하고 유동화거래 실무를 반영한 것이라는 점을 명확히 밝히고 있다.

뮤추얼펀드에서는 환매권이 인정되므로 투자자는 자유로이 뮤추얼펀드에서 탈퇴할 수 있다.[350] 이때 환매권의 가치는 기준일 현재 뮤추얼펀드가 보유하는 포트폴리오의 순자산가치(net asset value, 이하 "NAV"라 한다)에 연동된다.[351] NAV는 포트폴리오의 '시장가치'를 기준으로 산정된다. 따라서 뮤추얼펀드의 투자자는 환매권을 행사함으로써 그 시점까지 뮤추얼펀드가 실현한 투자 이익이나 손실을 회수하는 효과를 거둘 수가 있다. 이처럼 환매권 행사가 가능하려면 환매권 행사 당시에 투자기구가 보유하고 있는 포트폴리오의 시장가치의 측정이 가능하여야 하는데, 이를 위해서는 포트폴리오의 구성 종목이 시장에서 활발히 거래되어 시장가치를 수시로 확인할 수 있는 경우이거나 환매권 행사가 있을 때마다 투자기구가 보유하는 자산을 처분하는 것이 용이하여야 한다. 그런데 자산유동화에서 유동화기구는 주로 시장가치의 측정이 어렵거나 처분이 용이하지 않은[352] 적격자산을 보유·관리하는 역할을 수행하고 기초자산의 처분 자체는 엄격히 제한되므로 투자자의 환매권 행사가 원천적으로 가능하지 않은 구조이다. 실무에서도 유동화증권에 환매권은 부여되지 않고 있다.[353]

---

350) Morley(2014), p. 1247.

351) Id., p. 1248.

352) 현금흐름 발생자산의 주를 이루는 대출채권, 매출채권 등은 은행이나 회사의 영업상 발생한 채권으로 이를 양수할 제3자를 찾기가 쉽지 아니하고, 각 채권의 가치평가를 위해서는 개별 채무자 별로 상환 능력에 대한 별도의 검증 절차가 요구되기 때문이다.

353) 같은 취지로 한민(2014), 45면은 채무불이행사유가 발생하지 아니하였음에도 불구하고 확정수익부 증권 투자자에게 환매권을 인정하여 수시로 자산의 처분에 따른 대금 또는 시장가치에 따른 투자금 회수가 가능하도

한편, 투자기구의 환매권과 관련하여 투자기구의 지배구조 측면에서, 투자자는 투자기구에 '통제권'(control right)을 내어 주는 대신 그 대가로 '탈퇴권'(exit right)으로서 환매권을 부여받는 것이라고 보는 견해가 있다.[354] 만일 어떠한 투자자가 투자기구의 운영이 만족스럽지 못할 경우, 그가 취할 수 있는 선택지는 ① 환매권 행사를 통해 탈퇴하거나, ② 아무 조치도 취하지 않거나, ③ 의결권 행사를 통해 투자기구 운영을 개선하는 것을 들 수 있는데, 투자기구에서는 이 중 환매권 행사가 투자자들 사이에서 가장 선호되는 선택지가 된다는 것이다.[355]

이 논의와 관련하여 주목할 점은 유동화거래에서 투자자들에게 환매권이 부여되지 않는 이유에 대한 분석이다. 유동화기구도 뮤추얼펀드와 마찬가지로 투자자와 분리된 별도의 기구이고 그에 따라 자산관리자 및 업무위탁자에 의해 유동화기구의 업무가 수행되며, 유동화거래 운영계약에서 투자자에게 유동화기구의 운영과 관련한 통제권을 부여하고 있지 않기 때문이다.[356] 존 몰리(John Morley) 교수는 유동화증권의 투자자가 유동화기구에 대한 통제권을 보유하지 않음에도 불구하고 이들에게 환매권조차 부여되지 않는 이유로, ① 유동화증권은 거의 대부분 지분증권(equity)이 아닌 채무증권(debt)의 형태를 띠고 있어 '고정된' 지급(fixed entitlements)을 받기 때문에 통제권에 대한 제약을 받아들일 수 있는 점, ② 유동화기구는 매우 예측 가능한 현금흐름을 발생시키는 고정된 자산을 보유하게 되는 점을 각각 들고 있다. 이러한 연유로 유동화기구는 단순히 기능적(func-

---

록 하면 유동화거래의 소극적 자산운용의 속성에 반한다는 견해를 제시하고 있다.

354) Morley(2014), pp. 1249-1252.
355) Id.
356) Id., p. 1271.

tionaries) 업무만을 수행하면 되고, 투자자들의 감독(oversight) 또는 통제(control)를 필요로 하는 재량적 결정을 할 필요가 없게 된다는 것이다.357) 즉, 적격자산을 기초자산으로 하고 확정수익부 증권을 주요 형태로 발행하는 유동화거래의 특징이 환매권이 부여되지 아니하는 유동화증권의 발행으로 이어지고 있는 것이다.358)

4. 신용평가사의 유동화증권에 대한 평가등급 부여

유동화거래는 유동화증권에 대하여 신용평가사의 평가가 이루어진다는 점에서도 집합투자의 경우와 명확히 구분된다. 그런데 2008년 서브프라임 금융위기 발생의 주요 원인 중 하나로 신용평가사의 부적절한 신용평가가 지적되면서, 신용평가 절차의 객관성 및 평가등급의 효용성에 대한 비판이 거세게 제기된 바 있다. 이러한 비판은 일련의 개혁 조치로 이어졌는데, 도드-프랭크 법(Dodd-Frank Wall Street Reform Act and Consumer Protection Act)은 신용평가의 평가 과정 및 이해상충 문제 개선을 통해 그 투명성을 제고하고 신용평가사에 대한 과도한 의존을 제한하고자 신용평가사 규제를 신설하였다. 또한 같은 법에 의해 SEC에 해당 업무를 전담하는 '신용평가기관 사무소'(Office of Credit Ratings)가 설립되었다.359)

그럼에도 불구하고 자산유동화에서 신용평가사는 여전히 핵심적인 역할을 수행하고 있는데, 이는 자산유동화의 핵심 기능이, 비유동

---

357) Id.
358) 참고로 존 몰리(John Morley) 교수는 집합투자 중에서도 PEF(Privage Equity Funds) 등의 경우에는 투자자들에게 환매권이 부여되지 않는 경우가 있는데, 그 대신 PEF에서는 헤지펀드(Hedge Fund)에 비해 투자자 보호 조항이 두텁게 마련되고, 상대적으로 투자자에게 더 많은 통제권이 부여된다고 설명하고 있다. Morley(2014), pp. 1254-1255.
359) Barr et al.[2018], p. 1263; 강유덕(2012), 14면 각 참조.

적이고360) 신용평가등급이 부여되지 않은 기초자산을 유동화기구를 통해 시장에서 유통 가능한 투자적격등급의 유동적 증권으로 전환하는 데 있기 때문이다.361)

유동화증권에 대하여 신용평가사의 평정이 가능하게 만드는 궁극적 요인은 자산유동화가 장래 현금흐름 발생의 예측이 가능한 현금흐름 발생자산을 기초자산으로 삼으면서, 원금 및 이자로 구성되는 고정된 지급을 목적으로 하는 확정수익부 증권을 발행하는 데서 찾아볼 수 있다.

이에 비해 투자대상 자산의 시장가치 또는 공정가치의 변동에 따른 투자이익의 실현을 주된 목적으로 하고 그러한 투자의 성과가 그대로 투자자에게 배분되는 구조를 갖는 집합투자에서는 신용평가사가 개입할 여지가 거의 없다. 즉, 유동화거래는 유동화증권에 대한 신용평가가 이루어진다는 점에서도 집합투자와 뚜렷이 구분되는 것이다.

5. 자산유동화와 집합투자의 경제적 실질 비교

이상 살펴본 Rule 3a-7에서 나타나는 유동화거래의 경제적 실질은, ① 현금흐름 발생자산 등의 적격자산을 기초자산으로 하면서, ② 기초자산의 처분을 통한 시장가치 또는 공정가치 변경으로 인한 이익 실현을 엄격히 제한하고, ③ 적격자산에서 발생하는 현금흐름에 주로 기초하여 유동화증권이 상환되며, ④ 유동화증권의 주요 형태는 확정수익부 증권의 모습을 띠고 있는 것으로 요약해 볼 수 있다.

이러한 유동화거래의 특징은 (i) 투자대상자산이 적격자산에 한정

---

360) 각주 326 참조.
361) 제2장 제2절 참조.

되지 아니하고, (ii) 투자대상자산의 시장가치 또는 공정가치 변경에 따른 이익 실현을 주된 목적으로 하며, (iii) 그에 따라 집합투자기구에 자산 운용 및 처분에 관한 광범한 재량권이 부여되고, (iv) 집합투자증권의 주요 형태는 투자기구 단계의 투자성과가 그대로 투자자에게 이어져 배분 가능한 패스스루형 증서의 방식을 띠는 집합투자와 뚜렷이 구분된다.

이렇듯 유동화거래와 집합투자는 외견상으로는 일견 유사한 면모를 보이고 있으나, 세부적인 특징을 비교해 보면 서로 다른 의도를 가진 투자자들이 선택하는 별도의 금융거래라는 점을 알 수 있다. 이러한 맥락에서 제1장에서도 강조한 바와 같이 양자를 비교하는 것은 유동화거래를 이해하는 데 도움을 준다.

Ⅱ. Rule 3a-7의 후속 논의 검토

1. SEC 2011 Rule 3a-7 수정 제안서의 골자[362]

서브프라임 금융위기 발생 이후 제정된 도드-프랭크 법은 SEC로 하여금 자산유동화 시장과 관련하여 일련의 개혁 조치를 취하도록 하였다. 이에 SEC는 유동화증권 투자자에게 제공되는 기초자산 관련 정보의 공시 확대, 유동화증권의 일괄등록(shelf registration)[363] 요건

---

[362] 이 부분은 SEC, "Treatment of Asset-Backed Issuers under the Investment Company Act", Release No. IC-29779 (2011. 8. 31), 76 FR 55308 (이하 "SEC 2011 Rule 3a-7 수정 제안서"라 한다)의 내용에 기초하여 작성한 것이다. 원문의 의미를 명확히 전달하기 위해 필요한 경우 영문 원문을 병기하였다.

[363] 일괄등록이란 최초 증권 발행 시 등록신고서를 제출하면서 그 등록신고서에 기하여 향후에도 증권을 수시로 발행할 것임을 공시한 뒤, 시장상황에 따라 증권을 발행하는 제도를 말한다. 김건식/송옥렬[2001], 113면.

강화, 유동화증권의 사모면제 규정(exempt offerings and exempt resales)[364]에 대한 '안전항'(safe harbors) 조치 등과 관련하여 거래계 등으로부터 의견을 수렴하게 된다.[365]

이에 더하여 SEC는 Rule 3a-7과 관련하여서도 서브프라임 금융위기로 신용평가사의 신용평가 절차 및 방법과 관련한 여러 문제가 제기된 점에 주목하여, 2011. 8. 31. 자로 Rule 3a-7에서 요구하는 유동화증권에 대한 신용평가를 대체하는 다른 투자자 보호 방안에 대한 의견 수렴을 골자로 하는 SEC 2011 Rule 3a-7 수정 제안서를 내어 놓았다.

SEC는 SEC 2011 Rule 3a-7 수정 제안서에서 Rule 3a-7에서 유동화증권이 신용평가를 받도록 한 것은 유동화증권의 신용도를 확인하는 기준을 마련하는 데 주된 목적이 있었던 것이 아니라, 신용평가사가 유동화증권의 신용도를 평가하는 과정에서, 해당 유동화거래 구조가 ICA에서 규정하고 있는 투자자 보호 조항에 부합하는 방식으로 마련되었는지 검토할 수 있도록 하는 데 주된 취지가 있었다는 점을 강조하였다. 그러나 서브프라임 금융위기로 인해 이러한 신용평가의 투자자 보호 기능에 의문이 제기되었고, 그에 따라 거래계 및 학계의 의견을 수렴하게 되었음을 밝히고 있다.

아울러 SEC는 SEC 2011 Rule 3a-7 수정 제안서에서 Rule 3a-7의 도입 이래 약 20여 년 간 축적된 유동화거래 실무의 운영 현황에 대한 확인을 실무자 등에게 요청하고, Rule 3a-7의 수정 필요성 등에 대한 의

---

364) 유동화증권을 공모로 발행하게 되면 공시의무 등 각종 규제의 적용을 받게 된다. 사모면제 규정이란 발행인이 이러한 부담에서 벗어나기 위해 공모가 아닌 사모로 증권을 발행하고자 하는 경우 충족하여야 하는 요건을 규정한 조항을 말한다. Gambro/ McCormack[2007], p. 116.

365) SEC, "Asset-Backed Securities", Securities Act Release No. 33-9117 (2010. 4. 7), 75 FR 23328 (2010. 5. 3); SEC, "Re-proposal of Shelf Eligibility Conditions for Asset-Backed Securities and Other Additional Requests for Comment", Securities Act Release No. 33-9244 (2011. 7. 26), 76 FR 47948 (2011. 8. 5).

견도 아울러 요청하였다.

하지만 SEC 2011 Rule 3a-7 수정 제안서에서 제기된 여러 이슈들이 Rule 3a-7의 개정으로 이어지지는 아니하였고, 현재에도 Rule 3a-7은 여전히 도입 당시의 내용을 그대로 유지하고 있다.

2. SEC 2011 Rule 3a-7 수정 제안서의 검토

SEC 2011 Rule 3a-7 수정 제안서는 도드-프랭크 법 제정에 따른 후속조치의 일환으로서 그 주요 목적은 서브프라임 금융위기 발생의 핵심 원인 중 하나로 지적된 신용평가 절차의 대체 방안 모색에 있었다. 당초 SEC는 유동화증권에 대한 신용평가의 기능을 단순히 유동화증권에 대한 신용도를 확인하는 데만 두지는 않았고, ICA가 규정하고 있는 투자자 보호 규정의 대체재로서의 신용평가의 역할에 주목하였다.

SEC는 Rule 3a-7의 적용을 받는 유동화기구가 ICA의 적용 대상에서 배제됨에 따라, ICA 제정 당시부터 미 의회가 특히 중점을 두었던 내부자의 자기거래 및 투자기구 운영에의 과도한 관여 방지 등의 일련의 집합투자 규제가 유동화기구에 적용되지 않게 되는 점을 우려한 바 있다. 이에 대한 간접적인 통제 방안으로, 유동화증권에 대한 공신력 있는 신용평가사의 신용평가 절차에 의해 이러한 규제 적용의 효과를 거둘 수 있기를 기대하였던 것이다.[366] 그러나 서브프라임 금융위기 발생 이후 신용평가사가 과연 이러한 역할을 적절히 수행해 왔는지 의문이 제기되었고, SEC 2011 Rule 3a-7 수정 제안서에서 그에 따른 해결책을 모색하고자 한 것이다.

그런데 이러한 후속 논의에서 본 연구와 관련하여 주목할 점은

---

366) 제4장 제2절 III. 6. 참조.

SEC가 Rule 3a-7 규정 자체의 당위성을 문제 삼지는 않았다는 점이다. 그 대신 SEC는 유동화증권 투자자 보호의 역할을 담당해 왔던 유동화증권 신용평가의 적절성에 대한 의문을 표시하는 데 주안점을 두었는데, 이는 Rule 3a-7 규정 자체가 서브프라임 금융위기의 발생 원인이 된 것은 아니라는 분석에 기초하고 있는 것으로 생각된다.[367]

III. 소결

자산유동화는 미국에서 태동하여 주도적으로 발전해 왔다. 외견은 집합투자와 비슷해 보이지만 자산유동화는 그 본질이 그림자금융의 수단으로서 집합투자와는 전혀 다르다. 따라서 그 규제에도 차이가 날 수밖에 없다. 미국에서는 일찍이 자산유동화 규제와 관련하여 자산유동화와 집합투자 간의 구분에 관한 논의가 활발히 진행되었는데, 이러한 논의는 Rule 3a-7의 제정으로 이어지게 되었다.

Rule 3a-7은 SEC가 유동화거래가 실무상 어떠한 방식과 형태로 구현되고 있는지 거래계 및 학계의 의견을 수렴하여 제정한 것으로서, 유동화거래와 집합투자의 경제적 실질이 어떠한 면에서 차이가 나는지 구체적으로 설명하고 있다. 그 결과 Rule 3a-7의 요건을 충족하는 자산유동화는 집합투자에 대하여 규율하고 있는 ICA의 적용 대상에서 제외된다.

Rule 3a-7은 적격자산의 범위, 적격자산의 추가 취득 및 처분의 제한, 확정수익부 증권과 유동화증권의 지급, 유동화증권의 환매 불가능성 및 유동화증권에 대한 신용평가 등을 규정하고 있는데, 유동화거래와 집합투자를 구분 짓는 핵심 요건으로 '적격자산에서 발생하

---

[367] Mendales(2009), pp. 13-14.

는 현금흐름에 주로 기초하여 지급되는 확정수익부 증권을 중심으로 하는 유동화증권의 발행'을 제시하고 있다. 그리고 유동화기구가 적격자산을 추가로 취득하거나 처분함으로써 미리 정해진 조건에 따라 예정된 현금흐름에 변경을 가하는 상황을 엄격히 통제한다.

이렇듯 Rule 3a-7에서 자산유동화에 관하여 규정하고 있는 사항은 '투자대상 자산의 시장가치 또는 공정가치의 변동에 따른 투자이익의 실현을 주된 목적으로 하고, 이를 위해 집합투자기구에 자산 운용 및 처분에 관한 광범위 재량권이 부여되며, 그러한 투자의 성과가 그대로 투자자에게 이어지는 패스스루형 증서를 발행하는 투자구조'를 갖는 집합투자의 경제적 실질과 뚜렷이 구분된다.

다만, Rule 3a-7은 제정 당시 유동화거래의 현황을 파악하고자 하는 목적에서 실무계 및 학계로부터 의견 수렴 과정을 거쳐 정리한 것으로서, 유동화거래가 어떠한 과정을 거쳐 그와 같은 경제적 실질을 갖추게 되었는지에 대하여는 구체적으로 설명하고 있지 아니하다. 이를 파악하기 위해서는 자산유동화의 발전 과정 및 그 경제적 기능에 대한 고찰이 필요한데, 본 연구에서는 이미 제2장 제2절에서 이에 대하여 상세히 살펴본 바 있다. 요약하면, 자산유동화가 Rule 3a-7에서 규정하는 경제적 실질을 갖추게 된 이유는 유동화거래가 자본시장에서 시장기반 신용중개의 일환으로서 그림자 금융의 수단으로 기능하고 있기 때문이다.

제4절 Regulation AB

Rule 3a-7에서 규정하고 있는 유동화거래의 요건은 유동화증권의 공시 등 미국에서의 금융규제 전반에 걸쳐 집합투자와 구분 짓는 일종의 식별 지표로 사용되고 있다. 이하에서는 유동화증권의 공시에 대하여 규정하고 있는 Regulation AB의 내용을 살펴봄으로써, Rule 3a-7에서 논의하고 있는 바가 유동화거래의 좀 더 실무적인 차원에서 어떻게 구현되고 있는지 확인해 보기로 한다.

Ⅰ. Regulation AB 개요

종래 미국의 유동화증권의 공시 내용 및 절차는 기본적으로 SA 및 1934년 증권거래소법(Securities Exchange Act of 1934, SEA[368])에 근거하면서, 유동화증권에 특화된 사항은 '비조치의견서'[369]에 의존하는 방식을 취해 왔다.[370] 이후 자산유동화에 대한 체계적인 공시제도 도입의 필요성이 증대됨에 따라, 2005. 12. 31. 이후 모집되는 유동화증권에 대하여는 SA에 따른 발행시장 공시와 SEA에 따른 유통시장 공시에 대하여 Regulation AB를 별도로 제정하여 운영해 오고 있다.[371]

그러다가 서브프라임 금융위기의 발생으로 유동화증권의 공시에 대하여 다양한 문제점들이 제기되었고, SEC는 각계의 의견수렴 과정을 거쳐 2014. 8. 기초자산 및 유동화증권 구조와 관련된 공시항목을

---

368) 미국 공법 조문 체계상으로는, United States Code - Title 15. COMMERCE AND TRADE - Chapter 2B. SECURITIES EXCHANGES - §§ 78a - 78qq.

369) (i) 비조치의견서(no-action letter)란 특정 거래의 적법성에 대한 개별적 문의에 대하여 SEC 해당 부서의 직원이 작성한 답신을 말하는 것으로, 이러한 이름이 붙은 유래는 문의된 사항이 실제로 문제되더라도 담당자가 SEC에 법적 조치를 취하지 않도록(no action) 건의할 것이라는 문구가 답변서에 포함되어 있기 때문이다. 김건식/송옥렬[2001], 30면 참조.
(ii) 우리나라에서의 비조치의견서 제도 운영에 관한 논의로는 김은집/허은진(2016) 참조.

370) 김필규/김현숙(2019), 32면.

371) 한민(2014), 56면.

대폭 강화하는 내용 등을 골자로 하는 Regulation AB 개정안을 확정하였다.[372]

Ⅱ. Regulation AB 검토

본 연구가 유동화증권의 공시 제도를 직접적으로 다루는 것은 아니므로, 이하에서는 Regulation AB에서 유동화증권 및 유동화기구를 어떻게 정의하고 있는지에 초점을 맞추어 살펴보고, 그 내용을 Rule 3a-7에서 규정하고 있는 바와 비교 검토해 본다.

Regulation AB는 적용대상이 되는 유동화증권의 범위를 확정하고자 일련의 정의 조항을 마련하고 있다.[373] 이 중 유동화증권에 대한 정의를 살펴보면, "정해진 기간 내에 그 자체의 조건에 따라 현금으로 전환되는 고정 또는 '리볼빙'(revolving) 매출채권 또는 기타 금융자산으로 구성된 별도의 '풀'(pool) 및 증권 보유자에게 원금 상환 또는 적시의 수익금 배분을 확실히 하기 위하여 고안된 기타 권리 또는 자산에서 발생하는 현금흐름에 주로 의존하여 상환되는 증권"으로 규정하고 있다.[374]

또한 Regulation AB에서 규정하는 유동화증권에 해당하기 위해서는, 첫째, 자산보유자로부터 신탁재산을 이전받는 자[375] 또는 유동화기구(issuing entity)[376]가 ICA에서 규정하는 투자회사에 해당하지 아니하여야 하고,[377] 둘째, 유동화증권을 발행하는 유동화기구의 업무 범

---

372) 김필규/김현숙(2019), 32면.
373) 17 CFR § 229.1101.
374) 17 CFR § 229.1101 (c)(1).
375) 17 CFR § 229.1101 (e).
376) 17 CFR § 229.1101 (f).

위는 수동적으로 자산 '풀'(pool)을 소유하거나 보유하는 활동, 해당 자산에 의해 상환되거나 지급되는 유동화증권을 발행하는 활동 및 그에 합리적으로 수반하는 활동에 국한되어야 한다.378)

이렇듯 Regulation AB에서 정의하고 있는 내용은 현금흐름 발생자산 및 유동화증권의 지급 및 상환을 위해 고안된 자산을 유동화거래의 기초자산으로 규정하고, 유동화증권은 기초자산에서 발생하는 현금흐름에 주로 의존하여 상환되어야 한다는 점을 규정하고 있다는 점에서 Rule 3a-7에서 정하는 바에 충실하다는 것을 알 수 있다. 아울러 유동화기구 등이 ICA에서 규정하는 투자회사에 해당하지 아니하여야 한다는 점을 명확히 함으로써, Rule 3a-7의 요건을 충족하는 유동화기구만을 Regulation AB의 적용 대상으로 삼는 효과를 거두고 있다.

요컨대, 미국에서는 Rule 3a-7에서 ICA의 투자회사 배제 요건으로 규정하고 있는 '현금흐름 발생자산 등의 적격자산을 기초자산으로 하면서, 이로부터 발생하는 현금흐름에 주로 의존하여 상환 및 지급되는 유동화증권 발행'의 유동화거래 구조가 공시 등 금융규제 전반에 걸쳐 집합투자와 구분 짓는 일종의 식별 시표로 사용되고 있음을 알 수 있다.

제5절 Rule 3a-7과 자산유동화법의 비교

앞서 언급한 바와 같이,379) 우리나라 자산유동화와 관련하여 금융규제 및 거래적 측면의 주요 사항을 규정하고 있는 자산유동화법은

---

377) 17 CFR § 229.1101 (c)(2)(i).
378) 17 CFR § 229.1101 (c)(2)(ii).
379) 제2장 제1절 참조.

유동화거래의 범위를 (i) 유동화자산의 범위, (ii) 유동화기구의 업무 범위, (iii) 유동화증권의 발행 구조 각각의 측면에서 느슨하게 규정하고 있다. 이하에서는 앞서 살펴본 Rule 3a-7의 내용과 비교 고찰해 보는 방식으로, 자산유동화법상 유동화거래의 범위에 대하여 보다 상세히 살펴보기로 한다.

Ⅰ. 자산유동화법상 유동화자산의 범위 관련 검토

자산유동화법상 유동화자산은 '자산유동화의 대상이 되는 채권(채무자의 특정 여부에 관계없이 장래에 발생할 채권을 포함한다), 부동산, 지식재산권 및 그 밖의 재산권'으로 정의되어 이론상으로는 양도 또는 신탁이 가능하다면 특별한 제한 없이 유동화자산이 될 수 있다.[380] 이는 자산유동화의 강학상 정의나 Rule 3a-7에서 유동화자산을 현금흐름 발생자산 및 기타 보완자산으로 한정하고 있는 점과 뚜렷이 대비되는 반면, 일본 자산유동화법이 취하고 있는 방식과 유사하다.[381]

이와 관련하여 우리나라의 자산유동화법이 유동화자산의 기준으로 현금흐름의 확정성 또는 예측가능성을 구체적으로 규정하고 있지 않는 것은 자산유동화법 제정 당시 성업공사[382] 및 금융기관들이 보유하는 부동산을 적정 가격에 조기 매각할 필요성이 있었고, 외국

---

380) 김건식/정순섭[2010], 708면; 박준/한민[2018], 475면; 이미현(2021), 113면.
381) 일본 자산유동화법 제2조 제1항. 다만, 일본 자산유동화법은 유동화기구가 조합계약의 출자지분 등의 자산을 취득하지 못하도록 하는 등 실질적으로 사업이나 자산운용을 영위하는 것으로 인정될 수 있는 자산의 취득을 제한하는 규정을 별도로 마련해 놓고 있다. 일본 자산유동화법 제212조, 제224조.
382) 현재의 한국자산관리공사를 말한다.

의 부동산 유동화 성공사례를 감안하여 부동산 등을 유동화자산의 범위에 포함시키기 위해서였다는 설명이 있다.383) 일본 자산유동화법의 전신이었던 구「특정목적회사에 의한 특정자산의 유동화에 관한 법률」에서도 담보부동산의 유동화를 목적으로 하는 미국의 REIT(Real Estate Investment Trusts)와 유사한 제도가 도입된 바 있다는 것이다.384)

그런데 채권 또는 장래채권의 형태를 띠지 않더라도 가령, 저작권에서 발생하는 저작권 사용료 등 물권이나 준물권의 경우에도 해당 권리의 사용과 관련된 별도의 약정 체결 없이385) 그 자체에서 장래 현금흐름이 발생하는 경우가 있다. 이에 따라 SEC도 신용평가사나 투자자들에 의해 통계적으로 분석이 가능한 현금흐름을 발생시키는 자산이라면 모두 현금흐름 발생자산의 범위에 포함될 수 있다는 입장을 밝히고 있다. 다만, 실무에서는 채권이나 장래채권이 아닌 저작권 등의 자산에서 발생하는 현금흐름을 기초로 하는 자산유동화 거래는 거의 찾아보기 어렵다.386) 이는 저작권 등의 자산은 가치에 대한 견해 차이 및 정보비대칭이 심할 뿐 아니라, 신용평가사 등이 저작권의 현금흐름 창출 능력을 사전에 판단하는 데 필요한 과거 로열티수입 실적, 매매가격 및 유사가격 사례 등의 자료 확보에도 어려움이 있기 때문이다.387)

---

383) 자산유동화 실무연구회[1999], 32면.

384) Id.

385) 임대차계약이나 저작권 라이센스 계약과 같이 해당 물권 또는 준물권에 대하여 별도의 이용약정이 체결되는 경우에는 해당 약정에서 발생하는 채권이 유동화자산이 된다. 따라서 이러한 사례는 물권이나 준물권에서 직접적으로 현금흐름에 대한 청구권이 발생하는 경우와 구분된다.

386) 이미현(2021), 113면.

387) 이지영/김준섭/박민식, "IP 유동화 평가방법론", SCR서울신용평가(2018. 1. 8), 4-5면. 이에 따라 저작권 등을 대상으로 유동화거래를 하는 경우에도

한편, 현금흐름 발생자산의 범위에 대한 이러한 SEC의 입장에 대하여는 우리나라의 금융당국과 학계에서도 기본적인 공감대가 형성되어 있는 상황으로 보인다. 금융감독원이 발간한 실무지침은 '현금흐름을 합리적으로 예측할 수 있는 자산'을 유동화가 가능한 자산으로 설명하고 있고,[388] 금융위원회는 2020. 5. 발표한 자산유동화제도 종합 개선방안에서 '기초자산 등의 장래 현금흐름 창출이 합리적으로 예측 가능'할 것을 유동화자산의 기준으로 제시한 바 있기도 하다.[389] 학계에서도 유동화자산은 현금흐름의 확정·구분·예측가능성의 요건을 충족하여야 한다거나,[390] 유동화증권은 원활한 현금흐름을 창출할 수 있는 기초자산을 전제로 한다는 점에서 부동산은 최적의 대상이 아니라는 견해 등을 찾아볼 수 있다.[391]

또한 우리나라에서는 자산유동화법에 근거한 자산유동화 거래, 즉 등록 유동화거래의 경우 금융당국의 실무지침(guideline)[392] 및 비

저작권 그 자체가 아닌 자산보유자가 보유하는 로열티채권을 유동화기구에 이전하거나, 자산보유자가 유동화기구와 별도의 라이선스 계약을 체결하고 해당 라이선스 계약에서 발생하는 채권 또는 장래채권을 기초자산으로 삼는 유동화거래가 더 많이 활용되고 있다. *Id.*, 11-13면 참조; 한편, 앞서 언급한 바와 같이(각주 26 참조), 자산유동화법은 최근 개정을 통해 제2조 제3호에서 유동화자산의 범위에 지식재산권을 추가하고 있다.

[388] 금융감독원, 자산유동화 실무 안내(Asset Backed Securities Guide)(2021. 12), 10면.

[389] 금융위원회, 자산유동화제도 종합 개선방안(2020. 5. 보도자료), 15면.

[390] 정순섭[2017], 487면.

[391] 박준/한민[2018], 475면; 이미현(2021), 113면은 현금흐름이 수반되지 않는 자산을 유동화자산으로 하게 되면, 유동화증권의 적시 상환을 보장하기 위해서는 유동화자산에 대한 제3자의 매입 보장 등의 추가 조치를 통해 유동화증권 상환 일정에 맞춘 현금 유입을 별도로 확보하여야 하는데, 그 과정에서 저비용 자금조달을 위한 금융상품으로서의 경제성이 훼손될 수 있다는 점을 지적하고 있다.

[392] 금융감독원이 최근에 펴 낸 실무지침으로 2021. 12. 발간한 "자산유동화

공식적 회신에 의해 사실상의 규제 또는 제약을 받아 왔는데,393) 금융감독원은 실무지침에서 주식유동화 및 단일자산 유동화 등의 경우 자산유동화법의 취지 및 기타 법상 규제회피 소지 등을 감안하여 유동화증권 발행 이전 단계에서부터 관련 기관 등과 발행가능 여부에 대한 신중한 검토가 필요하다는 입장을 밝히고 있고,394) 실제로 주식을 유동화자산으로 하는 주식 유동화거래는 공적자금 회수 목적 등 예외적인 경우를 제외하고는 원칙적으로 허용하지 않고 있다.395)

그럼에도 불구하고, 자산유동화법의 법문상으로는 유동화자산의 범위에 대한 특별한 제한이 없고, 자산유동화법 밖에서 이루어지는 비등록 유동화거래의 경우에는 금융당국의 실무지침 등의 영향도 받지 않는 상황이다.

실무 안내(Asset Backed Securities Guide)"(이하 "실무지침"이라 한다)가 있다.
393) 박준/한민[2018], 455면.
394) 실무지침, 10면 각주 17 참조.
395) (i) 박준/한민[2018] 477면; 금융당국은 주식 유동화를 허용하지 않는 근거로 주식은 이미 유동화된 것으로 볼 수 있고, 유동화회사를 통한 주식의 위장 분산으로 기업지배구조가 왜곡될 우려가 있다는 점 등을 들고 있다. 이 중 후자는 정책적 목적에서 비롯된 것으로 볼 수 있으나, 전자는 주식과 마찬가지로 이미 유동화된 자산인 유동화증권을 기초자산으로 하는 유동화거래도 활발히 이루어지고 있다는 점에서 주식 유동화를 제한하는 충분한 논거가 되지는 못한다고 생각된다. 앞서 살펴본 바와 같이, SEC는 주식은 그 자체로 현금흐름을 발생시키는 자산이 아니어서 현금흐름 발생자산에 해당하지 아니하므로 적격자산의 범위에서 제외된다는 입장을 취하고 있다.
(ii) 한편, 한민(2014), 43-44면은 일본 자산유동화법 제212조의 내용을 소개하면서, 우리나라의 경우에도 자산 자체의 속성상 적극적 자산운용이 수반되는 것으로 볼 수 있는 주식, 특정금전신탁 수익권, 조합 출자지분 등의 자산에 대하여는 원칙적으로 해당 자산을 보유하는 것만으로도 소극적 자산운용의 속성에 반하는 것으로 보아야 한다는 견해를 제시하고 있다.

Ⅱ. 자산유동화법상 유동화기구의 업무 범위 관련 검토

자산유동화법은 유동화기구의 업무 범위에 관하여도 유동화자산의 '관리·운용·처분'으로 광범하게 규정하여, 그 문언상으로는 유동화기구의 업무 범위에 특별히 제한을 두지 않고 있다. 이는 자본시장법상 집합투자기구의 업무 범위와 거의 유사하다.[396]

이러한 자산유동화법의 태도는 자산유동화의 강학상 정의가 유동화기구의 업무 범위를 '현금흐름 발생자산을 투자(speculation) 목적으로 이용하지 않는 경우'로 제한하고 있는 것이나, Rule 3a-7이 유동화기구의 업무 범위를 '적격자산의 매입 또는 취득 및 보유'로 규정하면서, 유동화자산의 추가 취득 및 처분은 일정한 요건이 충족되는 경우에만 예외적으로 허용하고 있는 점과 뚜렷이 대비된다.

그 대신 자산유동화법은 유동화전문회사 또는 신탁업자가 자산유동화계획에 의해서만 유동화자산의 관리·운용·처분 및 여유자금의 투자를 할 수 있도록 규정하고 있는데,[397] 최초 유동화거래 개시 시점에 자산유동화계획을 금융위원회에 등록하여야 하고,[398] 이후 자산유동화계획을 변경하는 경우에도 경미한 사항을 제외하고는 변경된 계획을 금융위원회에 등록하여야 한다.[399] 자산유동화계획에는 자산보유자에 관한 사항, 자산유동화계획기간, 유동화자산의 종류·총액 및 평가 내용 등 자산유동화에 관한 사항, 유동화증권의 종류·총액·발행조건 등에 관한 사항, 유동화자산의 관리·운용 및 처분에 관한 사항, 자산관리자에 관한 사항 및 유동화증권의 투자자보호에 관한 사항 등이 포함되어야 한다.[400]

---

396) 자본시장법 제6조 제5항, 제80조 제1항 참조.
397) 자산유동화법 제22조 제1항 제2호 및 제6호.
398) 자산유동화법 제3조 제1항 전문.
399) 자산유동화법 제3조 제1항 후문.

이렇듯 자산유동화법은 자산유동화거래가 자산유동화계획의 통제를 받도록 하면서 자산유동화계획을 금융위원회에 등록하도록 하여, 사실상 금융당국의 자산유동화계획 심사를 통해 유동화거래의 제반 사항에 대한 규제가 이루어지도록 하는 간접적 규제 방식을 취하고 있는 것으로 이해해 볼 수 있다.401) 이는 미국이 Rule 3a-7에서 유동화거래가 ICA의 적용을 받지 않기 위해 갖추어야 할 요건을 직접적으로 명시하고 있는 태도와는 분명히 대비된다.402)

자산유동화법이 자산유동화계획의 등록 및 심사에 의한 간접적 규제 방식을 취함에 따라 우리나라의 등록 유동화거래에 있어 유동화기구의 업무 범위는 금융당국이 자산유동화법상 자산유동화계획의 허용 범위에 대하여 어떠한 태도를 취해 왔는지, 즉 실제로 어느 정도로 이를 허용해 왔는지 여부에 의해 사실상 결정되어 왔다. 이와 관련하여 금융당국은 그 간 상당히 엄격한 입장을 취해 온 것으로 사료된다.

가령, 금융당국은 자산유동화법상 합성 CDO(synthetic CDO)403) 거

---

400) 자산유동화법 제4조 및 같은 법 시행령 제3조.
401) 이러한 방식은 일본 자산유동화법이 채택하고 있는 방식과 유사하다. 일본 자산유동화법 제4조 제3항 제2호, 제151조, 제225조 제2항 제2호, 제269조 참조.
402) 다만, 우리나라와 미국 모두 유동화거래 실행의 전제조건으로서 유동화증권에 대한 신용평가사의 평가가 중요한 기능을 담당하고 있다는 점에서는 차이가 없다.
403) (i) 합성 CDO 거래의 의의 및 거래 구조와 관련하여서는 기초자산의 종류 및 신용스왑계약(credit default swap)의 세부 내용 등에 따라 다양한 설명이 존재한다. 통상적으로는 신용위험(credit risk 또는 exposure) 보유자로서 자산관리자가 신용스왑계약의 준거자산이 되는 기초자산에 관한 권리는 그대로 보유하면서 당해 자산의 신용위험만을 유동화기구에 이전하는 거래 기법을 지칭하는 용어로 사용되고 있다. 실무지침, 10면 각주 15; 박준/한민[2018], 492면.
(ii) 자산보유자가 준거자산을 양도하지 아니하고 그대로 보유하거나 또

래 방식의 유동화가 허용되는지 여부와 관련하여 자산유동화법상 유동화전문회사의 업무 범위는 유동화자산의 관리 등 매우 소극적 (passive)인 범위로 해석될 소지가 있으므로, CDS(credit default swap) 등 장외파생상품계약의 체결은 유동화전문회사의 업무범위에 포함되지 않는다는 입장을 취해 왔다.404)

는 유동화거래 참여자 누구도 준거자산을 보유하지 않으면서, 장외파생상품계약의 일종인 신용스왑계약 체결을 통해 새로운 현금흐름을 만들어 낸다는 의미에서 '합성' CDO라 부른다. 실무지침, 10면 각주 15.
(iii) 합성 CDO 증권은 (a) 신용스왑계약 체결을 통해 보장매입자가 신용위험을 인수하는 대가로 수취하게 되는 프리미엄 및 (b) 유동화기구가 합성 CDO 증권의 발행을 통해 투자자로부터 조달한 자금으로 취득한 담보자산에서 발생하는 이자 등에서 발생하는 현금흐름을 기초자산으로 삼아 발행하는 유동화증권을 가리키는 용어이다. Gorton(2008), p. 42, 박준/한민[2018], 492면.
(iv) 그 외 합성 CDO 거래 구조에 관한 상세한 논의는 Securities and Exchange Commission v. Goldman Sachs & Co. and Fabrice Tourre, 790 F. Supp. 2d 147 (S.D.N.Y. 2011), 박준/한민[2018], 492-493면 각 참조.

404) (i) 실무지침, 10면 각주 15; 정순섭[2017] 497면; 금융당국은 유동화전문회사가 CDS 계약을 직접 체결하지 아니하고 계약을 양수하는 방식을 취하는 것과 관련하여서도 이는 자산유동화법 제13조 제1호가 규정하고 있는 매매 또는 교환에 해당하지 않으므로 불가하다는 입장을 보이고 있다(실무지침, 10면 각주 15). 금융당국이 현재 취하고 있는 입장에 기초하면, 등록 유동화법인이 유동화증권에 대한 원활한 지급을 위해 CDS 계약을 체결하는 경우에도 자산유동화법의 개정이 필요하다는 결론에 이르게 된다. 실무지침도 동일한 입장을 취하고 있다(실무지침, 10면 각주 15).
(ii) 이와 관련하여, 정순섭[2017], 496면은 합성유동화 구조를 위해 자산유동화법이 유용한 수단이 될 수 있음에도 불구하고 현행 자산유동화법은 합성유동화를 위한 역할이 제한적이라는 점을 지적하고 있다.
(iii) 이와 대조적으로, 우리나라의 등록유동화 실무에서도 CDS 계약이 아닌 IRS(Interest Rate Swap) 계약, CRS(Currency Swap) 계약 등의 파생계약이 체결된 사례는 다수 확인된다. 2022. 5. 10. 자 공시 챌린저제삼십오차유동화전문유한회사, 2021. 5. 7. 자 공시 슈프림제십구차유동화전문유한회사 등 참조(해당 정보는 DART 홈페이지에서 검색 가능하다).

또한 자산유동화법상 유동화기구가 집합투자와 같이 자산의 적극적 운용을 전제로 하는 능동적 투자수단(active investment skim)으로 기능할 수 있는지와 관련하여서도 일반적인 유동화증권을 발행하는 유동화기구는 일단 기초자산이 유동화기구에 이전된 후 해당 기초자산의 교체나 운용 없이 유동화증권의 증권의 상환과 관련된 업무만을 수행하는 수동적인 투자수단(passive investment skim)에 해당한다고 보면서,[405] 자산의 교체 등에 의한 적극적 자산운용을 수행하는 이른바 운용형 유동화(managed ABS)는 허용되지 않는다는 입장을 보이고 있다.[406] 이러한 금융당국의 입장에 대하여는 자산유동화와 집합투자와의 구분을 고려한 것으로 보인다는 견해가 있기도 하다.[407]

그럼에도 불구하고, 자산유동화법의 법문상으로는 유동화기구의 업무범위에 유동화자산의 관리뿐 아니라 운용 및 처분이 모두 포함되어 있을 뿐 아니라, 금융당국이 설정하고 있는 유동화기구의 업무범위에 일관된 법적 논의가 적용되고 있지는 않고 있는 상황이다. 나아가 자산유동화법 밖에서 이루어지는 비등록 유동화거래의 경우에는 자산유동화법상 자산유동화계획에 의한 통제 대상 자제에 해당하지 않는다.

Ⅲ. 자산유동화법상 유동화증권의 발행 구조 관련 검토

자산유동화법은 유동화기구가 발행하는 유동화증권에 대하여도 '유동화자산을 기초로 하여 자산유동화계획에 따라 발행되는 주권, 출자증권, 사채(社債), 수익증권, 그 밖의 증권이나 증서'로 포괄적으

---

405) 실무지침, 10면 각주 16.
406) 박준/김용호/이미현/정순섭/황호석(2008), 63면(황호석 발언 부분).
407) Id; 박준/한민[2018], 497면.

로 정의하고 있다.

이는 Rule 3a-7이 유동화증권의 종류를 그 경제적 실질 및 기능에 따라 확정수익부 증권과 기타 증권으로 구분하고, 공개시장에서 거래 대상이 되는 확정수익부 증권의 요건을 엄격히 규정하고 있는 것과 뚜렷이 대비된다.[408]

다만, 자산유동화법은 유동화증권이 유동화자산을 '기초로 하여' 발행되고, 또 유동화자산에서 발생하는 수익이 유동화증권의 지급재원이 되는 것으로 규정하고 있으며, 금융당국도 기초자산인 유동화자산이 유동화기구에 이전되면 유동화자산의 교체나 운용 없이 기초자산에서 발생하는 현금흐름으로 유동화증권이 상환되는 형태를 '일반적인 자산유동화증권'의 모습으로 보고 있다.[409]

그런데 앞서 살펴본 바와 같이, 유동화기구가 확정수익부 증권의 형태로 유동화증권을 발행하게 된 것은 유동화거래가 자본시장에서 시장기반 신용중개의 일환으로서 그림자 금융의 수단으로 기능하고 있기 때문이다. 따라서 확정수익부 증권의 발행은 유동화거래의 핵심적인 특징이라 할 수 있다. 이에 따라 미국 세법상 유동화 특례기구인 REMIC이나 FASIT에서도 유동화증권을 확정수익부 증권에 대응하는 선순위증권과 그 외 잔여권으로 이분화하고 있다. 나아가 유동화거래가 확정수익부 증권과 기타 증권의 발행구조를 갖는 것은 유동화자산이 적격자산으로 구성되는 것과도 상호 긴밀히 연계된다.

---

408) 반면, 일본 자산유동화법과는 유사한 면이 있다. 일본 자산유동화법 제2조 제2항 참조.
409) 실무지침, 10면 각주 16.

IV. 소결

이렇듯 자산유동화법은 그 문언상으로는 Rule 3a-7과 비교하여 볼 때, 유동화자산의 범위, 유동화기구의 업무 범위, 유동화증권의 발행구조 각각의 측면에서 유동화거래의 범위를 느슨하게 규정하고 있으나, 앞서 제2장 제3절에서 살펴본 바와 같이 우리나라 자산유동화의 현황은 미국에서의 자산유동화와 유사한 형태로 나타나고 있다. 이는 우리나라에서도 자산유동화가 시장기반 신용중개의 일환으로서 그림자금융의 수단으로서 기능하고 있기 때문인데, 이와 더불어 본 절에서 살펴본 바와 같이 금융당국이 자산유동화법상 자산유동화계획의 허용 범위에 대하여 엄격한 태도를 취하고 있는 데서도 그 이유를 찾아볼 수 있다. 주목할 점은 금융당국의 이러한 입장을 상세히 검토해 보면, 그 내용은 유동화자산의 범위 및 유동화기구의 업무 범위 면에서는 결론상으로는 기실 Rule 3a-7에서 규정하고 있는 요건과 유사한 모습을 보이고 있다는 사실이다.410)

제6절 논의의 정리

이상 제4장에서는 집합투자 규제와 관련하여 자산유동화와 집합투자가 구체적으로 어떻게 다른가를 분석한 미국의 입법사와 법령을 Rule 3a-7을 중심으로 검토해 보고, 이를 우리나라의 자산유동화법의 내용과 비교하여 살펴보았다. 이러한 논의를 통해 도출해 낸 자산유동화의 경제적 실질은 뒤따르는 과세제도 설계의 대전제로서

---

410) 이에 비해 유동화증권의 발행 구조 면에서는 금융당국이 확정수익부 증권과 관련한 논의를 내어 놓고 있지는 않은 것으로 사료된다.

기능한다.

한편, 세법은 집합투자기구인 투자신탁에 대하여는 매년 1회 이상 결산·분배하는 등의 요건을 갖춘 경우, 투자신탁으로부터의 이익은 배당소득으로 과세하도록 규정하고 있으나, 유동화신탁에 대하여는 별도의 규정을 두고 있지 아니하다. 따라서 유동화신탁의 소득에 대하여는 투시과세가 이루어져야 하는데, 앞서 살펴본 바와 같이,[411] 수익자가 투자자와 자산보유자로 나뉘어 있는 경우 각 수익자에게 지급되는 신탁의 이익을 소득구분하여 과세하는 것은 거의 불가능하다. 이러한 문제는 미국법에서 이미 다루어진 바 있는데, 먼저 제5장에서는 과거 미국의 유동화거래에서 활발히 이용된 위탁자신탁 세제를 중심으로 이에 대하여 살펴보고,[412] 이후 제6장에서는 미국의 유동화거래 과세 특례 제도인 REMIC과 FASIT을 중심으로 미국에서는 이러한 문제를 어떻게 해결하고 있는지 보다 상세히 검토해 보기로 한다.

---

[411] 제3장 제7절 참조.
[412] 제3장 제1절 Ⅱ. 2.에서 살펴본 바와 같이, 우리나라에서도 2020년 세법 개정으로 위탁자과세 신탁이 새로 도입된 바 있다.

제5장

유동화신탁에 대한 위탁자신탁 세제 적용 가능성에 대한 미국법상 논의 검토

제1절 논의의 배경 및 구성

미국 세법상 소득세 납세의무를 지는 자는 개인(individual), 법인(corporation), 상속재단(estate) 및 신탁재산(trust)의 네 가지로, 미국에서는 우리나라와 달리 신탁재산(trust)을 별도의 소득세 납세의무 주체로 규정하고 있다.[413] 다만, 미국 세법상 신탁[414] 중에서도 위탁자신탁 판단 기준을 충족하는 경우는 위탁자 또는 '특정한 타인'(nonadverse party)[415]을 신탁재산의 '소유자'(owner)로 보고 위탁자가 신탁소득을 그 자신의 소득으로 신고하는 한편, 신탁소득의 '조세속성'[416](tax attributes) 역시 위탁자에게 그대로 귀속된다.

한편, 재무부규칙은 세법상 신탁의 규율에 앞서 민사법상 신탁을 그 경제적 실질에 따라 보통신탁, 사업신탁, 투자신탁으로 구분하고 있는데,[417] 이 중 보통신탁[418]은 항상 세법상 신탁에 해당하는 것으

---

413) IRC § 6012 (a)(1) - (4); 이창희[2018], 10면. 다만, 제3장 제1절 Ⅱ. 3.에서 살펴본 바와 같이, 우리나라에서도 2020년 세법 개정으로 일정한 요건을 충족하는 신탁재산에 대하여는 예외적으로 법인과세 신탁 선택이 허용된 바 있다.
414) 미국 세법상 소득세 납세의무를 지는 자로서 신탁재산을 '세법상 신탁'이라 부르기로 한다.
415) (i) 미국 세법상 위탁자신탁 세제에서 '특정한 타인'(nonadverse party)이란 반대 당사자(adverse party)에 해당하지 않는 자를 가리킨다[IRC § 672(b)]. 반대 당사자(adverse party)란 신탁에 관한 권한의 행사 또는 불행사로 인하여 불리한 영향을 받게 되는 실질적인 수익적 권한(substantial beneficial interest)을 보유하는 자를 말한다[IRC § 672(a)].
  (ii) '특정한 타인'의 우리말 번역은 이준봉[2012], 101면을 참조하였다.
416) '조세특성'으로도 번역되며, 세액공제나 이월결손금 등을 말한다. 이준규(2003), 106면; 한국조세재정연구원 세법연구센터, 주요국의 조세동향(2013. 7) 22면 각 참조.

로, 사업신탁[419]은 '사업조직'(business entities)[420]으로서 항상 세법상 신탁에 해당하지 않는 것으로 보면서,[421] '투자신탁'(investment trust)[422]에 대하여는 고정투자신탁 판단 기준[423]을 충족하는 경우는 세법상 신탁으로, 그렇지 않은 경우는 '사업조직'(business entities)으로 보도록 규정하고 있다.

이에 따라 민사법상 신탁 중 유동화신탁을 포함하여 미국 세법상 투자신탁에 해당하는 신탁이 종국적으로 위탁자신탁 세제를 적용받기 위해서는 먼저 고정투자신탁 판단 기준을 충족함으로써 미국 세법상 신탁에 해당하여야 하고, 그 다음으로 위탁자신탁 판단 기준[424]을 추가로 충족하는 2단계 과정을 거쳐야 한다.[425]

---

417) 재무부규칙 § 301.7701-4.
418) 보통신탁에 대한 설명은 이하 제5장 제2절 참조.
419) 사업신탁에 대한 설명은 이하 제5장 제2절 참조.
420) 재무부규칙 § 301.7701-4(b); 재무부규칙은 법인, 파트너십, '세법상 그 존재를 무시하는 단체'(disregarded entity)를 '사업조직'(business entities)으로 규정하고 있다. 재무부규칙 § 301.7701-2 (a); 참고로 이준봉[2012], 94면은 '영리법적 실체'로 번역하고 있다.
421) 이 경우에는 이른바 'check-the-box' 규칙(재무부규칙 §§ 301.7701-1 - 301.7701-3)이 적용되어, 'association', 파트너십, '세법상 그 존재를 무시하는 단체' 중 하나를 고를 수 있다. 다만, 민사법상 파트넙십이더라도 지분을 증권시장에 상장한 경우(PTP: publicly traded partnership)는 세법상 'corporation'에 해당하게 되나, 이 경우에도 소득의 대부분을 소극적 소득(passive-type income)에서 얻는 경우는 PTP 규정의 적용 대상에서 제외되어 'check-the-box' 규칙의 적용을 받는다(IRC § 7704). 이창희[2018], 33면; 이준봉[2012], 130면.
422) 투자신탁에 대한 설명은 이하 제5장 제3절 Ⅰ. 참조. 미국 세법상 투자신탁의 범위에는 집합투자신탁과 유동화신탁이 모두 포함될 수 있다는 점에서 우리나라의 자본시장법상 투자신탁과는 별개의 개념임에 유의할 필요가 있다.
423) 고정투자신탁 판단 기준에 대한 설명은 이하 제5장 제3절 Ⅲ. 참조.
424) 위탁자신탁 판단 기준에 대한 설명은 이하 제5장 제4절 참조.

그런데 이하에서 살펴보는 바와 같이, 위탁자신탁 판단 기준과 관련하여 미국 세법은 위탁자가 잔여권을 보유하는 방식으로 신탁재산에 관한 지배 권한[426](power)을 행사하는 경우 또는 위탁자가 지배 권한을 행사하지 않더라도 신탁소득의 귀속자가 되어 수익적 권한[427](income for benefit of grantor)을 보유하는 경우에는 위탁자신탁 세제가 적용되도록 규정하고 있는바, 유동화신탁은 그 경제적 실질 및 거래 구조상 해당 요건을 자연스럽게 충족하게 된다.

따라서 민사법상 신탁인 유동화신탁이 미국 세법상 위탁자신탁 판단 기준을 적용받아 이중과세 방지 효과를 거두기 위해서는 미국 세법상 신탁에 해당하는 것이 핵심 요건으로 대두된다. 주목할 점은 바로 이 과정에서 지금껏 살펴본 유동화신탁과 집합투자의 경제적 실질의 차이가 두드러진 기능을 하게 된다는 점이다.

이하에서는 먼저 미국 세법상 신탁과 'corporation'의 한 종류인 'association'[428]의 구분 기준이 다투어진 미국 법원의 판결을 짚어 본 후, 이어서 고정투자신탁 판단 기준의 내용을 살펴본다. 그 다음 미

---

425) 물론 이미 여러 차례 언급한 대로, 미국 세법은 유동화거래에 대한 특례 기구(REMIC, FASIT)를 별도로 두고 있는데, 이에 대하여는 제6장에서 따로 살펴본다.

426) 위탁자가 반대 당사자(adverse party)의 동의나 승인 없이 신탁원본과 신탁소득의 향유자를 결정할 수 있는 권한 등을 보유한 경우를 말한다. 지배 권한의 상세한 내용은 이하 제5장 제4절 참조.

427) 위탁자가 지배 권한은 행사하지 않더라도, 신탁재산을 신탁하고 신탁재산에 발생하는 신탁소득의 귀속자가 되는 경우를 말한다. 관련 논의로 이하 제5장 제4절 참조.

428) 'association'이란 미국 세법상 법인세 납세의무자인 'corporation'의 범위에 포함되는 단체 중 하나를 말한다. 미국 세법상 'corporation'은 민사법에 근거하여 세법 밖에서 이미 corporation이라는 형태로 존재하는 단체와 'association' 등으로 구성된다. 따라서 'association'은 미국 세법상의 'corporation'에서 세법 밖에서 이미 존재하는 corporation을 제외하고 남는 단체를 가리키는 결과적, 기술적 개념을 의미한다. IRC § 7701(a)(3), 이창희[2018], 29면.

국 세법상 위탁자신탁 세제를 살펴보고, 유동화신탁에 대한 위탁자신탁 세제의 적용 가능성을 검토해 본다.

제2절 신탁의 원형인 세법상 신탁과 'association'의 구분

I. 개괄

보통신탁은 가족신탁(Family Trusts)이라고도 불리는데,[429] 통상 유언 등을 통해 위탁자가 일정한 재산을 신탁하고 수익자를 지정하게 되며, 수탁자는 신탁재산의 보호(protecting) 및 보전(conserving)의 기능을 수행한다.[430] 보통신탁에서 수익자는 신탁의 설정이나 관리에 관여하지 아니하고(not the voluntary planners or creators of the trust arrangement), 단순히 위탁자에 의해 수익자로 지정되는 경우가 대부분이나, 수익자에 의해 신탁이 설정된(created) 경우에도 수탁자가 신탁재산의 보호 및 보전의 기능을 수행한다면 여전히 보통신탁으로 본다.[431] 보통신탁은 신탁을 설정하는 목적이 수탁자로 하여금 수익자를 위하여 신탁재산을 보호 또는 보전하도록 하는 데 있기 때문에 사업 목적이 있다고 볼 수 없으며, 수익자가 이익 추구를 위해 사업을 영위하는 공동사업(joint enterprise)의 동업자(associates)의 지위에 있다고 볼 수도 없다.[432]

반면, 사업신탁은 수익자를 위해 단순히 신탁재산을 보호하거나

---

[429] Peaslee/Nirenberg[2018], p. 272.
[430] 재무부규칙 § 301.7701-4(a).
[431] 재무부규칙 § 301.7701-4(a).
[432] 재무부규칙 § 301.7701-4(a); Peaslee/Nirenberg[2018], p. 272.

보전하기 위해 설정된 것이 아니라, 일반적으로 미국 세법상 'corporation'이나 파트너십이 속하는 '사업을 영위하는 사단'(business organization)에 의해 수행되는 이익창출활동을 영위하기 위해 설정되고,433) 그에 따라 통상 수익자들(beneficiaries)에 의해 설정되며, 하나 또는 다수의 지분권을 발행하게 된다.434) 이하 '모리세이'(Morrissey) 판결435)에서 보듯이 판례는 사업신탁을 'association'에 포섭해서 과세했고, 이 판례이론은 지금은 재무부규칙에 정리되어 있다.436)

II. '모리세이' 판결

1. 사실관계 및 법원의 판단

이 사건에서 원고는 골프장을 운영하는 사업신탁의 수탁자였는데, 신탁의 수익증권을 수익자들에게 판매하여 모은 자금으로 토지를 구매한 뒤 그 중 일부는 되팔아서 돈을 남기고 일부는 그 위에 골프장을 건설하여 이를 운영하였다.437)

원고는 신탁의 수탁자로서 토지 등의 매입, 임대 및 매도, 골프장 건설 및 운영, 임차료 또는 수익(profits and income) 등의 수취, 자금 대여 및 투자, 규정(regulations)의 제정 및 신탁 토지에 대한 소유자와 대등한 수준의 관리 권한 등을 보유하였다.438) 또한 수익자총회는

---

433) 재무부규칙 § 301.7701-4(b).
434) Peaslee/Nirenberg[2018], p. 272.
435) Morrissey et al., Trustees, v. Commisioner of Internal Revenue, 296 U.S. 344 (1935) [이하 "'모리세이' 판결"이라 한다].
436) 재무부규칙 § 301.7701-4(b).
437) 이 부분은 이창희[2018], 29-30면에 기초하여 정리한 것이다.

원고의 운영과 관련하여 자문할 권한만을 보유하였고, 수탁자나 수익자 중 어느 하나가 사망하더라도 신탁은 25년 동안 존속하도록 약정되어 있었다.439)

이 사건에서 원고는 세법상 'association'에 해당하기 위해서는 수익자들이 의결권 행사를 통해 신탁의 운영에 대한 통제권을 행사할 수 있어야 하는데, 이 사건 신탁의 수익자들에게는 그러한 권한이 부여되지 않은 점을 들어 이 사건 신탁은 세법상 'association'으로 볼 수 없고 따라서 세법상 신탁으로 과세하여야 한다고 주장하였다.440)

이에 대하여 대법원은 사업신탁(business trust)은 사업을 수행하고 그 이익을 배분하기 위한 매체(medium)로서 기능하는 경우를 의미하는데,441) 이 사건 신탁은 ① 회사 운영과 관련하여 법인의 이사 또는 임원의 역할을 수행하는 수탁자가 있어서 수익자와 경영자의 지위가 분리되어 있고(centralized management),442) ② 수익자들이 사망하더라도 신탁은 계속하여 존속하며,443) ③ 수익자들이 신탁의 지속성 여부와 무관하게 자유롭게 수익증권을 양도할 수 있고,444) ④ 이 사안에서 수익자들은 유한책임을 부담하였던 점445) 등에 기초하여 '영리사단'(corporate organization)과 유사한 기능을 수행하는 것으로 보았다.446) 또한 이와 같은 이점(advantages)들이 신탁의 고유한 특성(the very nature of trusts)에서 비롯된다고 보기는 어렵다고 판시하였다.447)

---

438) '모리세이' 판결, p. 347.
439) Id., pp. 347-348.
440) Id., pp. 348-349.
441) Id., p. 357.
442) Id., p. 358-359.
443) Id., p. 359.
444) Id.
445) Id.
446) Id., p. 360.

결론적으로 이 사안에서 신탁은 'association'에 해당하여 미국 세법상 신탁이 아니라 'corporation'으로 과세하여야 한다는 것이다.448)

2. 판결 이후의 경과

'모리세이'판결은 민사법상 신탁이 세법상 'corporation'으로서 납세 의무를 부담하는지 여부를 본격적으로 검토한 미 연방대법원 판결로서 의미를 갖는다.449) 이후 재무부규칙은 '모리세이' 판결이 제시한 기준을 근거로 하여 1960년 세법상 'corporation' 해당 여부를 판단하는 이른바 '킨트너'450)(Kintner) 규칙을 제정하였는데, 해당 규칙은 ① 영리성 내지 영리목적이 있는지 여부, ② 사단, 곧 출자자의 모임인지 여부, ③ 출자자의 사망 또는 금치산(insanity) 등에도 불구하고 사단이 별개의 존재로 계속 존속하는지 여부, ④ 출자자 지위와 경영자 지위가 분리되어 있는지 여부, ⑤ 출자자가 유한책임을 부담하는지 여부, ⑥ 출자지분의 자유로운 양도가 가능한지 여부 등 6가지 기준으로 구성되어 있었다.451)

그러나 '킨트너' 규칙 하에서도 세법상 'corporation' 해당 여부는 계속해서 논란이 되어 왔고, 그에 따라 1996년에 획일적 기준을 적용하는 대신 납세의무자가 세법상 'corporation' 해당 여부를 선택할 수

---

447) *Id.*, p. 359.
448) 이창희[2018], 30면.
449) 이창희[2018], 29면.
450) 이미현/정영민/설윤정/조석희/이익재[2017], 387면 참조.
451) (i) *Id.*, 30면.
   (ii) '킨트너' 규칙은 법인과 파트너십의 구분인지 아니면 법인과 신탁의 구분인지 등의 쟁점에 따라 각 쟁점에 적절할 기준만을 적용하는 방식을 취하였고, 해당 기준을 모두 충족할 것을 요구하지는 아니하였다. *Id.*, 30면; 이미현/정영민/설윤정/조석희/이익재[2017], 388면 각 참조.

있도록 하는 속칭 'check-the-box' 규칙452)이 제정되었다.453)

다만, 'check-the-box' 규칙 하에서도 모든 납세의무자가 세법상 'corporation' 해당 여부를 선택할 수 있는 것은 아니며, 민사법상 신탁의 경우에도 미국 세법상 보통신탁의 경우에는 항상 세법상 신탁으로서 관련 규정454)의 적용을 받게 된다.455)

제3절 고정투자신탁은 'association'이 아니라 신탁

Ⅰ. 개괄

투자신탁은 직접 또는 다른 수익자로부터의 수익권 양수를 통한 간접적인 방식을 통해 신탁재산을 신탁한 수익자들을 위해 투자대상자산을 보유하고 운영할 목적으로 설정되는 신탁을 말한다.456) 투자신탁은 사업활동을 영위하지는 않는다는 점에서 보통신탁과 유사하나, 투자신탁의 수익자들은 위탁자의 지정에 의한 것이 아니라 자신들의 이익 실현을 위하여 투자자로서 '모인' 것이라는 점에서 보통신탁과 명확히 구분된다.457)

미국 세법은 이하에서 살펴보는 Chase National Bank 판결458) 및

---

452) 재무부규칙 §§ 301.7701-1 – 301.7701-3.
453) 이창희[2018], 31면.
454) IRC §§ 1, 641 – 685.
455) 이창희[2018], 32-33면.
456) Peaslee/Nirenberg[2018]. p. 273.
457) Id.
458) Commissioner v. Chase National Bank, 122 F.2d 540 (1941)(이하 "Chase National

North American Bond Trust 판결459)에 따라 투자신탁에 대하여는 고정투자신탁 판단 기준을 충족하는 경우는 세법상 신탁으로, 그렇지 않은 경우는 '사업조직'(business entities)으로 보도록 규정하고 있다.460)

Ⅱ. Chase National Bank 판결 및 North American Bond Trust 판결

1. 사실관계 및 법원의 판단

1) Chase National Bank 판결

원고(Chase National Bank)는 신탁의 수탁자로서 위탁자(depositor)와 신탁계약을 체결하고 고정461)신탁(fixed trust)을 설정하였다. 이 사건 신탁의 목적은 투자자들이 이 신탁을 매개로 하여 다수의 주식에 투자를 할 수 있도록 하는 것이다. 위탁자는 자신들이 설정한 '투자기준'(characteristics for investment purposes)에 부합하는 30개 미국 회사의 보통주식을 선정한 후, 각 회사의 보통주식 16주씩으로 구성된 'units'을 만들어 이를 신탁에 위탁하였고, 신탁은 개별 'unit'에 대한 권리를 표창하는 수익증권을 발행하였다.462)

Bank 판결"이라 한다).
459) Commissioner v. North American Bond Trust, 122 F.2d 545 (1941)(이하 "North American Bond Trust 판결"이라 한다).
460) '모리세이 판결' 이후 '킨트너' 규칙이 나온 것에 비견해 볼 수 있다.
461) 해당 판결에서 '고정'(fixed)의 의미에 대하여 따로 설명하고 있지는 아니하나, 수탁자에게 투자대상자산의 변경에 관한 재량권이 부여되지 않는다는(단, 일상적, 행정적 업무의 수행은 가능)는 의미에서 '고정(fixed)'이라는 표현을 쓴 것으로 이해된다.

신탁은 신탁계약에 따라 운영되었고, 수탁자는 자금의 재투자나 기타의 방식으로(reinvestment of funds or otherwise) 주식을 매수하지 아니하였다. 투자 기준이 유지될 수 있도록 하기 위해 신탁이 수취하는 것은 신탁계약에서 정하는 바에 따라 처분(disposition)되기 전까지는 신탁이 보유하였고, 수익자의 요청이 있는 경우 가능한 자금 범위 내에서 배분(distributions)이 이루어졌다. 즉, 신탁의 설정과 운영 과정에서 이 사건 신탁은 이른바 '고정'된 투자신탁, 즉 고정투자신탁(fixed investments trust)[463]의 형태를 띠고 있었다.[464]

이 사건에서는 이러한 형태의 고정투자신탁이 미국 세법상 'association'에 해당하여 'corporation'으로 과세되는지 여부가 다투어졌다.

이에 대하여 법원은 먼저 미국 세법상 신탁에 해당하는 보통신탁(ordinary trust)은 수익자를 위해 단순히 신탁재산을 보호하거나 유지하기 위한 목적으로 설정된 신탁을 가리키는 데 비해, 'association'에 해당하는 신탁은 수익자를 위해 이익 또는 수익을 실현하는 것을 목적으로 신탁계약상 신탁재산 운영 권한이 수탁자에게 부여된 것으로서 양자는 구분된다고 보았다. 또한 'association'은 이익 또는 수익 추구 활동을 함에 있어 'joint-stock company' 또는 법인(corporation)의 대체재로서 신탁을 활용하는 것으로 볼 수 있으며, 이는 이러한 조직 형태가 갖는 장점을 누리면서 그 단점은 피하는 데 그 취지가 있다고 설시하고 있다.[465]

---

462) Chase National Bank 판결, p. 541.
463) 고정투자신탁(fixed investment trusts)이라는 용어는 Chase National Bank 판결에서 설시된 개념으로, 이하에서 살펴보는 재무부규칙 § 301.7701-4(c)(고정투자신탁 판단 기준)은 고정투자신탁이라는 용어를 직접적으로 사용하고 있지는 않다. 본 연구에서는 고정투자신탁을 투자신탁 중 세법상 신탁에 해당하는 요건을 갖춘 신탁을 가리키는 개념으로 사용한다.
464) Id., p. 543.
465) Id.

그런데 이 사건 신탁의 경우에는 수탁자 또는 위탁자 모두 신탁재산의 보존(preservation)에 필요한 활동을 넘어서는 권한을 보유하지 아니하였고, 신탁재산으로부터 발생하는 수익을 추심하고 이를 수익자에게 분배하는 역할을 하는 데 그친 것으로 보았다. 또한 'association'이 'joint stock company' 또는 법인(corporation)의 대체재로서 역할을 하는 점에 비추어 볼 때, 이 사건 신탁은 이러한 특성을 갖춘 것으로 보기 어렵다고 하면서 이 사건 신탁이 'association'에 해당하지 않는다고 판시하였다.466) 결론적으로 미국 세법상 신탁으로 과세하여야 한다는 것이다.

2) North American Bond Trust 판결

Chase National Bank 판결과 같은 날 선고된 이 판결에서 법원은 이 사건 신탁의 위탁자는 Chase National Bank 판결의 위탁자와는 다른 권한을 행사하였고, 그에 따라 고정투자신탁으로 볼 수 없다고 판시하였다.467)

즉, Chase National Bank 판결에서 위탁자는 투자대상자산을 변경할 권한을 보유하지 아니하였던 데 비해, 이 사건에서 위탁자는 '투자대상자산을 변경할 권한'(power to vary the investments)을 보유하였다는 점에서 양자는 구분된다고 판단하였다.468) 또한 이는 투자자들의 투자 성과를 향상시키기 위해 투자대상자산인 사채(bonds)의 시장가치 변동(market variations)을 이용할 수 있는 기회를 보유하고 있었음을 의미하는 것으로 보았다.469) 즉, 투자대상자산의 시가 변동을 관찰하

---

466) *Id.*, pp. 543-544.
467) North American Bond Trust 판결, p. 545.
468) *Id.*, p. 546.
469) *Id.*

면서, 적기라고 판단되는 시점에는 언제든지 해당 자산의 처분을 통해 이익 실현이 가능하였다는 것이다. 그 결과 이 사건 신탁이 'association'에 해당하는 것으로 판시하였다.470) 미국 세법상 신탁이 아니라 'corporation'으로 과세하여야 한다는 것이다.

2. 판결 이후의 경과

Chase National Bank 판결 및 North American Bond Trust 판결 이전에는 투자신탁은 투자 이익을 추구하기 위해 설정된 신탁으로서 미 국세청(Internal Revenue Service)은 사실상 모든 투자신탁을 'association'으로 보아 왔다.471)

그러나 위 2개의 판결 이후 투자신탁 중 고정투자신탁으로서의 특징, 즉 다시 말해서 수탁자의 권한이 제한되어 있는 신탁은 세법상 신탁으로 보게 되었고, 이후 재무부규칙은 ① 신탁의 활동(the activities of the trust) 및 ② 신탁이 발행하는 지분권(ownership interests)의 종류를 분별 요소로 삼는 고정투자신탁 판단 기준의 제정에 이르게 된다.472)

III. 고정투자신탁 판단 기준

위에서 언급한 바와 같이 미 국세청은 당초 투자신탁은 모두 'association'으로 보아야 한다는 입장을 취하고 있었으나, 법원은 Chase National Bank 판결 및 North American Bond Trust 판결을 통해 이

---

470) Id.
471) Peaslee/Nirenberg[2018], p. 274.
472) Id.

러한 입장을 받아들이지 아니하고, 투자대상자산이 고정되어 있는 고정투자신탁(fixed investment trusts)의 경우는 세법상 신탁에 해당한다고 판시하였다.

그에 따라 재무부규칙은 1980년대 중반 고정투자신탁 판단 기준을 도입하였는데,[473] 이는 크게 다음의 2가지로 구성된다.[474]

첫째, 신탁의 활동을 기준으로 하여 수탁자가 신탁계약에 따라 투자대상자산을 변경할 권한을 보유하고 있는 경우에는 고정투자신탁에 해당하지 않는다(이하 "투자변경권한 기준"이라 한다[475]).

둘째, 신탁의 수탁자가 투자변경권한을 보유하고 있지 않더라도 수종의 지분수익권[476]을 발행하는 경우에는 고정투자신탁으로 보지 않는다(이하 "단일 지분수익권 기준"이라 한다[477]).

즉, 수탁자가 투자대상자산을 변경할 권한을 보유하지 아니하고 단일 지분수익권을 발행하는 경우, 고정투자신탁이 되어 세법상 신탁에 해당한다. 이하에서 차례대로 살펴본다.

1. 투자변경권한 기준

투자변경권한 기준은 Chase National Bank 판결 및 North American Bond Trust 판결의 내용을 그대로 반영한 것이다. 즉, 신탁계약에 따라 수탁자가 수익자의 투자대상자산을 변경할 권한을 보유하는 경

---

[473] Peaslee/Nirenberg[2018], p. 297.
[474] 재무부규칙 § 301.7701-4(c)(1).
[475] 참고로 이준봉[2012], 255면은 '변경권한기준'으로 부르고 있다.
[476] 지분수익권이란 'ownership interests'를 번역한 용어로 신탁이 발행하는 수익권 중 '채무'(debt)로 취급되지 아니하는 수익권을 말한다. Peaslee/Nirenberg [2018], p. 833. 본 연구에서는 신탁이 발행하는 수익권 중 확정수익부 수익권에 해당하지 아니하는 유형의 수익권을 가리킨다.
[477] 참고로 이준봉[2012], 260면은 '수종의 지분수익권 기준'으로 부르고 있다.

우[478])에는 세법상 신탁에 해당하지 않는다. 이는 투자대상자산의 시장가치 변동(market variation)에 기초한 수익 창출을 목적으로 하는 신탁재산의 재투자(reinvest)를 허용하지 않는 것을 의미한다.[479] 다만, 이하 사례에서 보듯이 모든 형태의 투자대상자산 변경이 금지되는 것은 아니다.

이미 언급했듯이 투자변경권한 기준은 집합투자와 유동화거래의 중요한 구분 기준으로 작용한다.[480] 집합투자의 경우에는 그 정의상 투자변경권한 기준 자체를 충족하는 것이 불가능하나, 유동화거래의 경우는 '고정된' 채권 포트폴리오(fixed portfolio of debt instruments)를 유동화자산으로 하고,[481] 유동화자산의 적극적 운용을 운영계약 등에 의해 제한하는 경우에는 이 기준의 충족이 가능해 지기 때문이다.

재무부규칙은 아래 2. 2)에서 살펴보는 바와 같이 단일 지분수익권 기준에 대하여는 4 가지 예시를 추가로 제시하고 있으나, 투자변경권한 기준에 대하여는 별도의 추가 예시를 들고 있지는 않다. 이하에서는 학계 및 거래계의 제반 논의에 기초하여 투자변경권한 기준을 유동화거래에 적용함에 있어 주로 문제될 수 있는 쟁점을 사례 중심으로 살펴본다.[482]

---

478) 영어 원문은 다음과 같다.
 "If there is a power under the trust agreement to vary the investment of the certificate holders"
479) Peaslee/Nirenberg[2018], p. 277.
480) 본 연구의 제2장 제2절, 제4장에서의 논의와 맞닿아 있는 부분이다.
481) Id., p. 275.
482) 이하의 내용은 Peaslee/Nirenberg[2018], pp. 275-297에 기초한 것이다. 이와 관련한 국내 선행연구로는 이준봉[2012], 256-260면 참조.

1) 신탁이 모기지채권을 보유하는 경우

유동화신탁이 부동산 담보가 설정되어 있는 모기지채권을 유동화자산으로 하여 유동화증권을 발행하는 경우, 모기지채권의 채무불이행이 발생하면 담보권의 실행을 통해 부동산을 취득하게 되는 경우가 발생할 수 있다. 그런데 유동화신탁이 일단 부동산을 취득하게 되면 부동산을 처분하여 현금화하는 기간 동안 이를 적극적으로 관리(active management)할 필요가 생긴다.[483]

부동산의 관리 업무는 일반적인 상황 하에서는 사업활동(business activity)의 일환으로 보는 것이 타당하다. 그러나 신탁이 모기지채권을 취득할 당시에는 모기지채권의 채무불이행이 예상되지 아니하였고, 일정한 기간 이내에 담보 부동산을 처분하여 현금화하는 경우라면, 이는 모기지채권 포트폴리오의 보호 및 보전 업무에 수반하는 활동일 뿐 사업활동에 해당하지 않는다고 보는 것이 타당하다.[484]

반면, 유동화신탁이 합리적인 기간 이내에 부동산을 현금화하지 아니하고, 해당 부동산을 더 적극적으로 관리하거나 개발하게 된다면 사업활동으로 볼 가능성이 높아진다.[485] 가령, 유동화신탁이 임대 부동산을 신탁 받아 단순히 임차료를 추심하고, 부동산 시설의 유지를 위해 수선 등을 하는 경우는 사업활동을 영위한다고 보기 어려울 것이나, 현금화에 필요한 기간 이상으로 주기적이고 지속적으로 부동산임대사업을 영위하는 경우는 사업활동으로 보아야 할 것이다.[486]

---

483) 이러한 상황은 비단 부동산에만 국한되는 것이 아니라 실물자산(tangible personal property)을 담보로 하는 대출채권 등을 취득하는 경우에도 동일하게 발생한다. 다만, 부동산 이외의 실물자산은 신속히 처분 가능한 경우가 대부분이고 그에 따라 적극적 관리가 요구되지 않는 경우가 주를 이루게 된다. Peaslee/Nirenberg[2018], p. 275 참조.

484) Peaslee/Nirenberg[2018], p. 275.

485) Id., pp. 275-276.

이처럼 신탁의 투자변경권한 보유 여부를 판단할 때, 투자자산의 변경이 단순히 전체 투자포트폴리오의 보전에 수반하는(incidental) 활동으로 간주될 수 있는지 아니면 별도의 독립된 사업활동에 해당하는지 여부를 구분할 필요가 있다. 다만, 미국에서도 양자의 구분에 관한 명확한 지침이 마련되어 있지 않다는 점이 꾸준히 지적되어 온 바 있다.[487]

2) 신탁계약에 근거한 투자변경권한

재무부규칙은 신탁계약에 근거한 투자변경권한을 그 대상으로 한다. 신탁계약에는 그 명칭과는 무관하게 수탁자로 하여금 수익자를 위하여 일정한 권한을 행사하도록 하는 계약은 모두 포함되는 것으로 보아야 한다.[488]

반면, 신탁계약에 근거하지 아니한 채 투자대상자산의 조건만이 변경되는 경우는 투자변경권한을 보유한 경우로 보지 않아야 한다. 가령, 신탁이 주식 등의 증권을 보유하고 있고 증권의 발행자가 그 경제적 조건을 변경하는 경우라면 투자변경권한이 행사된 경우에 해당하지 아니한다.[489]

3) 일시적 재투자(temporary reinvestments)

일반적으로 투자변경권한 기준에 의하면 신탁의 재투자는 허용되지 않는다. 그런데 유동화신탁이 투자대상자산으로부터 발생한

---

486) Revenue Ruling 73-522, 1973-2 C.B. 226; Peaslee/Nirenberg[2018], p. 276.
487) Peaslee/Nirenberg[2018], p. 277.
488) Id., p. 280.
489) Id.

현금흐름을 여유자금의 운용 목적으로 일시적으로 재투자하는 경우는 달리 볼 필요가 있다.

만일 유동화신탁이 높은 등급의 채권에 투자하고 그 채권의 만기가 유동화증권의 예상지급일 이전에 도래하며 그 만기까지 채권을 보유하는 경우라면, 해당 투자는 일시적인 것으로서 투자변경권한을 보유하는 것으로 보지 않는 것이 타당하다.[490] 이는 투자대상자산으로부터의 현금 수취일과 유동화증권 지급일 사이의 간격을 메꾸는 데 그 목적이 있기 때문이다.[491]

4) 비재량적 재투자(nondiscretionary reinvestments)

수탁자가 신탁재산을 재투자할 수 있다 하더라도 그 재투자 조건이 사전에 미리 정해져 있는 경우라면, 일시적 재투자와 마찬가지로 투자변경권한을 보유하지 않는 경우로 보아야 한다. 가령, 유동화신탁이 조기상환이 가능한 채권을 유동화자산으로 보유하고 있는 경우, 유동화증권 투자자들이 조기상환위험에 노출되지 않도록 하기 위해서는 보험회사 등과 사전에 조기상환액 전부를 해당 채권의 잔여 조건과 동일한 조건으로 재투자하기로 하는 내용의 보증계약 체결이 필요하다.[492] 그런데 이러한 비재량적 재투자는 사전에 정해진 조건에 따라 자동적으로 이루어지는 재투자로서 수탁자에게 재량권이 부여되지 않을 뿐 아니라, 투자대상자산의 시장가치 변동의 영향도 받지 아니한다. 오히려 미리 정해진 조건에 따른 투자대상자산의 가치가 재투자 시점의 투자대상자산의 시장가치보다 낮은 경우는 손해가 발생할 수도 있다.[493] 따라서 이러한 경우는 유동화신탁에

---

490) *Id.*, p. 282.
491) *Id.*
492) *Id.*, pp. 291-292.

투자변경권한 기준이 부여되지 않은 것으로 보는 것이 타당하다.

5) 채권의 발행 등을 통한 자금 차입

자금의 차입은 투자의 부수적인 행위로서 신탁이 채권 발행 등을 통해 자금을 차입한다고 하여 곧 투자변경권한이 있다고 보기는 어렵다.494) 다만, 새로운 투자목적으로 자금을 차입하거나 수탁자가 차입 조건을 재협상할 수 있는 권한을 보유하는 경우는 투자변경권한이 있는 것으로 보는 것이 타당하다.495)

6) 스왑 등 파생상품계약의 체결

파생상품계약 자체는 사업 영위를 위한 자산으로서의 성격을 갖는 것이 아니므로, 유동화신탁이 파생상품계약의 당사자가 된다고 하여 곧장 사업신탁이 된다고 볼 수는 없다.496) 또한 파생상품계약은 그 조건에 따라 자산 또는 부채로 분류될 수 있고 그 분류는 경제적 상황에 따라 지속적으로 변경된다는 특징이 있다. 아울러 신탁이 자금을 차입하는 것은 투자의 부수적 행위로 볼 수 있고 만일 파생상품계약이 부채로 분류되는 경우에는 그 범주에 포함되는 것으로 볼 수도 있다.497) 따라서 신탁이 파생상품계약의 조건 변경에 관한 재량권을 보유하는 경우만 투자변경권한기준을 보유하는 것으로 보는 것이 타당하다.498)

---

493) *Id.*, p. 292.
494) *Id.*, p. 294.
495) *Id.*
496) *Id.*, p. 295.
497) *Id.*

다만, 이에 대하여는 파생상품계약의 경우는 '풋-콜 등가식'(put-call parity)[499]을 이용하는 방법으로 기존 투자의 성질 자체를 변화시킬 수 있기 때문에 신탁설정 이후에 신탁재산에 파생상품을 결합하는 경우는 원칙적으로 해당 투자를 변경하는 것으로 보는 것이 타당하다는 반론이 있다.[500] 그러나 이 견해도 신탁설정 이후 신탁재산을 보호하기 위하여 파생상품을 결합하는 경우는 변경권한이 없는 것으로 보아야 한다는 입장을 취하고 있는바,[501] 이에 의하더라도 만일 유동화신탁이 유동화자산의 현금흐름을 원활히 확보하기 위한 목적으로 이자율스왑 등의 파생상품계약을 체결하는 것이라면 투자변경권한 기준을 보유하는 경우에 해당하지 않는다.

요컨대, 유동화신탁이 파생상품계약을 체결하는 경우에도 그러한 계약 체결이 시장가치의 변동에 따른 이익 추구를 목적으로 하는지 여부가 본질적인 판단 기준이 되어야 할 것이다. 다만, 위 1)에서 지적한 바와 마찬가지로, 실무에서 양자를 명확히 구분하여 판단하는 것이 쉽지는 않을 것으로 생각된다.

---

498) *Id.*

499) '풋-콜 등가식'(put-call parity)은 만기일 이전에는 권리행사가 허용되지 않는 유러피안 콜옵션 및 유러피언 풋옵션 사이의 가격 관계를 나타내는 항등식이다. '유러피안 콜옵션의 가치 + 행사가격을 무위험이자율로 할인한 현재가치 = 풋옵션의 가치 + 기초자산의 현재시점의 가치'로 표현된다. 이에 따라 만일 투자자가 기초자산을 보유하면서 유러피안 콜옵션을 매도하고 유러피안 풋옵션을 매수하면, 행사가격 상당의 채권을 보유하는 것과 동일한 포지션을 갖는 효과가 나타난다. 이창희[2023], 993-996면; 박정식/박종원/조재호[2004], 769면; 이준봉[2012], 259면.

500) 이준봉[2012], 259-260면.

501) *Id.*, 260면.

2. 단일 지분수익권 기준

1) 원칙

재무부규칙은 고정투자신탁 판단 기준의 내용으로 투자변경권한 기준에 더하여 단일 지분수익권 기준을 추가하고 있다. 단일 지분수익권 기준은 Chase National Bank 판결 및 North American Bond Trust 판결에서 다루어지지 않은 쟁점으로, 그 이후 모기지채권 시장의 성장에 따른 대응책으로 추가된 규정이다.[502] 1984년 당시 씨어스사(Sears Mortgage Securities Corporation)는 이른바 'fast-pay and slow-pay' 방식[503]의 수종의 수익증권을 발행하였는데 이러한 경우에도 해당 신탁을 세법상 신탁으로 볼 수 있는지 여부가 문제되었다.[504]

수종의 지분수익권(multiple classes of ownership interests)을 발행하는 투자신탁은 고정투자신탁으로 보지 아니하고 사업신탁에 해당하는 것으로 본다.[505] 애초 투시과세와 어울리지 않기 때문이다. 여기서 구분해야 할 점은 수종의 '지분'수익권을 발행하는 경우만 사업신탁에 해당하고 수종의 '채무증권'을 발행하는 경우는 이에 포함되지 않는다는 점이다.[506] 이는 앞서 살펴본 바와 같이,[507] 신탁은 투자의 부수적 행위로서 채권 발행 등을 통한 자금의 차입이 가능하고, 신탁설정 이후에 채권을 발행한다는 이유만으로 해당 신탁이 투자변

---

502) Peaslee/Nirenberg[2018], p. 275.
503) 'fast-pay and slow-pay' 방식의 구체적인 내용은 아래 예시 1. 참조.
504) Peaslee/Nirenberg[2018], p. 275. 이러한 배경에 따라 단일 지분수익권 기준은 'Sears regulations'으로 불리기도 한다.
505) 재무부규칙 § 301.7701-4(c)(1).
506) Peaslee/Nirenberg[2018], p. 298.
507) 제5장 제3절 III. 5) 참조.

경권한을 보유한다고 볼 수 없다는 점과 궤를 같이 한다.508)

2) 예외: 직접 투자를 촉진

수종의 지분수익권이 발행된다 하더라도, 해당 신탁이 투자대상 자산에 대한 직접적인 투자(direct investment)를 촉진하기 위한 목적으로 설정되었고, 수종의 지분수익권이 그러한 목적에 수반하여 (incidental) 발행된 경우는 여전히 세법상 신탁에 해당한다.509) 재무부규칙은 이러한 예외적인 사유에 해당하는지 여부를 판별하는 기준으로 구체적으로 다음의 4가지 예시를 제시하고 있다.510)

① 예시 1511) - 지급의 순서가 정해져 있는 경우(sequential pay)

예시 1은 단일 지분수익권 기준 도입의 계기가 된 씨어스사의 'fast-pay and slow-pay' 구조에 관한 내용이다.512)

A회사는 모기지채권 포트폴리오를 매입한 후 이를 수탁자인 은행에 신탁하고, 유동화신탁의 수탁자인 은행은 그 모기지채권에서 발생하는 현금흐름에 기초하는 유동화증권을 A회사에 발행한다. A회사는 해당 유동화증권을 투자자에게 매도한다.

유동화신탁은 모기지채권에서 발생하는 현금흐름을 재투자 할 수 없고, 기타 다른 방식으로 투자를 변경할 수 없다. 유동화신탁은

---

508) 이준봉[2012], 261면.
509) 재무부규칙 § 301.7701-4(c)(1).
510) 이 부분은 별도의 인용 표시가 없는 한, 재무부규칙의 내용을 거의 그대로 옮긴 것이다. 원문의 의미를 명확히 전달하기 위해 필요한 경우 영문 원문을 병기하였다.
511) 재무부규칙 § 301.7701-4(c)(2) Example 1.
512) Peaslee/Nirenberg[2018], p. 299.

2 가지 종류의 유동화증권을 발행하는데, A유형(class A)은 해당 증권에 대한 지급이 완료되기까지 모기지채권의 예정된(scheduled) 현금흐름 및 조기상환(prepaid)으로 인한 현금흐름에 대하여 B 유형(class B)의 유동화증권에 우선하여 지급 받는다. B유형 유동화증권은 A유형 유동화증권에 대한 지급이 모두 완료된 이후에야 원금에 대한 상환을 받는다.513)

이러한 거래 구조 하에서 A유형 증권은 모기지채권 원금의 예정된 현금흐름 중 초기 지급 분(earlier scheduled payments)에서 B유형 증권 보다 먼저 상환 받게 되고, 만일 모기지채권이 조기에 상환되면 그 상환 분도 B유형 증권 보다 먼저 상환 받게 되므로 조기상환위험도 부담하게 된다. 유동화증권의 투자자에게는 안정적인 이자수입을 장기간 얻고자 하는 유인이 있는데, 이를 위해서는 유동화증권 지급 재원의 기초가 되는 유동화자산에서 장기간 현금흐름이 지속적으로 발생할 필요가 있다. 나아가 수종의 유동화증권이 발행되는 경우라면, 투자 초기에는 유동화자산에서 발생한 현금흐름이 다른 투자자에게 먼저 지급됨으로써 자신이 보유하는 유동화증권의 원금이 조기에 상환되지 않도록 하여, 이자수입의 규모가 감소되지 않도록 하여야 한다. 'fast-pay and slow-pay' 구조 하에서는 모기지채권에서 초기에 발생하는 현금흐름이 A유형 유동화증권 지급에 먼저 사용되도록 함으로써, B유형 증권 투자자에 대하여 이러한 '수의상환 보호 조항'514)(call protection)을 부여한 효과를 가져 오고 있다. B유형 증권 투자자는 A유형 증권의 발행으로 모기지채권의 조기상환으로 인한

---

513) 이러한 면에서 언뜻 B유형 유동화증권이 A 유형 유동화증권에 비해 불리해 보일 수 있으나, 유동화증권의 발행액에 대비하여 모기지채권 포트폴리오의 규모를 크게 확대하는 등의 유동화거래구조 설계를 통해 B유형 유동화증권 원금이 상환되지 못할 가능성을 상쇄시키는 것이 가능하다.
514) 이준봉(2012), 263면.

이자수입 감소 위험에서 벗어날 수 있게 되는 것이다.

　이러한 유형의 수종의 지분수익권을 발행하는 경우는 모기지채권에 직접 투자(direct investment)한 경우와는 명확히 구분되는 새로운 투자수단[515]을 창출해 낸 것으로 볼 수 있고, 직접 투자를 촉진하기 위한 목적에 수반하여 수종의 지분수익권을 발행한 경우로 볼 수 없다. 그 결과 유동화신탁은 세법상 신탁에 해당하지 아니하고, 재무부규칙 § 301.7701-2에서 규정하는 '사업조직'에 해당하게 된다.

　② 예시 2[516] - 채무불이행 발생 시 선후순위 상환 조건이 부여된 경우 (subordination)

　　M회사는 모기지채권을 '창출'한 후(originator) 이를 수탁자인 은행에 신탁하고, 유동화신탁의 수탁자인 은행은 그 모기지채권에서 발생하는 현금흐름에 기초하는 유동화증권을 M회사에 발행한다.

　　이때 유동화신탁은 모기지채권을 유동화자산으로 취득하고 그 모기지채권에서 발생하는 현금흐름에 기초하는 유동화증권을 발행한 것이다. 유동화신탁은 모기지채권에서 발생하는 현금흐름을 재투자 할 수 없고, 기타 다른 방식으로 투자를 변경할 수 없다. 유동화신탁은 2 가지 종류의 유동화증권을 발행하는데, C유형(class C)은 모기지채권 원금의 90% 및 이자 상당액을 지급받고, D유형(class D)은 나머지 원금 10% 상당액을 지급받는다. 두 종류의 유동화증권은 기초자산인 모기지채권의 채무불이행(default)이 발생하는 경우, D증권에 대한 지급이 C증권에 대한 지급보다 후순위(subordinated)로 되는 점만을 제외하면 동일한 조건이다. 즉, 모기지채권의 채무불이행이

---

515) A유형의 유동화증권의 투자자는 '수의상환 보호조항'을 부여하는 대가로 상대적으로 높은 이자율을 적용받을 수 있게 된다.
516) 재무부규칙 § 301.7701-4(c)(2) Example 2.

발생하기 전에는 모기지채권으로부터 발생하는 현금흐름이 C유형 증권과 D유형 증권에 비례적으로 배분되나, 모기지채권의 채무불이행이 발생하게 되면 C유형 증권에 선순위로 지급하고, D유형 증권에 대한 지급은 후순위로 바뀌게 된다. M회사는 C유형 증권은 투자자들에게 매도하고, D유형 증권은 직접 보유한다.

이러한 거래 구조 하에서, C유형 증권 투자자들에게는 한결 안전한 투자가 가능해진다는 효과가 발생한다. 그러나 이는 유동화신탁이 한 종류의 증권을 발행하고 M 회사가 해당 증권 투자자들에게 제한된 상환보증(limited recourse guarantee)을 제공하는 경우와 경제적 실질 면에서 동일하다고 볼 수 있다. 따라서 이러한 상황 하의 수종의 지분수익권의 발행은 신탁의 투자대상자산에 대한 직접적인 투자를 촉진하기 위한 목적에 수반하는 것으로 볼 수 있고, 해당 유동화신탁은 세법상 신탁으로 분류된다.

③ 예시 3[517] - 주식가치 평가증(appreciation)에 대한 권리를 분리하는 경우

상장회사의 주주들이 자신들이 보유한 주식을 신탁하고 신탁은 2가지 종류의 증권을 발행한다. 첫 번째 증권은 기초자산인 주식으로부터 발생하는 배당금(dividends) 및 지정된 가액(specified amount)까지의 주식가치(value)에 대한 권리를 표창하고, 두 번째 증권은 지정된 가액을 초과하는 주식가치에 대한 권리를 표창한다.

이러한 거래 구조 하에서는 주로 기초자산인 주식에서 발생하는 배당금을 목적으로 하는 투자와 기초자산인 주식의 시장가치 상승분에서 발생하는 이익을 목적으로 하는 투자가 각각 분리되는 효과가 발생한다.

---

517) 재무부규칙 § 301.7701-4(c)(2) Example 3.

따라서 이러한 유형의 수종의 지분수익권을 발행하는 경우는 기초자산인 주식에 직접 투자하는 경우와는 명확히 구분되는 새로운 투자수단을 창출해 낸 것으로 볼 수 있다. 그 결과 해당 신탁은 세법상 신탁에 해당하지 아니하고, 재무부규칙 § 301.7701-2에서 규정하는 '사업조직'에 해당한다.

④ 예시 4[518] - 수종의 지분수익권 발행으로 원금채권(stripped bond)과 이자채권(stripped coupon)의 분리 효과를 가져 오는 경우[519]

N회사는 사채(bonds)를 매입한 후 이를 수탁자인 은행에 신탁하고, 유동화신탁의 수탁자인 은행은 그 사채에서 발생하는 현금흐름에 기초하는 유동화증권을 N회사에 발행한다. N회사는 해당 유동화증권을 투자자에게 매도한다.

유동화신탁은 2가지 종류의 유동화증권을 발행하는데, 각각의 유동화증권은 기초자산인 '지정된 사채'(specific bond)에서 발생하는 특정 현금흐름(particular payment)에 대한 권리를 표창한다.

그런데 IRC § 1286에서는 이자채권(stripped coupon)과 원금채권(stripped bond)을 별개의 채권으로 구분하고 있고, 각 유동화증권의 투자자들은 직접투자를 통해서도 각 유동화증권과 동일한 경제적 실질을 갖는 이자채권과 원금채권의 취득이 가능하다.

따라서 이러한 상황의 수종의 지분수익권의 발행은 신탁의 투자대상자산에 대한 직접적인 투자를 용이하게 하기 위한 목적으로 볼 수 있고, 해당 유동화신탁은 세법상 신탁으로 분류된다.

---

518) 재무부규칙 § 301.7701-4(c)(2) Example 4.
519) 1980년대 초반 미국에서 발행된 Treasury Investment Growth Receipts(TIGR)의 사례가 이에 해당한다. 이미현(2003), 42-43면.

3) 검토

재무부규칙은 수종의 지분수익권이 발행되는 경우 세법상 신탁에 해당하지 않는 것을 원칙으로 하면서도 해당 신탁이 투자대상자산에 대한 직접적인 투자를 촉진하기 위한 목적으로 설정되고, 수종의 지분수익권이 그 목적에 수반하여 발행되는 경우는 예외를 인정하여 세법상 신탁으로 본다.[520] 다만, 이와 관련하여 비록 재무부규칙이 예외에 해당하는지 여부와 관련하여 참고할 만한 4가지 사례를 제시하고 있기는 하나, 여전히 어느 경우가 '수반성'(incidental)이 있다고 볼 수 있는지 그 판단기준이 명확하지 않다는 비판도 상존한다.[521]

한편, 미국 법원의 판례에서 연유한 투자변경권한 기준과 달리 단일 지분수익권 기준은 그것이 도입된 이유와 일부 예외를 인정하는 이유에 대해 부가적 설명이 제시되어 있지는 않다.[522] 이에 대하여는 수종의 지분수익권을 발행하는 신탁이 미국 세법상 'corporation'이나 파트너십과 같은 사업조직과 더 유사하다고 볼 수 있는지와 같은 추상적 의문보다는 실무상 적용 가능성이 더 고려된 것으로 보아야 한다는 견해가 있다.[523] 만일 수종의 지분수익권을 발행한 신탁이 세법상 신탁으로 분류되면 위탁자신탁 세제가 적용될 수 있고 그

---

520) 이와 관련하여 이미현(2003), 61면은 위탁자신탁이 과세 목적상 도관으로 인정되는 것은 해당 신탁은 신탁자가 신탁재산을 소유하기 위한 수단에 불과하고, 그 경제적 효과는 신탁자가 신탁에 의하지 않고 직접 신탁재산을 소유한 경우와 동일해서, 신탁재산에 귀속되는 소득에 대하여 신탁자에게 직접 귀속되는 경우와 마찬가지로 신탁자에게 과세하는 것이 합리적이고 형평에 맞기 때문이라고 설명하고 있다.

521) Peaslee/Nirenberg[2018], p. 298.

522) Id., p. 301.

523) Id.

결과 수익자가 신탁재산을 직접 소유한 것으로 보아 과세하여야 하는데,[524] 이를 위해서는 수익자와 신탁재산이 직접적으로 대응 가능하여 수익자가 투자대상자산에 직접 투자하는 것과 같은 경제적 실질을 갖출 것이 요구된다는 것이다. 이러한 점을 고려하여 원칙적으로 수종의 지분수익권을 발행하는 경우는 세법상 신탁으로 보지 않으면서도 예외적으로 직접투자와 동일한 경제적 실질이 있다고 보는 경우는 세법상 신탁으로 보는 기준이 마련될 필요가 있었다는 것이다.[525]

다만, 이와 대비되는 견해로 수종의 지분수익권을 발행하게 되면 새로운 위험과 수익률을 갖는 투자포트폴리오 창출이 가능해지므로 신탁재산을 변경하여 운용하는 것과 같은 결과를 만들어 내는 효과가 있기 때문이라는 설명도 찾아볼 수 있다.[526] 이러한 설명에 따르면 투자포트폴리오 창출로 보기 어려운 경우가 수반성이 있다고 볼 수 있을 것이다.

3. 소결

고정투자신탁 기준은 투자변경권한 기준과 단일 지분수익권 기준으로 구성된다.

투자변경권한 기준은 집합투자와 유동화신탁을 구분하는 핵심 기준으로 작용한다는 점에서 중요한 의의를 갖는데, 집합투자는 그 정의상 집합투자업자가 투자자로부터 독립하여 재량권을 가지고 투자자산을 운용함으로써 시장가치 변동에 따른 투자이익을 실현하는 것을 목적으로 하고 있기 때문이다. 이에 비해 앞서 살펴본 바와 같

---

524) 이하 제5장 제4절 논의 참조.
525) *Id.*, p. 302; 김성균(2014), 278-280면.
526) 이준봉(2012), 261면.

이,[527] Rule 3a-7은 유동화신탁이 시장가치 변동에 따른 이익을 추구하는 것 자체를 명시적으로 제한하고 있다.

반면, 단일 지분수익권 기준은 일단 세법상 신탁으로 구분되었을 때 위탁자신탁 세제가 실제로 적용될 수 있도록 하기 위한 실무상 요구에 부응한 측면이 크다. 위탁자신탁 과세가 원활히 구현되기 위해서는 수익자와 신탁재산이 직접적으로 대응 가능하여 수익자가 신탁재산을 보유하는 경우와 동일한 경제적 실질이 창출될 필요가 있다. 그런데 수종의 지분수익권이 발행되는 경우는 이러한 직접적 대응 자체가 어려워지게 되는 것이다. 다만, 수종의 지분수익권이 발행되는 경우라 하더라도 수익자와 신탁재산 사이의 직접적 대응 관계가 여전히 인정될 수 있는 경우라면 세법상 신탁으로 분류하는 것이 가능하다고 볼 수 있다. 이에 재무부규칙은 수종의 지분수익권 발행이 투자대상자산에 대한 직접적인 투자를 촉진하기 위한 목적에 수반하는 경우 그 예외를 인정하고 있다.

요컨대, 수탁자가 투자대상자산을 변경할 권한을 보유하지 아니하고 단일 지분수익권을 발행하는 경우 세법상 신탁이 되고, 이 경우 이하 제4절에서 보듯이 유동화신탁의 거래 구조상 자동적으로 위탁자신탁 세제가 적용된다. 그 결과 신탁재산에서 발생하는 소득이 위탁자에게 투시과세되어 이중과세 방지 효과를 거둘 수 있게 된다.

---

[527] 제4장 제2절 및 제3절 참조.

제4절 미국 세법상 위탁자신탁 세제[528]의 검토

Ⅰ. 개괄

우리나라와 달리 미국에서는 세법상 신탁에 대해서는 원칙적으로 신탁재산을 과세 목적상 별개의 납세의무자로 인정하여 신탁재산의 소득에 대하여는 소득세를 과세하되,[529] 소득금액 계산 시 수익자에게 지급한 금액을 공제하여 이중과세를 조정하는 방식을 취하고 있다.[530]

다만, 위탁자나 '특정한 타인'이 신탁원본이나 신탁소득에 대하여 실질적인 권한을 행사하는 위탁자신탁(grantor trust)의 경우는 예외적으로 신탁을 투시하여 위탁자를 납세의무자로 본다.[531] 즉, 신탁재산 중 위탁자나 '특정한 타인'에게 귀속되는 부분에 대하여는 위탁자나 '특정한 타인'을 그 신탁재산의 소유자(owner)로 취급하고,[532] 위탁자에게 귀속되는 신탁소득에 대해서는 그 소득이 신탁단계에서 발생하는 즉시 이를 위탁자에게 귀속시켜서 과세하며,[533] 위탁자나 '특정한 타인'이 그 자신의 소득으로 신고하여야 한다.[534] 이때 그 조세속

---

528) IRC §§ 671 - 679 (미국 공법 조문 체계상으로는, United States Code - Title 26. INTERNAL REVENUE CODE - Subtitle A. Income Taxes - Chapter 1. NORMAL TAXES AND SURTAXES - Subchapter J. Estates, Trusts, Beneficiaries, and Decedents - Part I. ESTATES, TRUSTS, AND BENEFICIARIES - Subpart E. Grantors and Others Treated as Substantial Owners) §§ 671 - 679).

529) IRC § 641(a); 이중교(2020), 106면.

530) IRC §§ 651(a), 661(a); 백제흠(2020), 108면.

531) IRC § 671; 백제흠(2020), 109면.

532) Peaslee/Nirenberg[2018], p. 386.

533) Peaslee/Nirenberg[2018], p. 393; 이준봉[2012], 272면.

성도 그대로 귀속된다.535) 이렇듯 미국 세법에서는 위탁자신탁에 관한 규정536)이 우리나라의 신탁도관이론과 유사하다는 점을 알 수 있다.537) 나아가 2020년 세법 개정으로 인해 우리나라에도 위탁자과세신탁이 새로 도입된 바 있다.538) 따라서 유동화신탁 소득의 투시과세 기준을 검토함에 있어서는 미국 세법상 위탁자신탁 판단 기준에 관한 고찰이 필요하다.

눈여겨 볼 점은 미국 세법상 위탁자신탁 판단 기준은 위탁자가 신탁에 대하여 지배 권한을 행사하는 경우와, 단순히 수익적 권한을 보유하는 경우를 모두 포괄하고 있다는 점이다.

먼저 위탁자가 신탁에 대하여 지배 권한을 행사하는 경우란, ① 위탁자 또는 '특정한 타인'이 반대 당사자(adverse party)의 동의나 승인 없이 그 신탁원본(corpus)과 신탁소득(income)의 향유자를 결정할 수 있는 권한(power to control beneficial enjoyment)을 보유하고 있는 경우,539) ② 위탁자 또는 '특정한 타인'이 반대 당사자의 동의나 승인 없이 신탁원본 또는 신탁소득을 처분하는 등 신탁에 대해 행정적 권한(administrative powers)을 보유하는 경우,540) ③ 위탁자가 신탁계약을 취소할 수 있는 권한(power to revoke)을 보유하는 경우, ④ 위탁자가 신탁재산 또는 신탁소득 중 해당 가치(value)의 5%를 초과하는 반환이익(reversionary interests)을 보유하는 경우541) 및 ⑤ 위탁자 또는 '특

---

534) 위탁자나 '특정한 타인'에게 귀속되지 않는 부분은 일반 신탁 세제에 따라 신탁 자체에 대하여 과세된다. Peaslee/Nirenberg[2018], p. 387.
535) IRC § 671; 이준봉[2012], 101면.
536) IRC §§ 671 – 679.
537) 이준봉[2012], 102면.
538) 제3장 제1절 II. 2. 참조.
539) IRC § 674.
540) IRC § 675.
541) IRC § 673.

정한 타인'의 재량으로(in the discretion of the grantor or a nonadverse party) 신탁소득이 위탁자 또는 배우자에게 귀속되는 경우[542] 등 위탁자가 신탁원본이나 신탁소득에 대하여 지배 권한을 행사하는 경우를 말한다.

이에 비해 위탁자가 단순히 수익적 권한을 보유하는 경우란, 반대 당사자의 동의나 승인 없이 신탁소득이 위탁자 또는 배우자에게 귀속되는 경우[543]를 말하는데, 이때는 위탁자가 지배 권한은 행사하지 아니하고 단순히 위탁자 또는 배우자가 신탁소득의 귀속자가 되어 수익적 권한만을 보유한다. 위탁자가 신탁재산을 신탁하면서 그 자신이 신탁재산에서 발생하는 신탁소득의 귀속자, 즉 수익자가 된다는 점에서 우리나라에서 위탁자와 수익자가 같아지는 자익신탁의 경우와 유사한 면이 있다.

II. 유동화신탁에 대한 적용 가능성

유동화신탁을 통한 유동화거래는 신탁계약 및 자산유동화계획에 의해 유동화자산의 보유·관리·처분에 관한 사항이 사전에 정해지게 되는바, 유동화자산의 위탁자인 자산보유자가 신탁해지권이나 지정·변경권 또는 신탁에 대한 행정권을 보유하는 방식 등으로 신탁에 대한 지배 권한을 갖게 되는 경우는 거의 없다. 다만, 자산보유자로서 위탁자가 유동화신탁에 유동화자산을 신탁하면서 그에 대한 잔여권을 보유하는 경우는 흔히 볼 수 있는데, 이 경우에는 위탁자가 잔여권을 보유하는 방식으로 신탁에 대한 지배 권한을 갖는 것으로 볼 수 있다.[544]

---

542) IRC § 677.

543) IRC § 677.

한편, 수익적 권한과 관련하여서는 유동화증권의 투자자들은 위탁자에 의해 수익자로 지정되는 것이 아니라 신탁에 직접 자금을 제공하고 그 반대급부로 수익권을 취득하게 되므로, 이 점에서 미국 세법상 위탁자신탁 판단 기준 중 '반대 당사자의 동의나 승인 없이 신탁소득이 위탁자 또는 배우자에게 귀속되는 경우'의 요건을 자동적으로 충족하게 된다.545) 왜냐하면 아래 Ⅲ. 2에서 보듯이, 미국 재무부규칙은 위탁자로부터 수익권을 취득한 자도 위탁자에 포함되는 것으로 보고 있는데,546) 유동화거래에서는 위탁자가 유동화자산을 유동화신탁에 신탁하고 수령한 수익권을 제3자인 수익자에게 이전한 것으로 볼 수 있기 때문이다.547)

이상의 검토를 종합해 보면, 유동화신탁 소득에 대한 투시과세 기준과 관련하여 미국 세법상 논의를 살펴봄에 있어서는 유동화신탁이 미국 세법상 신탁에 해당하는지 여부를 중점적으로 짚어볼 필요가 있음을 알 수 있다. 만일 유동화신탁이 미국 세법상 신탁에 해

---

544) 위에서 설명한 지배 권한을 보유하는 경우 중 ④에 해당한다.
545) (i) 이와 관련하여 Peaslee/Nirenberg[2018], p. 387은 미국의 유동화신탁이 위탁자신탁 판단 기준 중 위탁자가 신탁소득에 대한 수익권을 보유하는 경우를 규정한 IRC § 677 에 근거하여 위탁자과세를 적용받게 된다고 설명하고 있다.
(ii) 이준봉[2012], 274면은 유동화거래의 투자자들은 자산보유자에게 그 대가를 지급하거나 신탁에 현금 등을 무상으로 이전하는 방식으로 투자자의 지위를 취득하게 되고, 그 결과 유동화신탁의 투자자는 통상의 신탁의 수익자와는 다른 지위에 있다는 점을 강조하고 있다.
546) IRC § § 1,671-2(e)(1), (3); Peaslee/Nirenberg[2018], p. 7.
547) 이준봉[2012], 102면; 유동화거래에서 바로 제3자가 수익자로 지정되더라도, 개념적으로는 위탁자가 수령한 수익권을 제3자가 이전받은 것으로 볼 수 있고 그에 따라 위탁자 지위도 이전된 것으로 볼 수 있다는 의미이다. 이렇게 볼 수 있는 이유는 유동화거래에서 제3자는 무상으로 수익권을 취득하는 것이 아니라 자금을 투입하고 그에 대한 대가로 수익권을 취득하기 때문이다.

당하면 자동적으로 위탁자신탁 세제의 적용을 받게 되기 때문이다.

III. 위탁자신탁 세제의 실제 이용

1. 배경

결론적으로 유동화신탁이 위 제3절 III.에서 설명한 고정투자신탁 판단 기준을 충족하게 되면, 즉 세법상 신탁으로 인정되면 위 제4절 II.에서 본 바와 같이 미국 세법상 위탁자신탁이 되고 그 결과 이중과세 방지가 가능해 진다. 이는 앞서 North American Bond Trust 판결에서 쟁점이 되었듯이, 'association'으로 인정되어 미국 세법상 'corporation'으로 과세되는 경우와 비교하여 보면 중요한 차이이다. 이하에서 살펴보듯이, 초창기 유동화거래는 그 경제적 실질이 고정투자신탁 판단 기준에 잘 맞아 떨어지는 면이 있었고, 그에 따라 유동화거래 도입기에는 위탁자신탁을 이용한 거래 구조가 활발히 이용되었다.[548]

2. 위탁자신탁을 활용한 자산유동화의 거래 구조

위탁자신탁을 활용한 유동화거래에서 유동화신탁은 '고정된'(fixed) 모기지채권이나 기타 형태의 채권을 유동화자산으로 취득하고,[549] 한 종류의 패스스루 증권(pass-through certificate)을 발행한다. 패스스루 증권은 신탁재산을 구성하는 각 자산에 대한 '불가분 지분수익권'(undivided ownership interests)을 의미한다.[550] 이러한 형태의 유동화

---

[548] Kravitt et al.[2019], 10-7; 도입기가 명확히 언제인지 적시되어 있지는 아니하나, 1970년대 유동화거래 태동기를 가리키는 것으로 보인다.

[549] Peaslee/Nirenberg[2018], p. 4.

신탁은 통상적으로 채무증권을 발행하지 않고 패스스루 증권만을 발행하는데,551) 이는 유동화신탁이 보유하는 기초자산이 모기지채권 등의 채권의 형태를 띠므로, 그 현금흐름이 패스스루 증권 보유자에게 그대로 귀속되더라도 패스스루 증권 보유자는 실질적으로 채무증권을 보유한 것과 같은 현금흐름을 수취할 수 있기 때문이다.

위탁자신탁은 신탁을 투시하여 과세하게 되므로 이때 신탁 단계에서는 아무런 과세가 일어나지 않고,552) 패스스루 증권 보유자들이 신탁재산을 직접 소유하는 것으로 본다.

한편, 또 하나의 쟁점으로 만일 위탁자신탁에서 패스스루 증권 보유자가 해당 증권을 제3자에게 양도하는 경우에도 위탁자신탁의 요건이 계속해서 충족되는지 여부가 문제되었다. 유동화증권 투자자들에게는 증권의 매각을 통한 현금화가 가능하여야 하므로, 패스스루 증권의 제3자 매각 시 더 이상 위탁자신탁에 해당하지 않게 되면 유동화거래에 위탁자신탁의 형태를 이용하는 것 자체가 사실상 불가능하였기 때문이다. 이와 관련하여 다양한 논의가 이어져 왔으나, 2000년 재무부규칙은 위탁자로부터 수익권을 취득한 자도 위탁자에 포함되는 것으로 보는 규정을 신설하여 이를 입법적으로 해결

---

550) Revenue Ruling 84-10, 1984-1 C.B. 155; 이준봉[2012], 103면; '불가분'(undivided)이란 각 수익자가 신탁재산을 구성하는 각 자산을 분리하여 소유할 수 없다는 의미로, 분할되지 않은 전체에 대하여 가지는 지분이라는 점에서 비유하자면 우리나라의 공유지분과 유사하다.

551) Peaslee/Nirenberg[2018], p. 383; 초창기 위탁자신탁을 활용한 거래에서는 유동화신탁이 확정수익부 수익권을 따로 발행하지 아니하고, 한 종류의 패스스루 증권만을 발행하였다. 이는 확정수익부 수익권을 따로 발행하게 되면, 비록 그 경제적 실질은 채무증권으로서의 성격을 가지고 있음에도 불구하고 그 법적 형태가 수익권의 모습을 띰에 따라, 과세당국이 수종의 '지분'수익권이 발행된 것으로 판단할 위험이 있었기 때문이다. Peaslee/Nirenberg[2018], p. 51.

552) *Id.*, p. 384.

하였다.553)

Ⅳ. 논의의 정리

위탁자신탁은 미국 세법상 신탁 중 그 경제적 실질이 위탁자가 직접 신탁재산을 보유하는 것으로 보아 과세하는 것이 타당한 경우를 위해 마련된 특칙이다. 위탁자신탁이 애초에 유동화신탁을 목적으로 제정된 규정이 아님에도 불구하고, 유동화거래 태동 이래 위탁자신탁을 활용한 유동화거래 구조가 활발히 이용되어 온 것은 유동화거래의 경제적 실질이 위탁자신탁에 부합하는 측면이 있었기 때문이다.

유동화거래는 그 경제적 기능을 달성하기 위해서 유동화신탁이 모기지채권 등의 기초자산을 단순히 보전 및 관리하도록 하는 한편, 기초자산의 시장가치 변동에 따른 투자이익을 추구하는 것을 엄격히 통제한다. 그 결과 이는 고정투자신탁 기준 중 투자변경권한 기준에 부합하는 효과를 가져 왔다.

또한 유동화거래에서 수익자는 자신이 직접 신탁에 자금을 투입하여 그 대가로 수익권을 취득하게 되므로 위탁자신탁의 요건도 자동적으로 충족하게 된다. 즉, 위탁자신탁의 요건은 신탁재산이 변경되지 아니하고, 수익자가 각 신탁재산에 대한 지분수익권을 보유하는 경우 충족될 가능성이 높아지는데,554) 초창기 유동화거래의 경제적 실질이 이에 부합하였던 것이다.

다만, 유동화신탁이 투자변경권한 기준을 충족하기 위해서는 '고정된' 채권을 보유하여야 하고, 단일 지분수익권 기준을 충족하기 위

---

553) *Id.*, 387-388; IRC §§ 1.671-2(e)(1), (3).
554) Peaslee/Nirenberg[2018], p. 302.

해서는 한 종류의 수익권을 발행하여야 한다. 그 결과 유동화거래가 '리볼빙'(revolving) 채권의 특징을 갖는 신용카드채권(credit card receivables)을 기초자산으로 하거나, 유동화증권의 지급 순위를 달리하는 'sequential pay' 형태[555] 등의 수종의 지분수익권을 발행하는 경우는 세법상 신탁이 아니라 'association'으로 분류되어 위탁자신탁 세제를 이용할 수 없다는 한계가 발생하게 되었다. 이러한 상황에서 이중과세 방지 효과를 거둘 수 있는 새로운 방안으로 등장한 것이[556] 채무증권 발행의 성격을 띠는 이른바 '페이스루 증권'(pay-through certificates) 또는 '패스스루 채권'(pass-through debt certificates)의 발행을 통한 유동화거래 구조이다.[557] 그러나 페이스루 증권 및 패스스루 채권을 발행하는 경우에도 유동화거래와 관련한 법적 위험을 완전히 해소하지는 못하였는데,[558] 이러한 법적 위험을 해소하고 이른바

---

[555] 제5장 제2절 II. 2. 4) 나) ① 예시 1 참조.

[556] Peaslee/Nirenberg[2018], p. 37; 그 시기가 명확히 적시되어 있지는 아니하나 REMIC이 도입되기 이전인 1970년대 후반 ~ 1980년대 초반을 가리키는 것으로 보인다.

[557] (i) 페이스루 증권은 법적 실체(legal entity)가 보유하는 자산을 담보로 발행하는 채무증권(debt obligation)을 말한다. 페이스루 증권의 보유자는 채무증권을 보유하는 것이므로 유동화신탁의 기초자산에 대하여 직접적인 권리를 갖지는 아니한다. Peaslee/Nirenberg[2018], p. 35.
(ii) 이에 비해 패스스루 채권이란 민사상 채무증권의 형식을 취하지 않으면서도 그 실질은 채무증권의 특징을 갖는 수익증권을 의미한다. Peaslee/Nirenberg[2018], pp. 20, 50.
(iii) 페이스루 증권 또는 패스스루 채권의 발행을 통한 유동화거래 구조에 대한 상세한 논의로는 Peaslee/Nirenberg[2018], pp. 35-39, 50-54; 이준봉[2012], 108면, 124-127면 각 참조. 참고로 이준봉[2012], 82면은 pay-through certificates을 '구조화 이체증권'으로, pass-through debt certificates을 '이체채권'으로 각각 번역하고 있다.

[558] 페이스루 증권을 발행하는 경우는 유동화기구의 과소자본(thin capitalization) 보유 문제가 생기는가 하면 기초자산과 페이스루 증권 간의 유사성 (close matching) 인정 등으로 인해 페이스루 증권이 채무증권이 아니라 지

'환영(幻影)소득'(phantom income)[559]에 대한 과세 장치를 마련하고자 등장한 것이 미국 세법상 유동화 특례기구인 REMIC과 FASIT이다. 이하 제6장에서 보다 상세히 살펴보기로 한다.

분증권으로 재분류될 위험이 있었고, 패스스루 채권의 경우는 앞서 본 바와 같이(각주 551) 그 경제적 실질이 채무증권과 거의 유사하게 구성되었음에도 불구하고, 수익권의 형식을 취함에 따라 세법상 채무로 인정받지 못할 가능성이 상존하였다. Peaslee/Nirenberg[2018], pp. 51, 163.

[559] 본 연구에서 상세히 살펴보지는 아니하나, '환영소득'이란 유동화거래의 기초자산에서 발생하는 이자소득에 비하여 유동화증권에 지급되는 이자비용 지급이 지연되는 경우 유동화증권 투자자가 누리는 과세이연효과를 가리키는 개념이다. 유동화거래에서의 '환영소득'과 관련한 자세한 논의는 Peaslee/Nirenberg[2018], pp. 872, 874-876; 이준봉[2012], 351-353면 각 참조.

제6장

유동화신탁 소득 과세에 관한 미국법상 특례 검토

제1절 논의의 배경 및 구성

우리나라에서는 세법이 유동화신탁에 대하여 별도의 과세제도를 마련하고 있지 않은 데 비해, 미국은 REMIC이나 FASIT과 같은 세법상 유동화거래 특례 기구를 두거나 두었었고, 본 연구에서 자세히 살펴보지는 않으나 일본의 경우에도 일본 자산유동화법상 유동화신탁에 해당하는 특정목적신탁560)에 대하여는 법인과세를 적용하고 이익분배액을 손금산입 하도록 하는 별도의 특칙을 마련하고 있다.561)

특히 미국의 REMIC과 FASIT은 제5장에서 살펴본 위탁자신탁 세제에서의 논의가 보다 구체화된 형태로 구현된 것으로서, 유동화기구 자체는 도관(transparent entity)으로 보면서도 관련된 소득을 계산할 때에는 각각의 선순위증권은 과세 목적상 채권의 성질을 가진 것으로 보아 그 보유자에게 지급하는 이자비용을 손금 산입이 가능하도록 하였다는 점에서, 유동화증권의 발행과 관련한 과세제도의 진일보를 이룬 것으로 평가된다.

제6장은 미국의 유동화신탁 소득 과세제도에 관한 두 번째 장이다. 제5장에서는 과거의 미국의 유동화거래에 일반적으로 적용된 제도로서 위탁자신탁 세제를 살펴보았고, 제6장에서는 최근이나 현재 미국의 유동화거래에 적용되었거나 여전히 적용되고 있는 과세 특례를 살펴본다.

---

560) 일본 자산유동화법 제2조 제13항.
561) 일본 조세특별조치법 제68조의 3의2; 같은 법 시행령 제39조의 35의2.

제2절 REMIC 검토

Ⅰ. 의의 및 등장 배경

REMIC(real estate mortgage investment conduit)[562]은 '고정된' 부동산 모기지채권 '풀'(pool)을 기초자산으로 하는 미국 세법상 유동화거래 특례기구이다.[563] REMIC은 미국 세법이 직접적으로 유동화거래의 규율을 목적으로 도입한 유동화기구라는 점에서 제5장에서 살펴본 위탁자신탁 방식과는 근본적으로 그 성격을 달리한다.

미국에서 1986년 REMIC이 도입된 배경은 크게 4 가지로 나누어 볼 수 있는데, 그 중 본 연구와 관련되는 바는 위탁자신탁의 방식을 취하는 경우 유동화증권의 지급 순위를 달리하는 수종의 유동화증권을 발행하는 데 한계가 있었다는 점이다.[564]

REMIC은 모기지채권을 유동화자산 '풀'(pool)로 하면서 유동화증권을 발행하는 유동화기구를 대상으로, 그 '기능적 특징'(functional

---

[562] 참고로 이미현/정영민/설윤정/조석희/이익재[2017], 393면은 REMIC을 '부동산 저당채권 투자기구'로 번역하고 있다.

[563] IRC §§ 860A – 860G.

[564] (i) Peaslee/Nirenberg[2018], p. 46.
(ii) 그 밖에 REMIC의 도입 배경으로 ① 앞서 언급한 바와 같이(각주 558 참조), 페이스루 증권을 발행하는 경우는 수종의 유동화증권 발행이 가능해지나, 유동화기구의 과소자본 보유 문제 또는 기초자산과 페이스루 증권 간의 유사성 인정 등으로 인해 미국 세법상 지분증권으로 재분류될 위험이 있었던 점, ② 페이스루 증권이 설령 채무증권으로 인정되더라도 미국 세법상 부동산 모기지채권으로 인정받지 못하는 불이익 등이 있었던 점, ③ 페이스루 증권을 발행하는 유동화기구에서 지분증권 보유자에게 '환영소득'(각주 559 참조)이 발생할 가능성이 있었던 점 등이 지적된다. Peaslee/Nirenberg[2018], p. 46.

characteristics)에 초점을 두어 도입한 제도이므로 유동화기구의 법적 형식(legal form)에는 제한이 없다.565) 따라서 민사법상 신탁, 법인 및 파트너십뿐 아니라 별도의 법적 실체(legal entity)가 아닌 단순히 '분리된 모기지채권 풀'566)(segregated pool of mortgages)의 형태도 가능하다.567) 다만, 실무에서는 대부분 민사법상 신탁의 방식으로 REMIC이 설정되고 있다.568)

한편, REMIC은 그 적용대상이 되는 유동화기구의 기초자산을 모기지채권으로 한정하고 있는데, 이에 관한 특별한 정책적 이유를 찾기는 어렵다.569) 다만, 1986년 REMIC 입법 당시 모기지채권 유동화 시장의 시장참여자들이 이를 주도한 데서 그 원인을 찾아볼 수 있다는 설명이 있다.570)

---

565) 재무부규칙 §§ 1.860D-1(a), 1.860D-1(c)(3); Id., p. 447.
566) 여기서 '풀'(pool)이란 법적 실체(legal entity) 내의 채권의 집합 일부를 의미한다. 결국 아무런 법적 형식도 없다는 뜻도 된다.
567) 재무부규칙 § 1.860D-1(c)(1); Peaslee/Nirenberg[2018], p. 447.
568) Id., p. 20.
569) Id., p. 46.
570) Id.

II. 요건571)

모기지채권을 기초자산으로 하는 유동화기구가 REMIC에 해당하기 위해서는 자산 기준(asset test), 권리 기준(interest test) 등 일정한 적격요건을 충족하여야 한다.

1. 자산 기준(asset test)

1) 개요

REMIC의 자산은 '개시 기간'(initial period)572)을 제외한 모든 기간에 대하여 '사실상 모든'(substantially all) 자산573)이 '적격모기지'(qualified mortgage)와 '허용된 투자'(permitted investments)로 구성되어야 한다.574)

---

571) (i) 본 연구는 유동화신탁 소득의 과세제도 설계를 목적으로 하는바, REMIC과 관련하여서도 그 적격요건(자산 기준, 권리 기준)과 REMIC 과세의 기본 골자 및 그러한 골자를 갖게 된 배경과 취지에 중점을 두어 살펴보기로 한다. REMIC 과세 전반에 대한 상세한 설명을 담은 외국 문헌으로는 Peaslee/Nirenberg[2018], Chapter 7-8; Kravitt et al.[2019], chapter 16, 국내 문헌으로는 이준봉[2012], 135-171면; 이미현/정영민/설윤정/조석희/이익재[2017], 393-395면 각 참조.
(ii) 이준봉[2012], 343-388면은 국내 문헌으로는 거의 유일하게 미국 REMIC 과세제도를 우리나라 실정에 맞게 도입하는 것을 골자로 하는 이른바 '저당유동화기구'의 요건 및 운영에 관한 세법상 논의를 전개하고 있다.
572) REMIC '개시일'(startup day)로부터 3개월 이내의 기간을 말한다. '개시일'(startup day)이란 REMIC이 선순위증권과 잔여권을 모두 발행한 날을 의미한다. 이준봉[2012], 136면 참조.
573) REMIC의 자산 중 99% 이상의 자산이 적격모기지와 허용된 투자로 구성되어야 해당 요건을 충족하게 된다(Kravitt et al.[2019] 10-36 참조). 결국 '사실상 모든'이라는 말이 여기서는 99% 라는 수치로 표현된 셈이다.
574) IRC § 860D(a)(4); Peaslee/Nirenberg[2018], p. 462; 이준봉[2012], 142면.

허용된 투자는 '현금흐름 투자자산'(cash flow investments), '적격적립자산'(qualified reserve assets), '담보권실행자산'(foreclosure property)으로 구성된다.575)

자산기준은 REMIC의 업무 범위를 결정하는 데 있어서 핵심적인 기능을 담당한다.576) REMIC 자산 기준은 REMIC이 '고정된' 모기지채권을 취득하고 보유하는 것만을 허용하고, 취득한 모기지채권을 다른 자산으로 바꾸는 것도 개시 기간 이내에만 가능하다.577)

2) 적격모기지(qualified mortgage)

REMIC이 취득할 수 있는 적격모기지는 부동산에 대한 권리(interest)에 의해 주로 담보되는 일체의 채권(any obligation) 또는 REMIC 개시일에 이미 효력이 발생한 '고정가격계약'(fixed-price contract)578)에 따라 개시 기간 이내에 취득하게 되는 일체의 채권 등을 말한다.579)

---

575) Peaslee/Nirenberg[2018], p. 462; '현금흐름 투자자산', '적격적립자산', '담보권실행자산'이라는 용어의 우리말 번역은 이준봉[2012], 142면을 참조하거나 이를 일부 수정한 것이다.

576) Id; 이는 유동화거래 전반에 걸쳐서 가장 핵심적으로 검토되어야 할 쟁점 중 하나를 압축적으로 설명한 문장으로 볼 수 있다. 유동화자산의 성격과 유동화기구의 업무 범위는 상호 밀접한 관련이 있기 때문이다. 이에 대하여는 제7장 제2절에서 살펴본다.

577) Id.

578) '고정가격계약'(fixed-price contract)의 개념 자체가 법령상 명확히 적시되어 있지는 아니하나, '고정가격'(fixed-price)이라는 개념의 취지는 가격이 시가에 연동되어 결정되지 않도록 하는 데 있다는 설명이 있다. Peaslee/Nirenberg [2018], p. 488.

579) IRC § 860G(a)(3); Id., p.465; 이준봉[2012], 143면; 그 밖에 REMIC에 대한 선순위증권(REMIC regular interest), 적격대체모기지(qualified replacement mortgages) 등도 적격모기지에 포함된다. IRC §§ 860G(a)(3)(B)-(C).

즉, REMIC은 Rule 3a-7에서 규정하고 있는 현금흐름 발생자산[580] 중 부동산에 대한 권리를 담보로 하는 모기지채권만을 그 대상으로 하고 있다. 나아가 아직 모기지채권 자체가 발생하지 않은 경우라면, '고정가격계약'으로서의 요건을 충족하는 모기지채권에 관한 기본계약이 REMIC 개시일에 이미 효력이 발생하고 있는 상태에서, REMIC 개시 기간 이내에 해당 모기지채권을 취득할 것을 요구하고 있다.

3) 허용된 투자(permitted investments)

가) 개요

REMIC은 적격모기지 이외에도 허용된 투자에 해당하는 경우는 그에 따른 자산을 보유할 수가 있다. 이는 REMIC이 발행하는 유동화증권의 지급이나 모기지채권의 신용도 또는 유동성을 보강하는 내용의 약정 및 이에 수반하여 모기지채권의 회수 및 유동화증권 지급을 위해 필요한 자산으로서의 성격을 갖는다.

나) 현금흐름 투자자산(cash flow investments)

현금흐름 투자자산은 적격모기지에서 현금흐름이 발생하는 시점과 유동화증권 지급일 사이의 일시적 간격이 발생하는 시기에 해당 현금흐름을 투자한 자산을 의미한다.[581] 적격모기지에 단순히 수반하여 체결되는 신용보강계약에서 발생하는 현금흐름도 여기에 포함되어 허용된다.[582] 다만, 현금흐름 투자자산은 이자소득의 성질(the

---

580) 현금흐름 발생자산의 의의 및 성격에 대하여는 제4장 제2절 III.에서 이미 살펴본 바 있다.
581) Peaslee/Nirenberg[2018], p. 495.
582) 재무부규칙 § 1.860G-2(g)(1)(ii).

nature of interest)을 갖는 수익을 발생시키는 소극적 투자자산(passive investments)만을 대상으로 해야 하며,583) 일시적 투자기간은 13개월을 초과할 수 없다.584)

만일 현금흐름 투자자산의 만기 도래 이전 처분을 통해 투자이익이 발생하는 경우는 '금지거래세'(tax on prohibited transactions)585)가 부과되므로586) 사실상 그 처분이 제한되고, 이로써 해당 투자이익에 대하여는 이중과세 방지 효과가 차단된다.587) 다만, 미국의 유동화 실무에서는 통상 현금흐름 투자자산의 만기가 유동화증권의 지급일 이전에 도래하도록 하여, 유동화증권 지급을 위해 현금흐름 투자자산의 만기 도래 이전에 이를 처분해야 하는 상황이 일어나는 것 자체를 사전에 방지하고 있다.588)

다) 적격적립자산(qualified reserve assets)

적격적립자산이란 REMIC이 REMIC에 유입되는 현금흐름만으로 유동화증권 지급 예정일에 해당 자금을 지급하는 것이 부족해지는 상황에 대비하여, REMIC 비용 및 REMIC 선순위증권과 잔여권에 대한 완전한 지급을 보장할 목적으로 적립하는 합리적인 수준의 일체의 적립금을 말한다.589)

---

583) 재무부규칙 § 1.860G-2(g)(1)(i).
584) 재무부규칙 § 1.860G-2(g)(1)(iii).
585) '금지거래세'(tax on prohibited transactions)에 대하여는 이하 REMIC의 과세 부분에서 살펴본다; '금지거래세'라는 용어의 우리말 번역은 이준봉[2012], 147면을 참조하였다.
586) IRC § 860F(a)(2)(D).
587) 이는 유동화기구가 유동화자산의 시장가치 변동에 따른 투자이익 실현을 목적으로 이용될 가능성을 차단하기 위함이다.
588) Peaslee/Nirenberg[2018], p. 497; 우리나라의 유동화거래 실무에서도 통상 업무위탁계약서에 이러한 취지의 규정을 포함하고 있다.

적립금이 합리적으로 요구되는 수준을 초과하는 경우에는 즉시 적절히 감소되어야 한다.[590]

라) 담보권실행자산(foreclosure property)

담보권실행자산이란 REMIC이 보유하는 적격모기지의 채무불이행(default) 또는 임박한 채무불이행(imminent default)으로 인해 REMIC이 취득하게 되는 부동산 등을 말한다.[591] REMIC은 예외 사유를 제외하고는 해당 부동산을 취득한 날이 속하는 연도의 다음 연도부터 3년 동안만 담보권실행자산을 보유할 수 있다.[592]

REMIC이 담보권실행자산에 대하여 임대차계약을 체결하는 것은 원칙적으로 허용되나, REIT(Real Estate Investment Trusts) 과세 요건[593]에서 규정하는 바를 충족하지 못하는 임대료 소득이 발생하면[594] 더 이상 허용된 투자의 범위에 해당하지 않게 되고, 당해 소득에 대하

---

589) IRC § 860G(a)(7)(B); 재무부규칙 § 1.860G-2(g)(2); Kravitt et al.[2019], 16-77.

590) 재무부규칙 § 1.860G-2(g)(3)(ii)(A); 이는 적격적립자산이 선순위증권과 잔여권에 대한 완전한 지급을 보장하는 데 필요한 수준을 넘어서서 적립되어 그 외의 용도로 이용되는 상황을 차단하기 위함이다. 초과되는 적격적립자산이 어떻게 분배되어야 하는지에 대하여는 관련 규정에서 명확히 규정하고 있지 않으나, 선순위증권 보유자 및 잔여권 보유자 각각에게 원금 상환 방식 등으로 분배될 수 있다고 보는 견해가 있다. Peaslee/Nirenberg [2018], p. 499.

591) IRC § 860G(a)(8).

592) IRC § 856(e)(2).

593) 부동산투자신탁의 성격을 갖는 REIT와 그 주주에 대하여는 RIC와 그 주주에 대하여 적용되는 것과 유사한 방식으로 과세된다. REIT로 과세되기 위해서는 자산의 75% 이상이 부동산, 부동산모기지에 대한 권리 등으로 구성되어야 한다는 요건, 총수입금액의 75% 이상이 부동산, 부동산모기지에 대한 권리와 그 권리의 처분으로부터 발생해야 한다는 요건 등이 충족되어야 한다. IRC §§ 856-859; 이준봉[2012], 313면 참조.

594) IRC § 856(e)(4).

여 금지거래세가 과세된다.595) 이러한 임대료 소득을 발생시키는 행위는 REMIC의 업무 범위에서 배제하겠다는 취지이다. 그 결과 이러한 임대료 소득의 발생이 사실상 제한되는 효과가 나타난다.

2. 권리 기준(interest test)

1) 개요

REMIC에 대한 권리는 선순위증권(regular interests)과 잔여권(residual interests)의 두 가지 형태로만 구성되어야 한다.596) 선순위증권은 수종의 증권 발행이 가능하나,597) 잔여권은 한 종류의 증권으로만 발행되어야 하고 잔여권 보유자에게 지급되는 모든 '분배'(distributions)는 지분율에 비례하여 이루어져야 한다.598)

2) REMIC 선순위증권

REMIC에 대한 권리 중 선순위증권은 공개시장에서 거래되는(publicly traded)599) 증권이다. 수종의 선순위증권을 발행하여 시장에 유통시키

---

595) Peaslee/Nirenberg[2018], p. 504; 그 외 담보권실행자산과 관련하여 IRC § 856(e)(4)에서 규정하는 일정한 사건(event)이 발생하는 경우에도 100% 금지거래세가 과세된다.

596) (i) IRC § 860D(a)(2); 재무부규칙 § 1.860D-1(b).
(ii) 참고로 이준봉[2012], 83면은 'regular interests'를 '정규청구권'으로, 'residual interests'를 '잔여청구권'으로 번역하고 있고, 이미현/정영민/설윤정/조석희/이익재[2017], 394면은 순서대로 '통상수익권', '잔여수익권'으로 번역하고 있다.

597) Kravitt et al.[2019] 16-46.

598) IRC § 860D(a)(3); 이미현/정영민/설윤정/조석희/이익재[2017], 394면.

는 것이 REMIC의 설정 목적이라고 할 수 있으므로 미국에서도 REMIC 선순위증권의 성격 및 운영에 대해 논의가 집중되고 있다.[600]

REMIC 선순위증권이 갖추어야 할 요건은 다음과 같다.

① '개시일'에 '고정된' 조건[601]으로 발행되고, 선순위증권으로 지정될(designated) 것[602]
② 선순위증권 보유자에게 특정액의 원금 또는 기타 유사한 금액[603]을 수취할 권리를 무조건적으로(unconditionally) 부여할 것[604]
③ 선순위증권과 관련하여 이자 지급액(interest payments) 또는 기타 유사한 금액이 지급되는 경우, (i) 고정 이율(또는 규칙에 근

---

599) (i) '공개시장에서 거래되는(publicly traded)'의 의미는 확립된 증권시장(established securities market)에서 거래되거나, 유통시장(secondary market)이나 이와 실질적으로 유사한 시장(the substantial equivalent)에서 손쉽게 거래되는 경우를 말한다. IRC § 7704(b); 이미현/정영민/설윤정/조석희/이익재[2017], 391면.
(ii) 이와 유사하게 금융 분야에서도 '공개적으로 거래되는 증권시장'은 표준화된 금융상품(증권)이 거래되고 투자자들이 일반적으로 접근할 수 있는 조직화된 자본시장을 가리키는 개념으로 쓰이고 있다. 김건식 등 역, 회사법의 해부[2020], 446면.
600) Peaslee/Nirenberg[2018], p. 8.
601) 이는 이미 발행된 선순위증권의 조건을 임의로 변경하여 선순위증권의 원금 및 이자 요건을 회피하려는 시도를 차단하기 위함이다. Peaslee/Nirenberg[2018], p. 604.
602) IRC § 860G(a)(1).
603) 선순위증권이 채무증권의 형식을 띠지 않는 경우에 적용된다. 이준봉[2012], 140면.
604) IRC § 860G(a)(1)(A); Peaslee/Nirenberg[2018], p. 638-639는 이러한 조건이 부여된 이유를 선순위증권이 전통적인 채권(conventional debt)의 경제적 특징을 갖게끔 하려는 것으로 보면서, 구체적으로 원금 및 원금의 상환일이 유동적으로(contingent) 정해지지 않도록(unconditionally) 하기 위한 것으로 설명하고 있다.

거한 범위 내에서는[605] 변동 이율에 기초하여 정해지거나 또는 (ii) 적격모기지에서 발생하는 이자수익의 특정 부분(specified portion)[606]으로 구성되고 해당 부분이 선순위증권이 존속하는 기간 동안 변경되지 아니할 것[607]

이 중 요건 ②는 선순위증권 투자자가 특정 원금 등을 수취할 무조건적인 권리를 보유하도록 규정하고 있으나, 특정 원금 등의 지급 시기, 선순위증권 보유자들 사이에 또는 선순위증권 보유자와 잔여권 보유자 사이에 특정 원금 등이 배분되는 방식 등에 대하여는 특별한 제한을 두고 있지 않다.[608] 이를 통해 REMIC의 경우에는 세법상 채무증권의 지위를 유지하면서도 'fast-pay and slow-pay' 구조[609] 등 유동화증권의 지급 순위를 달리하는[610] 수종의 증권을 자유롭게 발행하는 것이 가능해진다.[611]

한편, REMIC은 그 법적 형식에 구애받지 아니하므로 선순위증권도 채무증권, 주식, 파트너십 지분, 수익권 등 다양한 형식으로 발행 가능하다.[612] 다만, 선순위증권이 채무증권의 형식을 취하지 않는 경

---

605) 여기서 규칙이란 재무부규칙 § 1.860G-1(a)(3)에서 정하는 기준을 말하는 것으로, 인덱스(index) 또는 적격모기지의 가중평균이자율 등에 기초하여 산출된 변동이율을 의미한다.

606) 가령, REMIC이 10개의 적격모기지를 보유하고 있고, 각 모기지에서 8% ~ 10%의 고정이율로 이자가 발생하는 경우, 이 중 '8%를 넘어서서 발생하는 모든 이자 부분'을 이자수익의 특정 부분으로 구성하는 것이 가능하다. Peaslee/Nirenberg[2018], p. 626 참조.

607) IRC § 860G(a)(1)(B).

608) Peaslee/Nirenberg[2018], p. 644.

609) 제5장 제3절 Ⅲ. 2. 2) 예시 1. 참조.

610) 지급 순위는 달리하나 원금 및 원금의 상환일은 미리 정해진다는 점에서 무조건적인(unconditionally) 권리로서의 성격은 유지된다.

611) Id., pp. 644-645.

우, 해당 선순위증권에는 특정한 원금(specified principle amount)이란 것이 나타나지 않게 되므로, 이때는 해당 선순위증권이 채무증권의 형식을 취하였다면 원금에 해당하였을 부분에 상응하는 특정 금액[613]이 확인되어야 선순위증권의 요건을 갖출 수 있다.[614]

3) REMIC 잔여권

REMIC 잔여권은 REMIC에 대한 권리 중 REMIC 선순위증권이 아닌 권리를 의미한다.[615] REMIC 잔여권은 REMIC 개시일(startup day)에 발행되어야 하고 REMIC 잔여권으로 지정되어야 한다.[616]

앞서 살펴본 바와 같이,[617] 시장기반 신용중개의 일환으로서 일종의 그림자 금융으로 기능하는 유동화거래에서 유동화증권의 투자자들은 채무증권의 경제적 실질을 갖는 투자 위험이 낮은 안정적인 자산을 원하게 된다. 이에 따라 REMIC 잔여권은 매력적인 투자 수단으로 기능하기 어렵고,[618] 실제로 REMIC 잔여권 등 유동화기구가 발행한 잔여권이 공개시장에서 거래되는(publicly traded) 경우는 찾아보기 어렵다.[619][620]

---

612) Staff of Joint Comm. on Taxation, 100th Cong., Gen. Explanation of the Tax Reform Act of 1986 (1987), p. 415 [Kravitt et al.[2019] 16-46, 47에서 재인용].
613) 위 요건 ② 중 '기타 유사한 금액'에 해당한다.
614) Id.
615) IRC § 860G(a)(2).
616) IRC § 860G(a)(2).
617) 제2장 제2절 참조.
618) Peaslee/Nirenberg[2018], p. 8.
619) Gorton(2009), p. 24.
620) 한편, REMIC 요건으로는 위에서 살펴본 자산 기준 및 권리 기준에 더하여, '미국연방 정부 등의 비적격단체(disqualified organization)가 잔여권을 보유

III. REMIC 과세

1. REMIC 단계의 과세

REMIC으로 취급받기 위해서는 납세의무자가 REMIC 과세의 적용을 받을 것을 선택(election) 하여야 한다.[621] REMIC에 해당하면 원칙적으로 REMIC 단계에서는 납세의무를 부담하지 않고, 'corporation', 파트너십 또는 신탁으로 간주되지 아니한다.[622] 그 대신 REMIC의 소득은 REMIC 규정에 따라 REMIC에 대한 권리의 보유자에게 과세된다. 즉, REMIC 선순위증권은 그 법적 형태에 상관없이 세법상 채권(debt instrument)으로 취급되고,[623] 그에 따라 선순위증권 보유자가 수취하

하지 않도록 담보할 수 있는 약정을 채택할 것' 등의 약정 기준(arrangement test)이 있다[IRC § 860D(b)(1), IRC § 860D(a)(6)(B)]. 연방 정부 등이 REMIC 잔여권자가 되어 REMIC 잔여권 과세의 대상이 되는 상황을 미연에 차단하기 위한 조치이다. 이에 대한 상세한 설명으로는 Peaslee/Nirenberg[2018], pp. 505-508; 이준봉[2012], 146-147면 각 참조.

[621] (i) IRC § 860D(a)(1).
(ii) 한편, 주로 모기지채권을 기초자산으로 하고 수종의 유동화증권을 발행하는 유동화기구가 REMIC 과세를 선택하지 않은 경우, (i) 자산 구성 기준(asset composition tests), (ii) 둘 이상의 만기를 가진 유동화증권 발행 기준(two or more maturities), (iii) 관계 기준(relationship test) 등을 충족하게 되면 TMP(Taxable Mortgage Pools) 과세의 적용을 받게 된다. 이 경우 유동화기구의 법적 형태와 무관하게 세법상 'corporation'으로 간주되어 과세된다[재무부규칙 § 301.7701(i)]. TMP 과세에 관한 상세한 설명은 Peaslee/Nirenberg[2018], p. 328; 이준봉[2012], 164-170면 각 참조.

[622] IRC § 860A(a); Peaslee/Nirenberg[2018], p. 508. 다만, 조세 절차 및 행정, 보고 의무(Tax Reporting)와 관련한 IRC subtitle F 적용 시에는 REMIC은 파트너십으로, REMIC 잔여권 보유자는 파트너로 각각 간주된다. Kravitt et al.[2019], 16-60.

[623] IRC § 860B(a); 본 연구에서 '세법상 채권'이라 함은 해당 권리의 보유자에게 지급하는 비용이 과세 목적상 이자로서 공제될 수 있는 경우(이창희

는 금원은 미국 세법상 일반적 의미의 이자로 간주된다.[624] REMIC 잔여권 보유자에 대하여는 REMIC 단계에서 과세소득 또는 순손실을 산정한 후 REMIC이 잔여권 보유자에게 실제로 이를 분배하였는지 여부와는 무관하게 모두 잔여권 보유자의 과세소득 또는 손실로 처리한다.[625] 이때 REMIC 선순위증권 보유자에 지급하는 금원은 REMIC 단계에서 과세소득 또는 순손실 산정 시 손금으로 인식된다.[626]

다만, 아래의 경우는 예외적으로 REMIC 단계에서 과세된다.[627] 이러한 경우는 REMIC을 납세의무자로 보는 것이다.

1) 금지거래세(Prohibited Transaction Tax)

금지거래세는 그 명칭에도 불구하고 해당 거래 자체를 금지하는 것은 아니다.[628] 그 대신 금지거래에 해당하는 경우는 해당 거래에서 발생한 순소득에 대하여 100%의 세금이 부과되어,[629] 해당 거래가

[2018], 35면 참조)를 가리키고, 수익권(beneficiary interest), 채무증권(debt security) 등 그 법적 형식에 상관 없이 이자비용의 손금산입이 가능한 경우는 모두 포함된다. 이때 공제의 대상이 되는 소득은 유동화기구 자체의 것 또는 잔여권자의 것이라고 말할 수 있을 텐데 실제로 누가 납세의무를 부담하는지 여부는 관련된 세법 규정에 따라 달라질 수 있다.

624) 이미현/정영민/설윤정/조석희/이익재[2017], 394면.
625) IRC § 860C(a)(1).
626) IRC § 860B(a).
627) 위 사유에 더하여 개시일 이후에 REMIC에 대한 출연이 일어나는 경우에도 REMIC 단계에서 과세가 이루어질 수 있으나(Tax on contributions after startup date, IRC § 860G(d)(1)), 현재 REMIC의 과세 체계 하에서 큰 의미를 갖는 규정은 아니다. Peaslee/Nirenberg[2018], pp. 514-515.
628) Peaslee/Nirenberg[2018], p. 509. 또 금지거래를 하더라도 REMIC으로서의 지위는 유지된다.
629) IRC § 860F(a)(1).

사실상 금지되는 효과가 있다. 금지거래의 유형으로는 (i) 일정한 예외[630]를 제외한 일체의 적격모기지의 처분, (ii) 적격모기지 및 허용된 투자를 제외한 기타 자산에서 발생하는 일체의 소득,[631] (iii) REMIC의 관리용역 제공에 따른[632] 수수료 또는 성과금의 수취, (iv) 현금흐름 투자자산[633]의 처분에서 발생하는 이익 등이 있다.[634]

2) 담보권실행자산에서 발생하는 소득에 대한 과세(Tax on income from foreclosure property)

REMIC이 보유하는 담보권실행자산에서 발생하는 순소득(net income)에 대한 과세를 말한다.[635] 이러한 상황은 REMIC이 모기지채권의 채무불이행으로 인해 담보권을 실행하여 해당 담보 부동산을 취득하는 경우에 발생하게 된다. REMIC이 해당 담보 부동산을 보유하고 관리하는 과정에서 순소득이 발생할 수 있기 때문이다.[636] 과세가 되는 순소득은 REMIC이 REIT라고 가정할 경우[637] IRC § 857(b)(4)(B)에 의해 결정되는 순소득을 의미하고, 해당 소득에 대하여는 최고

---

630) 일정한 예외에 해당하는 경우로는 (i) 적격모기지를 적격대체모기지(qualified replacement mortgage)로 대체하는 경우, (ii) 적격모기지의 담보권 실행, 채무불이행, 임박한 채무불이행에 수반하는 처분, (iii) REMIC의 도산(bankruptcy) 또는 지급불능(insolvency)에 따른 것, (iv) 적격청산(qualified liquidation)에 따른 것 등이 있다. IRC § 860F(a)(2)(A)(i)-(iv).
631) 아래에서 살펴보는 담보권실행자산을 이용하여 사업활동을 수행하는 경우 등이 이에 해당한다.
632) Peaslee/Nirenberg[2018], p. 509; 이준봉[2012], p. 148.
633) 위 II. 1. 3) 나)에서 살펴본 '현금흐름 투자자산'을 말한다.
634) IRC § 860F(a)(2).
635) IRC § 860G(c)(1).
636) Kravitt et al.[2019], 16-58.
637) 이 경우에는 REMIC의 실질이 REIT와 유사하다고 보는 것이다

법인세율[638]이 적용된다.[639]

한편, REMIC이 단순히 담보권실행자산에서 발생하는 임차료를 수취하는 것을 넘어서서, (i) IRC § 857(d)에서 규정하는 부동산 임차료가 아닌 다른 형태의 임차료를 수취하는 계약을 신규로 체결하거나, (ii) 특정한 건설 활동을 수행하거나, (iii) 해당 자산 취득 후 90일이 초과하는 기간 동안 독립된 계약자(independent contractor)를 통하지 않고 사업 활동(business activity)을 수행하는 경우에는 해당 자산은 더 이상 담보권실행자산에 해당하지 아니하고 이로 인해 발생하는 순소득에 대하여는 금지거래세가 부과된다.[640]

요컨대, 미국 세법은 REMIC 단계 과세에 있어서 원칙적으로 REMIC 단계에서는 납세의무가 발생하지 않도록 하여 기구 단계의 과세 방지가 가능하도록 하면서도, REMIC의 본래 목적, 즉 '고정된 모기지채권을 취득하고 해당 모기지채권에서 발생하는 현금흐름을 유지, 보존하여 이를 재원으로 유동화증권 지급액을 충당하는 활동'에서 벗어나는 일체의 소득에 대하여는 금지거래세 등을 부과함으로써 이러한 활동 자체를 엄격히 통제하고 있음을 알 수 있다. 그 이유는 REMIC이 자산유동화의 본래적 기능을 넘어서서 모기지채권에 대한 투자 수단으로 전용되는 것을 방지하는 데 있다고 볼 수 있다.

2. REMIC 선순위증권 과세

위 1.에서도 언급하였듯이, REMIC 선순위증권은 그 법적 형태에

---

638) IRC § 11(b)에서 규정하는 최고 세율을 말한다. 2023. 12. 현재는 21% 이다.
639) IRC § 860G(c); 이러한 순소득은 적극적 활동에 의한 소득의 성격을 띠어서 기구 단계에서의 과세 방지 혜택을 부여하는 것이 바람직하지 않기 때문이다. Peaslee/Nirenberg[2018], pp. 508-509.
640) *Id*., p. 518.

상관없이 세법상 채권(debt instrument)으로 취급된다.641) 이에 따라 REMIC 선순위증권 보유자가 수취하는 금원은 미국 세법상 일반적 의미의 이자로 간주된다.642)

REMIC 선순위증권을 세법상 채권으로 보는 것은 미국 세법상 집합투자에 대한 특례 제도라 할 수 있는 RIC 과세에서 RIC 투자자에 대한 분배금이 배당 등으로 과세되는 점643)과 뚜렷하게 대비된다.

이렇듯 미국에서는 금융규제법적 측면뿐만 아니라644) 과세 측면에서도 자산유동화와 집합투자기구를 구분하여 별개의 제도를 운영하고 있음을 알 수 있다.

한편, REMIC 선순위증권으로부터 발생하는 총소득 및 이자는 발생주의(accrual method) 방식에 따른 회계처리에 기초하여 인식하여야 한다.645) 유동화기구가 수입이자와 지급이자의 손익 인식시기를 달리하는 방식으로 과세이연효과를 누리는 것을 방지하기 위함이다.646)

3. REMIC 잔여권 과세

REMIC 잔여권 보유자는 REMIC 선순위증권 보유자에게 배분되지

---

641) IRC § 860B(a). 이와 관련하여서는 미 의회도 REMIC 선순위증권이 미국 세법의 모든 적용 목적상 채권으로 취급되도록 하는 것을 의도한 것이라는 설명이 있다. Staff of Joint Comm. on Taxation, 100th Cong., Gen. Explanation of the Tax Reform Act of 1986 (1987), p. 419 [Kravitt et al.,[2019], 16-62에서 재인용].
642) 이미현/정영민/설윤정/조석희/이익재[2017], 394면.
643) IRC § 852.
644) 제4장 제2절 내지 제4절 참조.
645) IRC § 860B(b).
646) 이준봉[2012], 344면; 이준봉[2012], 348면은 현금주의 방식으로 손익 인식시기를 일치시키는 방안도 있으나 이 경우 현금지급시기 자체가 납세의무자에 의해 결정될 수 있으므로 과세이연 방지에 효과적이지 못하다고 설명하고 있다.

않은 REMIC의 과세소득 또는 손실에 대하여 과세된다.[647] 배분된 것은 이자소득으로 REMIC 선순위증권 보유자에게 과세되고, 배분되지 않은 것은 REMIC 잔여권 보유자에게 과세되는 구조로서, 이로써 이중과세를 피할 수 있다. REMIC 잔여권 보유자는 REMIC 잔여권을 보유하는 과세연도 중 REMIC의 과세소득(taxable income) 또는 순손실(net loss)에서 '매일의 자신의 지분비율에 상응하는 부분'(his daily portion)을 자신의 소득 또는 손실로 인식하여야 한다.[648] '매일의 자신의 지분비율에 상응하는 부분'은 '각 역년상 분기말'(any calender quarter)마다 REMIC의 과세소득 또는 순손실을 각 잔여권 보유자의 매일 매일의 지분비율에 비례하여 배분하는 방식으로 결정한다.[649] REMIC의 과세소득은 발생주의 방식에 의해 산정되고,[650] REMIC 잔여권 보유자는 해당 소득 또는 손실을 경상이익(ordinary income) 또는 경상손실(ordinary loss)로 인식한다.[651]

REMIC 잔여권 보유자에 대한 과세 방식은 REMIC 단계에서 과세소득 또는 순손실이 산정되고, REMIC이 잔여권 보유자에게 실제로 이를 분배하였는지 여부와는 무관하게 모두 잔여권 보유자의 과세소득 또는 손실로 처리된다는 점에서 파트너십의 지분권과 유사하게 취급되는 면이 있다.[652] 이러한 점에서 REMIC은 REMIC 잔여권 보유자에 대한 과세에 있어서는 REMIC을 별도의 분리된 실체(separate entity)로 취급하고 있는 것으로 볼 수 있고, REMIC 잔여권 보유자는

---

647) IRC § 860C(a)(1).
648) IRC § 860C(a)(1).
649) IRC § 860C(a)(2).
650) IRC § 860C(b)(1).
651) IRC § 860C(e)(1).
652) Peaslee/Nirenberg[2018], p. 855; 이미현/정영민/설윤정/조석희/이익재[2017], 394면.

REMIC에 대한 권리를 보유하는 것으로서, REMIC이 보유하는 기초자산을 보유하는 것과 같이 취급되지는 아니한다는 설명도 있다.[653] 이는 위탁자신탁[654] 및 FASIT[655]의 경우 해당 신탁의 신탁재산을 신탁의 수익자 또는 잔여권 보유자가 직접 보유하는 것으로 보아 과세하는 점과 구분되는 특징이다.

Ⅳ. 검토

유동화기구가 미국 세법상 '유동화기구 단계의 과세'(issuer-level taxes) 문제를 해소하는 방식으로는 크게 ① 페이스루 증권과 같이 세법상 채무에 해당하는 유동화증권을 발행하여 그 이자비용을 손금에 산입하는 방식 또는 ② 위탁자신탁과 같이 유동화기구 자체가 도관(transparent)으로 간주되도록 하여 그 수익자에게 직접 과세되게 하는 방식이 있다.[656]

REMIC 과세제도는 이러한 두 가지 방식을 모두 채택하였다는 점에서 고유한 특징을 갖는다. REMIC 기구 자체는 도관(transparent entity)으로 보면서도, REMIC 선순위증권은 과세 목적상 채권으로 간주하여 REMIC 선순위증권 보유자에게 지급한 이자비용의 손금 산입이 가능하도록 하였기 때문이다.[657] 이러한 면에서 REMIC은 모기지채권을 기초자산으로 하는 유동화증권의 발행 관련 과세제도에서 두드러지

---

653) Peaslee/Nirenberg[2018], p. 871.
654) 제5장 제4절 참조.
655) 제6장 제3절 참조.
656) Peaslee/Nirenberg[2018], p. 22. 이에 더하여 미국 외의 국가에서 설립된 유동화기구를 이용한 방법 등도 활용 가능하다. Id.
657) Id.

는 진일보를 이룬 것으로 평가된다.[658]

특히 위탁자신탁 세제와 비교하여 볼 때, REMIC 과세와 관련하여 눈여겨 볼 점은 유동화자산의 범위, 유동화기구의 업무 범위, 유동화증권의 발행 구조의 각각의 측면에서 유동화거래가 과세 특례를 적용받기 위한 명확한 기준을 제시하고 있다는 점이다.

먼저 유동화자산의 범위와 관련하여, 위탁자신탁 세제는 유동화거래를 위해 따로 고안된 과세제도가 아니기 때문에 그 신탁재산의 범위에 대하여 별도의 제한을 두지 않고 있다. 가령, Rule 3a-7의 적격자산의 범위에 포함되지 아니하는 주식의 경우에도 위탁자신탁이 해당 주식을 단순히 보존할 목적으로 취득하는 것은 가능하다. 이는 고정투자신탁 판단 기준의 모태가 된 Chase National Bank 판결에서 다루어진 투자신탁의 거래 구조이기도 하다. 이에 비해 REMIC은 기초자산의 범위를 '고정된' 모기지채권 및 허용된 투자로 한정하고 있다.

유동화기구의 업무 범위와 관련하여서는 양자는 유사한 모습을 보이는데, 위탁자신탁 세제의 적용을 받기 위해 1단계로 충족하여야 하는 고정투자신탁 판단 기준에 의하면, 신탁계약에 따라 수탁자가 수익자의 투자대상자산을 변경할 권한을 보유하는 경우에는 세법상 신탁에 해당하지 않게 된다. REMIC도 금지거래세 부과 등을 통해 유동화기구의 유동화자산 처분을 엄격히 통제하고 있다.

유동화증권의 발행 구조와 관련하여서도 위탁자신탁 세제에서의 논의는 REMIC에서 그대로 구현되고 있는바, 위탁자신탁 세제의 적용을 받기 위해 1단계로 충족하여야 하는 단일 지분수익권 기준을 따라서, REMIC에서도 유동화기구가 선순위증권과 한 종류의 잔여권만을 발행하도록 규정하여 여러 종류의 지분증권이 발행되는 상황을 미연에 차단하고 있다. 다만, 선순위증권의 범주 안에서는 수종의

---

[658] *Id.*, p. 48.

증권을 발행할 수 있게 하여, 유동화증권의 지급 순위를 달리하는 등 시장에서의 다양한 투자 수요를 충족시킬 수 있는 여건을 조성하고 있다. 여기서 한 걸음 더 나아가 REMIC은 선순위증권의 요건을 갖춘 경우는 그 법적 형식에 상관 없이 세법상 채권으로 간주하는 특칙을 두고 있다. 결국 REMIC은 기존 위탁자신탁 세제의 내용을 업무 범위와 유동화증권의 발행 구조면에서 상당 부분 이어 받되, 유동화증권의 발행 구조 측면에서 탄력성을 구현한 제도로서, 다만 특정 종류의 자산만을 그 대상으로 인정한다는 특징이 있다고 요약할 수 있다. 이러한 REMIC의 구조는 아래에서 보는 FASIT에서도 상당 부분 유사하게 구현되고 있다.

다만, REMIC은 기초자산으로 현금흐름 발생자산 일반이 아닌 '고정된' 모기지 풀만을 허용하고 있는데,[659] 이러한 엄격한 제약이 FASIT의 입법을 가져오는 요인 중 하나로 작용하게 된다.

제3절 FASIT의 등장 및 폐지

I. 의의 및 등장 배경

'고정된' 모기지채권을 기초자산으로 하는 유동화기구를 대상으로 미국 세법상 REMIC이라는 특례가 제정됨에 따라 신용카드채권 등 '리볼빙' 채권을 기초자산으로 하는 유동화기구에 대하여도 REMIC에 상응하는 세법상 특례 제도를 마련해 달라는 요구가 자연스럽게 이어졌다.[660]

---

[659] *Id.*

신용카드채권은 통상 만기가 짧기 때문에 유동화기구에 지속적인 현금흐름이 발생하기 위해서는 개별 신용카드채권을 계속하여 교체해 주어야 한다.[660] 그런데 이 경우 법적인 측면에서는 '고정'투자신탁 판단 기준 중 투자변경권한 기준을 충족하지 못하게 될 위험이 있고,[661] 경제적인 측면에서도 유동화증권 투자자들에게 만기가 짧은 신용카드채권에 내재하는 조기상환 위험[663] 등이 이전되는 문제가 있다.[664]

이러한 시장의 요구에 부응하여 모든 종류의 채권을 그 적용 대상으로 하면서 기초자산의 교체도 가능케 하는 새로운 유동화기구 과세 특례인 FASIT이 1996년 도입되었다.[665]

다만, 아래에서 살펴보는 바와 같이 FASIT은 그 설계상의 기술적 문제로 인해 정작 유동화거래 시장참여자들 사이에서는 거의 이용되지 못하는 결과를 초래하였다. 여기에 엔론(Enron) 사태로 대변되는 과세 회피 수단으로의 악용 사례까지 드러남에 따라 결국 2004년 폐지에 이르게 된다.[666]

결국 미국에서 현재 유동화거래의 특례로는 모기지채권에 적용

---

660) *Id.*, p. 54.

661) *Id.*, p. 24.

662) *Id.*, p. 25.

663) 신용카드채권의 만기에 다다르기 전에 채무자가 조기에 상환할 가능성을 의미한다. 앞서 제5장 제3절 Ⅲ. 2. 2) 예시 1.에서 살펴본 바와 같이, 이 경우 유동화증권 투자자는 이자소득을 얻을 기회를 조기에 상실하게 될 위험에 처하게 된다.

664) *Id.*

665) Small Business Job Protection Act, IRC 860H – 860L; Peaslee/Nirenberg[2018], pp. 4, 54-55.

666) American Jobs Creation Act of 2004; Kravitt et al.[2019] 10-35; Peaslee/Nirenberg [2018], 59-60.

되는 REMIC이 남아 있을 뿐이고 그 밖의 채권을 비롯하여 다른 종류의 현금흐름 발생자산에 대하여는 여전히 일반적인 위탁자신탁 세제의 활용가능성이 열려 있을 뿐이다. 현재 미국의 유동화 실무에서는 초창기에 위탁자신탁을 이용한 거래에서 한 종류의 수익권만을 발행하였던 것과는 달리,[667] 확정수익부 수익권을 따로 발행하는 방식을 취하고 있고, 해당 확정수익부 수익권이 신용평가사로부터 높은 신용도의 투자등급을 부여받는 경우에는 세법상 채권으로 볼 수 있다는 내용의 법률자문의견서를 수취하는 방식으로 유동화거래가 이루어지고 있다.[668]

II. 요건[669]

REMIC과 마찬가지로 FASIT의 법적 형식(legal form)에는 제한이 없다. 따라서 민사법상 신탁, 법인, 파트너십 및 별도의 법적 실체(legal entity)가 아닌 단순히 '분리된 자산 풀'(segregated pool of assets)[670]의

---

667) 각주 551 참조.
668) Ford Credit Auto Owner Trust 2018-B Prospectus 참조(SEC에서 운영하는 EDGAR에서 열람 가능하다). 이는 앞서 각주 551에서 언급한 법적 위험이 완전히 해소되었다기 보다는(본 연구에서 살피듯이 이러한 법적 위험의 완전한 해소를 위해 FASIT이 도입되었으나, 여타의 부작용으로 인해 폐지된 바 있다), 유동화실무상 로펌의 법률자문의견서를 미리 수취하는 방식으로 그러한 위험을 완화해 두는 조치를 취하고 있는 것으로 이해해 볼 수 있다.
669) 본 연구는 유동화신탁 소득의 과세제도 설계를 목적으로 하는바, REMIC 검토에서와 마찬가지로 FASIT에 대하여도 그 적격요건(자산 기준, 권리 기준)과 FASIT 과세의 기본 골자 및 그러한 골자를 갖게 된 배경과 취지에 초점을 두어 살펴보기로 한다. FASIT 과세 전반에 대한 상세한 설명을 담은 외국 문헌으로는 Peaslee/Nirenberg[2001] , Chapter 16; Kravitt et al.[2019], 10-35 – 10-45, 국내 문헌으로는 이준봉[2012], 171-176면 각 참조.

형태로도 가능하다.[671]

유동화기구가 FASIT에 해당하기 위해서는 REMIC과 유사하게 FASIT 과세를 선택하여야 하고,[672] 자산 기준 및 권리 기준 등을 충족하여야 한다. 또한 FASIT에 해당하기 위해서는 미국 세법상 RIC에 해당하지 않아야 한다.

1. 자산 기준(asset test)

1) 개요

FASIT의 자산은 FASIT 개시일 이후 3개월이 경과한 시점부터 종료시까지 '사실상 대부분의'(substantially all) 자산이 허용된 자산(permitted assets)으로 구성되어야 한다.[673] REMIC은 개시 기간 이내에 적격모기지를 취득하도록 제한하고 있는 반면, FASIT은 허용된 자산의 취득 시기와 관련하여 특별히 제한을 두지 않고 있다.[674]

허용된 자산은 현금 및 현금등가물(cash and cash equivalents), 채무증서(debt instruments),[675] 일정한 헷징 목적 자산(certain hedging instruments), 일정한 계약상 권리(certain contract rights), 담보권실행자산

---

670) 각주 606 참조.
671) Peaslee/Nirenberg[2001], p. 915.
672) IRC § 860L(a)(1).
673) IRC § 860L(a)(1)(D).
674) Peaslee/Nirenberg[2018], p. 57.
675) IRC § 1275(a)(1)에서 정의하는 채무증서를 말한다. FASIT의 허용된 자산 중 핵심을 이루는 부분이다. '채무증권'이 증권법상 개념인데 비해, 여기서의 '채무증서'는 미국 세법상 이자비용의 공제가 가능한 경우를 가리킨다는 점에서 양자는 개념상으로 구분된다. 다만, 실무상으로는 각각에 모두 해당하는 경우가 대부분이다.

(foreclosure property) 및 REMIC 또는 FASIT의 선순위증권 등으로 구성된다.

REMIC이 모기지채권만을 그 대상으로 하고 있는 데 비해, FASIT은 채무증서 일반을 유동화자산으로 규정하고 있다는 점에서 차이가 있다.

2) 현금 및 현금등가물

은행 예금 및 이와 유사한 현금등가물을 의미한다.[676]

3) 채무증서

미국 세법상 채무로 인정되고 '고정된' 이율(fixed) 또는 일정한 요건을 충족하는 변동(variable) 이율의 이자를 지급하는 채무를 의미한다. 이자만을 지급하는 증권(interest-only securities)도 이에 포함되나, 'equity kickers'[677]와 같이 상황에 따라 그 지급액이 결정되는 채무는 이에 포함되지 아니한다.[678] 왜냐하면 예측 가능한 현금흐름을 낳지 않기 때문이다.

4) 일정한 헷징 목적 자산

이자율 또는 통화 스왑 계약(interest rate or currency notional contract),[679]

---

[676] IRC § 860L(c)(1)(A).
[677] 통상적으로 대출 또는 대여한 자금의 일정 수준에 해당하는 금원을 향후 차주의 주식으로 지급받는 조건을 뜻한다.
[678] IRC § 860L(c)(1)(B); Kravitt et al.[2019], 10-37.
[679] notional principle contract는 미국 세법에서 스왑을 일컫는 개념이다. 재무부

신용장 및 보험 증서(insurance) 기타 재무부규칙에서 허용하는 이와 유사한 성격의 헷징 목적 자산을 의미한다.[680] 이러한 자산들은 FASIT이 선순위증권 보유자 등에게 부담하는 지급의무의 보증 및 헤지를 위해 합리적으로 요구되는(reasonably required) 수준 이내이어야 한다.[681]

5) 일정한 계약상 권리

채무증서나 일정한 헷징 목적 자산을 취득할 수 있는 계약상 권리를 의미한다.[682]

6) 담보권실행자산

FASIT이 보유하는 채무증서의 채무불이행 또는 임박한 채무불이행으로 인하여 FASIT이 취득하게 되는 자산 등을 말한다.[683]

7) REMIC 또는 FASIT 선순위증권

FASIT은 REMIC 또는 다른 FASIT이 발행한 선순위증권을 허용된 자산으로 보유할 수 있다.[684] 따라서 REMIC에 대하여 FASIT의 계층화

규칙 § 1.446-3(c)(1); Peaslee/Nirenberg[2001], p. 964.
[680] IRC § 860L(c)(1)(D)(i).
[681] IRC § 860L(c)(1)(D)(ii); REMIC의 적격적립자산(qualified reserve asset)에서의 경우와 마찬가지로 지급의 보장 및 헤지 목적을 넘어서서 그 외의 용도로 이용되는 상황을 차단하기 위함이다.
[682] IRC § 860L(c)(1)(E).
[683] IRC §§ 860L(c)(1)(C), 860L(c)(3).
[684] IRC §§ 860L(c)(1)(F), 860L(c)(1)(G).

(tiered)가 가능하다.[685]

2. 권리 기준(interest test)

1) 개요

REMIC과 유사하게 FASIT에 대한 권리는 선순위증권(regular interests)과 잔여권(residual interests) 두 가지 형태로만 구성되어야 한다.[686] 선순위증권은 수종의 증권 발행이 가능하나,[687] 잔여권은 한 종류의 증권으로만 발행되어야 한다.[688]

다만, REMIC과 구분되는 점은 선순위증권을 일반적 증권과 고수익 증권(high-yield interests)[689]으로 구분하여 그 요건을 달리 정하고 있고, 고수익 증권 및 잔여권 보유자의 자격을 미국 세법상 'corporation'으로서 납세의무를 부담하는 C corporation 등 적격법인(eligible corporation)으로만 한정하고 있는 것이다.[690] 이는 수익의 발생 면에서 그 경제적 실질이 세법상 출자지분에 해당할 여지가 있는 고수익 증권이나 잔여권이 FASIT의 형식을 통해 세법상 채권으로 재분류됨에 따라 이중과세 방지 효과를 얻는 것을 차단하기 위함이다.[691]

---

685) Kravitt et al.[2019], 10-38.
686) IRC § 860L(a)(1)(B).
687) Peaslee/Nirenberg[2018], p. 57.
688) IRC § 860L(a)(1)(C).
689) 아래 FASIT 선순위증권 요건 중 일부를 충족하지 아니하는 선순위증권을 말하는 것으로, 이를 통해 일반적 증권에 비해 상대적으로 고수익(high-yield)의 추구가 가능해진다. 참고로 이준봉[2012], 176면은 high-yield intetests를 '고수익 청구권'으로 번역하고 있다.
690) RIC, REIT, REMIC 등은 적격 법인에서 제외된다. IRC § § 860L(a)(2)(A)-(D).
691) Peaslee/Nirenberg[2018], p. 59.

2) FASIT 선순위증권

FASIT 선순위증권 중 일반적 증권이 갖추어야 할 요건은 다음과 같다.

① '개시일' 또는 그 이후에 '고정된' 조건으로 발행되고 선순위증권으로 지정될(designated) 것[692]
② 선순위증권 보유자에게 특정액의 원금 또는 기타 유사한 금액을 수취할 권리를 무조건적으로(unconditionally) 부여할 것[693]
③ 선순위증권과 관련하여 이자 지급액(interest payments) 또는 기타 유사한 금원(other similar amount)이 지급되는 경우, 고정 이율 또는 재무부장관(the Secretary)이 달리 정하는 경우를 제외하고는, REMIC 선순위 증권에 허용되는 범위 내의 변동 이율에 기초하여 정해질 것[694]
④ 규칙에서 달리 허용되는 경우를 제외하고는,[695] 선순위증권의 만기가 갱신되는 경우를 포함하여 30년을 넘지 아니할 것[696]
⑤ 선순위증권의 발행가액이 액면가액(stated principle amount)의 125%를 초과하지 아니할 것[697]

---

[692] IRC § 860L(b)(1)(A); REMIC 선순위증권 요건과 달리 '개시일' 이후에도 선순위증권의 발행이 가능하도록 보다 완화된 요건을 적용하고 있다.
[693] IRC § 860L(b)(1)(A)(i); REMIC과 같은 성격의 요건이다.
[694] IRC § 860L(b)(1)(A)(ii); REMIC과 같은 성격의 요건이다.
[695] 재무부규칙에서 예외를 정할 수 있도록 둔 규정이나, 구체적인 예외사유가 정해지지는 아니하였다. Peaslee/Nirenberg[2001], p. 930.
[696] IRC § 860L(b)(1)(A)(iii); REMIC 선순위증권 요건과 달리 30년의 만기 요건을 규정하고 있는데, 이는 FASIT의 경우는 '개시일' 이후에도 허용된 자산을 계속 취득할 수 있기 때문에 결과적으로 허용된 자산의 만기가 생기지 않을 수 있기 때문이다. Peaslee/Nirenberg[2001], p. 931.

⑥ 선순위증권의 만기수익률이 일정한 기준에 의해 산출되는 수치 미만일 것[698]

한편, FASIT 선순위증권 중 고수익 증권은 위에서 열거한 요건 중 (i) ②, ⑤ 및 ⑥ 요건 중 하나 또는 그 이상을 충족하지 아니하거나 [IRC § 860L(b)(1)(B)(ii)(I)], 또는 (ii) ③ 요건을 충족하지 못하더라도, 이자 지급액(interest payments) 또는 기타 유사한 금원(other similar amounts)이 '허용된 자산에서 발생하는 이자 수익의 특정 부분'(specified portion)으로 구성되고 해당 부분이 고수익 증권이 존속하는 기간 동안 변경되지 아니하는 경우를 의미한다.

3) FASIT 잔여권

FASIT 잔여권은 FASIT이 발행하는 증권 중 개시일(startup day) 이후 발행되고 잔여권으로 지정된, FASIT 선순위증권이 아닌 권리를 말한다.[699]

FASIT 잔여권은 주로 유동화거래를 주도하는 자산보유자(sponsor)가 보유하게 된다.[700]

---

697) IRC § 860L(b)(1)(A)(iv); 발행가액이 액면가액의 125% 수준을 넘어서는 경우에는 원금에 비해 지나치게 높은 수익률을 얻고 있는 것으로 보아 이를 제한하기 위함이다. Peaslee/Nirenberg[2001], pp. 935-936; REMIC의 경우에도 유사한 내용이 재무부규칙 § 1.860G-1(b)(5)(i)에 규정되어 있다(앞서 살펴본 REMIC 선순위증권 요건 중 ③의 하위 규정에 해당하는 부분이다).
698) IRC § 860L(b)(1)(A)(v); 선순위증권이 지나치게 높은 만기수익률을 추구하여 고위험을 감수하는 것을 방지하기 위한 장치이다. Peaslee/Nirenberg[2001], p. 933.
699) IRC § 860L(b)(2); REMIC 잔여권과 유사하다.
700) Kravitt et al.[2019], 10-40.

3. RIC에 해당하지 않을 것

 FASIT은 IRC § 851(a)에서 규정하고 있는 RIC에 해당하지 않아야 한다.[701] FASIT이 미국 세법상 집합투자기구 과세 특례 기구로서의 성격을 갖는 RIC에 해당하지 않을 것을 명시적으로 요구하고 있는 것이다.

III. FASIT 과세

1. FASIT 단계의 과세

 FASIT으로 취급받기 위해서는 납세의무자가 FASIT 과세의 적용을 받을 것을 선택(election)하여야 한다.[702] FASIT에 해당하면 FASIT 단계에서는 납세의무를 부담하지 않고, 'IRC subtitle A'에 따른 법인, 파트너십, 신탁 또는 TMP[703]로 간주되지도 아니한다.[704] 이러한 점에서 REMIC 단계의 과세와 유사하다.

2. FASIT 선순위증권 과세

 FASIT 선순위증권은 그 법적 형태에 상관없이 세법상 채권(debt instrument)으로 취급된다.[705] 이에 따라 FASIT 선순위증권 보유자가

---

701) IRC § 860L(a)(1)(E).
702) IRC § § 860L(a)(1)(A), 860L(a)(3).
703) 각주 621 참조.
704) IRC § 860H(a).
705) IRC § 860H(c)(1).

수취하는 금원은 미국 세법상 이자로 간주되어 과세된다. 일반적 증권, 고수익 증권 모두 마찬가지이다. 고수익 증권도 선순위 증권에 해당하나 일부 요건을 완화해 줌으로써 제한된 범위 내에서 높은 수익률의 추구를 허용한 것뿐이기 때문이다.

FASIT 선순위증권 보유자는 해당 권리로부터 발생하는 총소득 및 이자를 발생주의 방식에 따라 회계처리 하여야 하고,[706] 이는 일반적 증권, 고수익 증권 모두에 대하여 적용된다. 이러한 점에서 REMIC 선순위증권 과세와 유사하다.

3. FASIT 잔여권 과세

미국 세법에서는 FASIT 잔여권 보유자가 FASIT의 모든 자산(assets), 부채(liabilities)를 직접 보유하고 있는 것으로 취급되고, FASIT에 발생하는 소득(income), 이득(gain), 공제(deduction), 손실(loss) 등은 직접적으로 FASIT 잔여권 보유자에게 배분된다.[707] 즉, FASIT 잔여권 보유자는 과세 목적상 FASIT의 자산과 부채를 직접 보유하는 것으로 취급된다.[708]

이는 REMIC 잔여권 보유자에 대한 과세에 있어서 REMIC을 일정 범위에서나마 별도의 분리된 실체로 보고,[709] REMIC 잔여권 보유자는 REMIC에 대한 권리를 보유하는 것으로 취급하는 것과 구분된다.[710] 즉, REMIC 잔여권 보유자는 REMIC이 보유하는 기초자산을 보

---

706) IRC § 860H(c)(3).
707) IRC § 860H(b)(1).
708) IRC § 860H(b)(1).
709) 제6장 제2절 Ⅲ. 3. 참조.
710) 이러한 FASIT의 입장은 해당 신탁의 신탁재산을 신탁의 수익자가 직접 보유하는 것으로 보아 과세하는 미국의 위탁자신탁 및 우리나라의 수익자

유한 것과 같이 취급되지 아니하고, REMIC 잔여권 보유자의 과세소득 또는 순손실은 REMIC 단계에서 산정된다.[711]

FASIT 과세소득은 발생주의에 따라 계산되나,[712] 금지거래에서 발생한 순소득(net income)은 FASIT 과세소득에 포함되지 아니하고,[713] 그 대신 FASIT 잔여권 보유자에게 '벌칙거래세'(penalty excise tax)[714]가 부과된다.[715] 금지거래의 유형으로는 (i) 일정한 예외를 제외한, 허용

과세, 위탁자과세에 좀 더 유사한 방식으로 볼 수 있다.
711) (i) 이러한 점에서 REMIC 잔여권은 미국 파트너십의 지분권과 유사하게 취급되는 면이 있고, 우리나라의 동업기업에 대한 조세특례(조세특례제한법 제10절의3)와 유사한 면이 있다. 동업기업에 대한 조세특례에서도 먼저 동업기업에서 생기는 소득은 사업장 단계에서 순소득금액을 계산한 뒤, 이를 각 동업자에게 배분되는 소득금액에 따라 나누어 각 동업자의 소득금액을 계산하도록 정하고 있기 때문이다. 동업기업에 대한 조세특례에 대한 설명으로는 이창희[2023], 628-629면 참조,
(ii) 한편, 미국에서 유동화기구가 파트너십으로 과세되는 경우, 파트너십의 파트너에게는 유동화증권에 대한 비용 지급액을 차감한 이익이 귀속된다는 점에서 이중과세 해소 측면에서는 특별한 불리함이 없으나, ① 파트너십 지분이 공개적으로 거래되는 경우에는 PTP에 해당하여 세법상 법인으로 과세될 가능성이 있는 점, ② 신용카드채권 등 리볼빙 채권을 유동화자산으로 하는 유동화신탁의 경우에는 금융업에 종사하는 것으로 판단되어 PTP 적용이 배제되는 소극적 소득(passive-type income) 요건을 충족하지 못할 가능성이 있는 점, ③ 채무증권을 보유하는 투자자와 파트너십의 지분증권을 보유하는 투자자 간에는 특히 해외 투자자 등의 경우에 미국 세법상 투자자 취급과 관련하여 상당한 차이가 발생하는 점 등이 장애 요소로 작용하고 있다. 각주 421, Peaslee/Nirenberg[2018], pp. 52, 428-429 참조.
712) IRC § 860H(b)(2).
713) IRC § 860H(b)(3).
714) 금지거래에 부과되는 100% 세율의 세금이라는 점에서 REMIC에서의 '금지거래세'와 유사한 성격을 갖는 것으로 볼 수 있으나, 명칭은 달리 정하고 있다. '벌칙거래세'라는 용어의 우리말 번역은 이준봉[2012], 174면을 참조하였다.
715) IRC § 860L(e)(1); REMIC의 경우에는 금지거래세가 REMIC 단계에서 과세되

된 자산이 아닌 일체의 자산으로부터 발생하는 소득의 수취,[716] (ii) 담보권실행자산 이외의 일체의 허용된 자산의 처분,[717] (iii) FASIT이 창출해 낸 일체의 대출로부터 발생하는 소득의 수취,[718] (iv) 일정한 예외를 제외한, 관리용역 제공에 따른 수수료 또는 기타 보상의 수취[719] 등이 있다. 이 중 (i), (ii), (iv)는 REMIC의 금지거래의 유형과 유사하나, (iii)의 경우는 FASIT에만 특유한 유형이다. (iii)의 유형이 추가된 이유는 '고정된' 모기지채권 만을 취득하는 REMIC과 달리 FASIT은 채무증서 일반을 취득하는 것이 가능함에 따라, 자칫 FASIT이 은행이나 금융회사와 마찬가지로 적극적으로 금융사업을 영위하는 수단으로 악용될 가능성을 염려하였기 때문이다.[720]

4. 폐지에 이르게 된 경위

FASIT은 '리볼빙' 채권인 신용카드채권을 기초자산으로 하는 유동화거래 시장참여자들의 적극적인 청원에 의해 입법되었지만 입법자들은 FASIT의 기초자산을 '리볼빙' 채권으로 국한하지 아니하였고,[721] FASIT이 담보부 또는 무담보 채권, 회사, 정부 또는 소비자에 대한 채권 등 채권 일반에 대한 유동화기구로 자리 잡기를 기대하였다.[722]

는 점과 차이를 보인다.
716) IRC § 860L(e)(2)(A).
717) IRC § 860L(e)(2)(B). 다만, 허용된 자산의 압류, 채무불이행 또는 임박한 채무불이행, FASIT의 파산 또는 지급불능, FASIT의 적격청산 등 예외적 사유로 인한 허용된 자산의 처분은 금지거래에 해당하지 아니한다. IRC § 860L(e)(3)(A).
718) IRC § 860L(e)(2)(C).
719) IRC § 860L(e)(2)(D).
720) Peaslee/Nirenberg[2001], p. 986 참조.
721) Peaslee/Nirenberg[2018], p. 26.

그러나 FASIT은 아래와 같은 사유로 오히려 기존의 유동화거래 시장참여자들에게는 외면 받은 반면, 엔론(Enron) 등 유동화거래와는 무관한 회사의 과세 회피(tax avoidance) 수단으로 악용되는 결과를 초래하고 말았다.723)

첫째, FASIT은 자산보유자가 최초에 FASIT을 설정하면서 신용카드 채권 등을 FASIT에 이전할 때 해당 자산의 시장가치(fair market value)를 기준으로 하여 그 이전에 따른 이득(gain)을 이 시점에 인식하도록 규정하였는데, 이는 자산보유자에게 큰 장애 요소로 작용하였다.724) 해당 자산보유자가 FASIT 과세를 선택함이 없이 패스스루 채권 방식을 활용하면, 유동화기구에 대한 유동화자산의 최초 이전 시 조세 목적상 자산의 양도가 아닌 담보설정으로 간주되어 과세 이득을 인식하지 않을 수 있었기 때문이다.725) FASIT에 이와 같은 규정이 도입된 배경과 관련하여서는 특별한 정책적 근거를 찾기 어렵고, 정부의 추가 세수 실현 기회를 확보하여 FASIT 입법에 필요한 정치적 지지를 얻기 위한 장치에 불과했다는 비판이 있다.726)

둘째, FASIT이 발행하는 선순위증권 중 '원금과 이자를 분리하여 이자만을 지급하는 형식'의 유동화증권(interest-only classes)은 고수익증권으로서 그 수익률에 상관없이 미국 세법상 'corporation'으로서 납세의무를 부담하는 미국법인(taxable domestic corporations)만 취득할 수 있었는데, 이것이 커다란 장애 요소로 작용하였다.727)

셋째, 기술적인 문제로 FASIT은 FASIT이 창출해 낸 대출에서 발생

---

722) *Id.*, pp. 57-58.
723) *Id.*, pp. 20, 55.
724) *Id.*, pp. 58-59.
725) *Id.* p. 59.
726) *Id.*
727) *Id.*

한 소득에 대하여는 벌칙거래세를 부과하였는데, '창출'의 의미가 명확히 규정되어 있지 않아 해석상 혼란을 초래하였다.728)

이러한 문제점들은 관련 규정의 개정 등을 통해 해소될 여지가 충분히 있었으나, 후속 개정은 오히려 이러한 문제점들을 더 악화시키는 결과를 초래하였다. 이는 후속 개정 작업 시 이미 FASIT을 유동화거래를 촉진하기 위한 특례로 보기보다는 과세 회피 수단의 일종으로 보아 보다 강한 규제가 필요하다는 시각이 더 우세했기 때문이다.729)

과세 당국이 FASIT 규정을 보다 명확히 가다듬으려는 의사가 없다는 점이 뚜렷해지자 더더욱 기존 유동화거래 시장참여자들은 FASIT의 사용을 꺼리게 되었고,730) 결국 FASIT은 2004년 폐지에 이르게 된다.

IV. 검토

FASIT은 REMIC과 달리 유동화자산의 유형에 제한을 두지 않는, 채무증서 일반에 대한 유동화기구로 고안되었으며, 신용카드채권 등 '리볼빙' 채권도 유동화자산으로 삼을 수 있도록 하는 등 유동화기구의 유연한(flexibility) 설계를 지원하는 데 그 입법 취지가 있었다.

그러나 한편으로 입법자들은 설계 당시부터 FASIT에 설계의 유연성을 지나치게 허용할 경우, FASIT이 은행(세법상 'corporation'으로서 납세의무를 부담하는)이 수행하는 기능을 대체하여, 이른바 '유사 은행'(quasi bank)으로 자리매김할 가능성을 우려하였다.731) 이러한 우

---

728) *Id.*, p. 60.

729) *Id.*

730) *Id.*

731) *Id.*, pp. 58-59; 제2장 제2절에서 이미 살펴본 바와 같이, 자산유동화는 은행이 수행하는 유동성 변환 기능, 만기 변환 기능, 신용도 변환 기능을 대체

려를 해소하기 위해, FASIT이 채무증권의 트레이더(trader)나 딜러(dealer)로서 기능하거나, 대출채권을 창출해(originator of loans) 내는 기능을 담당하지 못하도록, FASIT의 업무 범위를 제한하는 입법이 이루어진 바도 있다.[732] 유동화기구는 물적설비와 인적설비를 갖추지 않은 특수목적기구(special purpose vehicle)로서, 그 간 은행이 수행해 온 대출채권에 대한 심사, 감독 및 통제 기능이 유동화기구에 의해 원활히 수행될 것을 기대할 수는 없다. 또한 유동성 규제, 행위 규제 및 건전성 규제 등 은행에 부과되는 엄격한 금융규제[733]의 적용을 받지도 아니한다. 이러한 상황에서 유동화기구에 대하여 은행과 같은 채권 창출 기능을 허용하는 것은 자칫 시장참여자들로 하여금 규제차익을 실현하고자 하는 유인을 제공할 우려가 있었다.[734] 즉, 엄격한 금융규제 준수에 소요되는 비용을 감당하지 않으면서도, 은행과 같은 기능을 수행하면서 그에 따른 이익을 얻으려는 유인을 제공할 수 있었던 것이다. 이러한 논의는 이중과세 방지 효과가 주어지는 유동화기구의 업무 범위를 어느 정도까지 허용할 수 있는지 가늠해 보는 잣대로서 중요한 의미를 갖는다.

아울러 FASIT 입법자들은 통상적으로는 지분(equity)으로 분류되어야 할 증권이 일률적으로 채무로 분류됨으로써, 지분증권에서 발생

하는 그림자금융의 수단으로 발전해 왔기 때문에, '유사 은행'으로서의 역할을 일정 부분 수행할 수밖에 없다. 다만 FASIT 입법자들은 유동화기구가 기존에 이미 은행 등이 창출한 채권을 기초로 해서 그림자금융의 기능을 수행하는 것을 넘어서서, 적극적, 능동적으로 업무를 수행하는 것, 즉 새로운 대출채권을 창출해 내거나, 자금수요자와 공급자를 연계하는 채무증권의 중개 기능을 수행하는 데까지 나아가는 것에 대하여 깊은 우려를 가졌던 것으로 사료된다.

732) IRC § 860L(e)(2)(C); *Id.*, p. 59.
733) Armour et al.[2016], pp. 279-281.
734) *Id.*, p. 464.

하는 수익임에도 FASIT을 이용하여 그에 상응하는 과세가 이루어지지 못하는 상황을 염려하였다. 이에 그러한 가능성이 있다고 볼 수 있는 고수익 증권 및 잔여권의 경우에는 미국 세법상 'corporation'으로서 납세의무를 부담하는 자만 취득 가능하도록 하여, 해당 권리의 보유자들이 반드시 지분 수익에 대하여 세법상 'corporation'으로서 납세의무를 부담하도록 하였다.735) 즉, 유동화기구가 집합투자와 같은 지분 수익의 추구 목적으로 전용되는 것을 방지하려는 장치를 미리 마련해 둔 것이다.

비록 FASIT은 설계상의 여러 난맥상으로 인해 결국 폐지에 이르게 되었으나, 채무증권 일반을 유동화자산으로 하는 세법상 유동화 특례 기구의 논의는 논리적으로나 실무상으로 언제든지 검토 가능한 쟁점이라는 점에서 FASIT은 미국에서의 유동화 세제 전반을 조망함에 있어 여전히 중요한 의의를 갖는다.736) 이러한 이유로 미국에서도 "유동화자산의 종류와 유동화기구에 따라 조세상 취급을 달리하는 것은 합리성이 없으며 모든 유동화자산에 대하여 REMIC에 적용되는 조세상 취급을 적용하여야 한다는 유력한 선해"가 제기되고 있는 상황이기도 하다.737) 그럼에도 FASIT에 대하여는 여러 우려가 잔존해 있는 것이 현실이며, 특히 FASIT의 업무 범위를 어느 정도 수준에서 허용할지와 관련하여서는 미국 내에서도 명확히 지침 마련이 쉽지 않다는 우려가 나오고 있다.

---

735) Peaslee/Nirenberg[2018], p. 59.

736) Id., p. 3.

737) 이준봉[2012], 385면이 Kramer(2006), pp. 53,059-53,060을 인용하면서 이와 같이 평가하고 있다.

제4절 논의의 정리

이상 살펴본 바와 같이, 미국은 우리나라와 달리 세법상 유동화거래 특례기구로서 REMIC과 FASIT을 두고 있거나 두었다. 미국에서 유동화거래 초창기에 활발히 이용된 위탁자신탁 세제와 달리 REMIC과 FASIT은 애초에 유동화거래를 대상으로 하여 설계된 만큼, 유동화자산의 범위, 유동화기구의 업무 범위, 유동화증권의 발행 구조의 각각의 측면에서 구체적이고 세부적인 기준을 마련하고 있다.

REMIC과 FASIT은 선순위증권과 잔여권을 구분하여 별도로 취급하고 있는데, 이러한 입장은 시장에서 유동화증권 투자자들이 갖는 의도나 이들의 법적 지위의 내용738)에 부합한다. 즉, 이러한 기준은 유동화 실무에서 실제 일어나고 있는 유동화거래의 태양을 반영한 것으로서, 자연스럽게 제4장에서 살펴본 Rule 3a-7의 내용과 상당 부분 유사한 양상을 보인다. 그리고 이러한 자산유동화의 모습은 제2장 제3절에서 짚어본 바와 같이 우리나라의 자산유동화 실무에서도 거의 그대로 구현되어 나타나고 있다. 그러하기에 이러한 미국에서의 논의는 우리나라의 과세 실무에 이미 상당히 영향을 미치고 있으며, 이를 좀 더 이론적으로 체계화하는 데 영감을 준다.

이상의 논의에 터 잡아 제7장에서는 지금까지의 논의를 유동화자산의 범위, 유동화기구의 업무 범위, 유동화증권의 발행 구조의 각각의 측면에서 간략히 정리해 보고, 그에 기초하여 유동화신탁 소득의 과세 관련 제도를 설계해 본다.

---

738) 제2장 제2절 참조.

제7장

유동화신탁 소득의 과세 관련 제도 설계

제1절 논의의 구성

　본 연구는 유동화신탁 소득의 과세제도 설계를 위해 연구 대상 면에서는 금융규제법적 논의, 비교법적 측면에서는 미국의 논의에 주목하였다. 그에 따라 먼저 제2장 및 제3장에서는 자산유동화의 경제적 기능 및 자산유동화와 관련한 우리나라에서의 금융규제법 및 세법 관련 논의를 살펴보았고, 제4장 내지 제6장에서는 미국에서의 금융규제법 및 세법 관련 논의를 짚어 보았다.

　제2장에서는 자산유동화를 개관하면서 금융규제법적 논의를 먼저 살펴보았는데, 이는 자산유동화의 경제적 기능 및 현황에 대한 이해가 유동화신탁 소득의 과세제도 설계의 기초가 되기 때문이다. 그 핵심은 자산유동화는 일견 비슷해 보이는 집합투자와 달리 시장 기반 신용중개의 일환으로서 그림자 금융의 수단으로 기능하여 왔다는 점이다. 제3장에서는 유동화신탁 소득의 과세에 관한 현행법을 살펴보았다. 1단계 구조 및 2단계 구조를 중심으로 유동화신탁에 대한 현행 과세체계를 검토해 보고, 이 과정에서 현재의 유동화 실무에서 유동화신탁 소득의 과세와 관련하여 맞닥뜨리는 문제점이 무엇인지 확인해 보았다.

　제4장 내지 제6장에서는 미국에서의 논의를 집중적으로 검토해 보았다. 먼저 제4장에서는 Rule 3a-7에 대한 검토를 통해 미국에서 금융규제적 관점에서 유동화거래와 집합투자를 어떠한 기준 하에 구분하고 있는지 살펴보았다. 이는 자산유동화와 집합투자가 경제적 실질 면에서 어떠한 차이가 나는지 확인해 보는 작업으로서 의미를 갖는다.

　제5장 및 제6장에서는 유동화신탁 소득의 과세제도를 따로 두고

있는 미국의 제도를 본격적으로 고찰해 보았다. 제5장에서는 제4장에서의 논의와 연계하여 유동화거래 초장기에 어떠한 연유로 집합투자와 달리 유동화거래에 대하여는 위탁자신탁 세제의 적용이 가능하였는지 살펴보았다. 요컨대, 유동화거래는 그 경제적 기능을 달성하기 위해서 유동화신탁이 기초자산을 단순히 보전 및 관리하도록 하는 한편, 기초자산의 시장가치 변동에 따른 투자이익을 추구하는 것을 엄격히 통제하게 되는데, 이러한 경제적 실질이 위탁자신탁 세제에 부합하는 측면이 있었다.

제6장에서는 유동화신탁 소득 세제에 관한 사례로서 미국 세법상 REMIC, FASIT 등 유동화 특례 기구에 대하여 살펴보았다. REMIC과 FASIT은 위탁자신탁 세제에서 한 걸음 더 나아가 유동화자산의 범위, 유동화기구의 업무 범위, 유동화증권의 발행 구조 각각의 측면에서 유동화거래가 과세 특례를 적용받기 위한 명확한 기준을 설정하고 있다는 점에서 중요한 의의를 갖는다.

본 장에서는 이상의 논의를 토대로, Rule 3a-7과 위탁자신탁, REMIC, FASIT 등의 일련의 유동화신탁 거래 구조를 ① 유동화자산의 범위, ② 유동화기구의 업무 범위, ③ 유동화증권의 발행 구조의 3가지 측면에서 각각 비교 검토해 보고, 우리나라의 자산유동화법상 유동화거래를 적격자산 관리형, 적격자산 운용형, 비적격자산 관리형, 비적격자산 운용형으로 구분하여 이 중 본 연구에서 전제한 유동화거래의 기본 개념에 가장 잘 들어맞는 적격자산 관리형을 중심으로 유동화신탁 소득의 과세에 관한 제도를 모색해 보기로 한다.

제2절 Rule 3a-7과 미국 세법의 함의

본 절에서는 유동화신탁 소득의 과세 체계 설계를 위한 밑 작업으로서, 앞서 살펴본 Rule 3a-7의 내용과 미국 세법상 유동화신탁 거래 구조를 유동화자산의 범위, 유동화기구의 업무 범위 및 유동화증권의 발행 구조의 각각의 측면에서 비교 검토해 본다.739)

이 내용들은 이미 제4장에서부터 제6장까지 여러 번 검토, 요약하였으므로 중복을 피하기 위해 여기서는 결론에 해당하는 것만 간략히 제시한다.

Ⅰ. 유동화자산의 범위 측면

1. Rule 3a-7의 적격자산

Rule 3a-7의 적격자산은 크게 ① 현금흐름 발생자산과 ② 유동화증권에 대한 지급을 확실히 하기 위해 고안된 기타 자산(이하 "기타 보완자산"이라 한다)으로 구분된다.

적격자산 중에서도 현금흐름 발생자산은 유동화거래와 집합투자를 구분 짓는 핵심 개념으로 볼 수 있다. Rule 3a-7은 현금흐름 발생자산을 '정해진 기간 내에 그 자체의 조건에 따라 현금으로 전환되는 ′고정′ 또는 ′리볼빙′ 금융 자산'으로 정의하고 있다. 즉, 현금흐름 발생자산은 '그 자체로 현금 전환이 가능한 자산(self-liquidating asset)'이다.

---

739) Schwarcz(2022), p. 12는 '유동화자산'을 유동화거래의 투입(inputs), '유동화기구'를 유동화거래의 매개 구조(intermediate structure), '유동화증권'을 유동화거래의 산출(outputs)로 각각 구분하고 있다.

2. 미국 세법상 유동화기구740)의 기초자산의 범위

1) 위탁자신탁 세제의 기초자산의 범위

위탁자신탁 세제는 유동화거래를 위해 따로 고안된 과세제도가 아니기 때문에 그 신탁재산의 범위에 대하여도 별도의 제한을 두지 않고 있다. 그러나 적격자산을 기초자산으로 하는 유동화거래와 주식이나 부동산 등의 실물자산을 기초자산으로 하는 고정투자신탁은 투자자들의 투자 목적 측면에서 명확히 구분된다. 전자의 투자자들은 투자 위험이 낮은 안전 자산으로서 채권의 형태를 띠는 투자자산을 원하는 반면, 후자의 투자자들은 실물자산의 시장가치의 변동에 따른 투자이익을 추구하기 때문이다. 이러한 점을 고려하면 적격자산을 기초자산으로 하는 경우와 주식 등 실물자산을 기초자산으로 하는 경우를 모두 유동화거래의 범주에 포섭하고 있는 현행 자산유동화법 체계 하에서는 그 규제 방식 및 과세제도의 정립에 있어 이원적 접근이 필요하다.

2) REMIC과 FASIT의 기초자산의 범위

REMIC과 FASIT은 위탁자신탁 세제와 달리 기초자산의 범위를 명확히 설정하고 있다. 다만 그 도입 배경 및 입법 목적의 차이로 말미암아 내용면에서 차이를 보이는데, REMIC이 '고정된' 모기지채권 및 허용된 투자로 기초자산의 범위를 한정하고 있는 반면, FASIT은 사실상 경제적 실질이 채권에 해당하는 경우라면 모두 기초자산이 될 수 있도록 규정하고 있다.

---

740) 본 절에서 '미국 세법상 유동화기구'는 신탁을 투시하여 과세하는 위탁자신탁, REMIC 및 FASIT을 총칭하는 개념으로 사용한다.

그런데 앞서 짚어본 바와 같이,[741] REMIC이 '고정된' 모기지채권으로 기초자산의 범위를 제한한 것에 특별한 정책적 고려가 있지는 않았던 점을 고려하면, 유동화신탁 소득에 대한 과세제도를 설계하는데 있어서는 FASIT에서 채택한 유동화자산의 범위에 보다 주목할 필요가 있다.

3. 유동화자산의 범위 관련 기준 검토

위 논의를 종합해 보면, 유동화자산의 범위와 관련하여서는 Rule 3a-7의 기초자산의 범위와 FASIT의 기초자산의 범위를 비교해 볼 필요가 있다.

Rule 3a-7의 적격자산에 포함되는 기타 보완자산 및 FASIT의 허용된 자산에 포함되는 일정한 헷징 목적 자산 등은 공통적으로 유동화증권의 원활한 지급을 위해 수반하는 것으로서 그 기능이 제한적이라는 점을 감안할 때, Rule 3a-7에서 규정하는 적격자산 중 현금흐름 발생자산의 범위가 FASIT에서 규정하는 채무증서의 범위보다 더 넓다고 볼 수 있다.

검토컨대, 이론적으로는 현금흐름 발생자산의 성격을 갖는 자산이라면 채권 또는 장래채권의 형식을 띠지 않더라도 유동화거래의 기초자산이 될 수 있는 점, 향후 다양한 유동화거래가 시장에서 시도될 가능성이 있고 Rule 3a-7도 이러한 점을 고려하여 현금흐름 발생자산의 정의를 포괄적으로 규정하고 있는 점 등을 감안할 때, 유동화신탁 소득에 대한 과세제도를 설계함에 있어서 유동화자산의 범위 관련 기준으로 현금흐름 발생자산 및 기타 보완자산을 포함하는 적격자산과 이에 해당하지 아니하는 비적격자산으로 이원화하는

---

741) 제6장 제2절 Ⅰ. 참조.

접근이 필요하다고 생각된다. 다만, 향후 우리나라에서 유동화신탁 소득과세를 명확히 하는 방안이 본격적으로 논의되는 시점에는 그 기초자산의 범위를 채무증서로 국한하는 방안도 심도 있게 검토될 수 있을 것이다.

Ⅱ. 유동화기구의 업무 범위 측면

1. Rule 3a-7의 유동화기구의 업무 범위

Rule 3a-7은 유동화기구의 업무 범위를 ① 적격자산의 매입, 취득, 보유 및 ② 이와 관련되거나 수반하는 활동으로 한정하고 있다.

다만, 이러한 제약이 유동화기구가 유동화자산과 관련하여 어떠한 재량권도 보유할 수 없음을 의미하지는 않는다. 유동화기구는 확정수익부 증권의 지급에 영향을 미치지 아니하는 범위 내에서 일상적, 행정적 업무와 관련한 재량권 등은 보유한다.

요컨대, Rule 3a-7의 목적은 유동화자산의 시장가치의 변동에 기인하는 이익 실현 또는 손실 방지를 위해 적격자산을 취득 또는 처분하는 것을 허용하지 않는 데 있다고 할 수 있다.

2. 미국 세법상 유동화기구의 업무 범위

Rule 3a-7에서 정하는 유동화기구의 업무 범위 제한은 위탁자신탁, REMIC, FASIT 등에서도 유사하게 나타난다. 이는 위탁자신탁, REMIC, FASIT 등도 유동화기구가 유동화자산의 처분을 통해 시장가치 변동에 따른 이익 실현 또는 손실 방지를 추구하는 것을 엄격히 제한하는 데 그 목적을 두고 있기 때문이다.

나아가 FASIT의 업무 범위와 관련하여 또 하나 주목할 점은 FASIT이 '창출'해 낸(originated) 일체의 대출에서 발생하는 소득에 대하여도 100% 벌칙거래세를 부과하고 있다는 점이다. 이는 FASIT이 은행이 전통적으로 담당해 온 대출채권 창출 업무를 대신 수행하는 것을 차단하고자 도입된 규정이다. 이중과세 방지 효과를 누리면서 동시에 은행과 같은 기능을 전면적으로 수행하는 것을 미연에 방지하고자 한 것이다.

3. 유동화신탁의 업무 범위 관련 기준 검토

Rule 3a-7과 REMIC 및 FASIT은 공통적으로 유동화기구의 업무 범위를 유동화자산의 취득, 보유 및 이와 관련되거나 수반되는 활동으로 제한하면서 예외적인 경우에만 유동화자산의 처분을 허용하고 있다. 다만, 위탁자신탁의 경우에는 유동화거래를 위한 특례로서 마련된 제도가 아니기 때문에 '고정'성의 요건은 요구되더라도, 신탁재산의 추가 취득이나 처분과 관련한 예외 사유를 별도로 규정하고 있지는 않다. 이러한 점에서 유동화신탁 소득에 대한 과세제도를 설계함에 있어서는 REMIC 및 FASIT의 세분화된 기준에 더 주목할 필요가 있다.

한편, 이러한 유동화기구의 업무 범위 제한은 금융규제 및 신탁소득의 과세 양 측면 모두에서 중요한 의미를 갖는다.

먼저 금융규제 측면에서는 유동화기구와 집합투자를 구분하는 기준점으로 작용한다. 유동화기구가 유동화자산의 자유로운 처분을 통해 이른바 '운용'[742]행위를 하는 것을 원천적으로 차단함으로써,

---

[742] 운용이란 집합투자업자가 투자신탁재산을 보관·관리하는 신탁업자에 대하여 투자대상자산의 취득·처분 등에 관하여 필요한 지시를 하는 행위로서, 이를 위해서는 집합투자업자의 재량에 따른 투자신탁재산의 처분 권한이 전제되어야 한다. 자본시장법 제80조 제1항.

유동화거래가 유동화자산의 시장가치 변동에 따른 이익 실현을 추구하는 수단으로 전용되는 것을 방지하는 기능을 수행한다.

신탁소득의 과세 측면에서는 투자변경권한 기준 해당 여부와 관련된다. 수익자들로부터 자금을 모집하여 이를 대상자산에 투자하고 그 이익금을 배분하는 방식의 투자신탁의 경우, 수탁자의 투자변경권한 기준 보유 여부가 세법상 신탁에 해당하는지 여부를 따지는 기준이 되기 때문이다. 투자변경권한 기준은 투자대상자산의 시장가치 변동에 따른 이익 실현 또는 손실 방지가 가능한지 여부와 맞닿아 있는 것으로서, 투자신탁이 투자대상자산의 추가 취득이나 처분에 대한 자유로운 재량권을 보유하는 경우 해당 기준은 충족될 수 없다.

이상의 논의를 종합해 보면, 유동화신탁의 업무범위와 관련하여서는 그 범위가 '원칙적으로 유동화자산의 취득, 보유 및 이와 관련되거나 수반되는 활동으로 제한'되면서, '유동화증권의 원활한 지급을 목적으로 하는 등 예외적인 경우에만 유동화자산의 처분이 허용'되는 조건을 충족하는 경우 신탁을 투시하여 과세하는 것이 가능한 것으로 볼 수 있다. 그리고 이것이 본 연구에서 지금껏 전제하여 온 유동화거래의 개념, 즉 강학상 유동화거래의 정의에 부합한다. 그림자금융의 수단으로 기능하는 점이나 경제적 담보로서 유동화자산을 신탁하는 점도 모두 이와 관련되며, 미국 세법에서 사용되어 온 '고정'이라는 개념도 이와 맞닿아 있다. 결론을 먼저 말하자면, 이때에는 투시과세가 보다 정당화될 수 있고 적합하다는 것이 아래의 논의에서 제시하는 주장이다. 논의의 편의를 위해, 이하에서는 이와 같은 업무범위를 갖는 유동화신탁을 '관리형' 유동화신탁, 유동화자산의 취득 및 보유 등 관리행위를 넘어서서 그 재량적 처분까지 인정되는 유동화신탁을 '운용형' 유동화신탁으로 부르기로 한다.[743] '운용형' 유동화신탁은 투시과세가 적합하다는 주장이 곧바로 적용될 수 있는 영역 밖이라는 점을 의미한다.

Ⅲ. 유동화증권의 발행 구조 측면

1. Rule 3a-7의 유동화증권 발행 구조

 Rule 3a-7은 유동화기구가 발행하는 유동화증권은 주로 적격자산에서 발생하는 현금흐름에 기초하여 지급받을 것을 요건으로 규정하고 있다. Rule 3a-7은 유동화증권의 유형을 확정수익부 증권과 기타 증권으로 구분하고 있는데, 이 중 공개시장에서 거래되는 증권은 확정수익부 증권이다.

 확정수익부 증권은 현재의 자산유동화 실무에서 발행되는 다양한 유형의 채무증권 및 채무증권의 경제적 실질을 갖는 증권을 모두 포섭해 내기 위해 고안된 개념이다.

 확정수익부 증권의 대표적인 형태로는 채무증권을 들 수 있으나, Rule 3a-7에서 규정하는 확정수익부 증권의 요건을 갖춘다고 하여 곧 미국 세법상 이자비용 손금 산입[744]의 대상이 되는 것은 아니다. 이는 미국 세법이 지분증권 등에서 발생하는 배당에 대하여는 손금 산입 등의 특례를 규정하지 않고 있다는 점에서도[745] 중요한 의미를

---

743) 이러한 구분은 유동화신탁의 경우에만 적용 가능한 것은 아니고, 유동화법인 등 다른 형태의 유동화기구에도 적용가능하다. 한민(2014), 41-47면은 유사한 취지에서 유동화기구를 소극적 자산운용과 적극적 자산운용의 경우로 각각 구분하고 있다.

744) IRC § 163.

745) 이준봉(2012), 121면; 집합투자에 대하여는 이에 대한 특칙으로 RIC의 요건을 충족하는 경우 배당금 손금산입이 가능하도록 정하고 있다. IRC § 851 참조. 일반론으로 미국 세법은 법인주주에 대해서는 우리나라의 수입배

갖는다. 미국 세법상 REMIC이나 FASIT 등 유동화 특례기구가 출현하게 된 직접적인 계기도 여기에서 찾아볼 수 있다.

2. 미국 세법상 유동화기구의 유동화증권 발행 구조

유동화신탁이 위탁자신탁 세제를 적용받기 위해서는 고정투자신탁 판단 기준 중 단일 지분수익권 기준을 충족하여야 한다. 유동화신탁이 수종의 지분수익권을 발행하게 되면 사업신탁에 해당하여 미국 세법상 신탁에 해당하지 않는다. 다만, 유동화신탁이 지분수익권과는 별개로 한 종류 또는 수종의 채무증권을 발행하는 경우는 원칙적으로 수종의 지분수익권을 발행한 경우에 해당하지 않는다. 이는 신탁의 경우에도 투자의 부수적 행위로서 채권 발행 등을 통한 자금 차입은 가능하기 때문이다.

이러한 위탁자신탁 세제에서의 논의는 REMIC과 FASIT에서도 그대로 구현되고 있는데, REMIC과 FASIT은 공히 유동화기구가 선순위증권과 한 종류의 잔여권만을 발행하도록 규정하고 있다. 나아가 REMIC과 FASIT은 세법상 채권으로 인정받는 선순위증권의 요건을 엄격히 정하고 있다. 이는 선순위증권이 세법상 채무증권으로서의 경제적 실질을 확보하도록 하는 데 그 취지가 있다.

당금 익금불산입 제도와 유사한 취지의 규정을 두어 법인과 주주 사이의 경제적 이중과세를 조정하고 있으나, 그 외에는 주주단계에서 특별히 이중과세를 조정하지 않고 있다. 다만, 개인주주가 받은 배당소득은 주식양도소득에서와 같이 저율과세 된다. 이준봉[2012], 123면, 이창희[2018], 13면 각 참조.

3. 유동화증권 발행 구조 관련 기준 검토

Rule 3a-7은 유동화거래와 집합투자의 구분 기준을 확정하는 데 그 취지가 있는 만큼 유동화증권의 종류를 확정수익부 증권과 기타 증권으로 나누면서 유동화증권에 대한 지급이 주로 적격자산에서 발생하는 현금흐름에 기초하도록 정하고 있다. 이에 비해 REMIC과 FASIT은 유동화기구를 투시하여 과세하는 것을 전제로 하여 유동화기구가 선순위증권(수종의 증권 발행 가능)과 한 종류의 잔여권을 발행하도록 함으로써 유동화증권의 종류를 보다 구체적으로 규정하고 있다.

그럼에도 Rule 3a-7에서 규정하는 확정수익부 증권 및 REMIC과 FASIT의 선순위증권의 요건 사이에는 공통적인 요소를 찾을 수 있는데, 구체적으로 (i) 명시된 원금 또는 이와 유사한 원금을 수취할 무조건적인 권리를 보유할 것, (ii) 이자 또는 이와 유사한 금원을 지급하는 경우에는 (a) 고정이율 또는 기초자산의 시장가치 변동에 영향을 받지 아니하는 사전에 정해진 기준에 의해 결정되는 변동이율에 의해 결정될 것 또는 (b) 기초자산에 발생하는 이자 중 특정된 부분과 동일한 금액일 것[746] 등으로 정리해 볼 수 있다.

따라서 유동화증권의 발행 구조와 관련하여서는 유동화신탁이 '위와 같은 요건을 모두 충족하는 수익권'(확정수익부 수익권) 및 잔여권을 발행하는 경우, 신탁을 투시하여 잔여권 보유자에게 과세하는 것이 가능하다고 볼 수 있을 것이다. 이 경우 신탁재산에서 생기는 소득에서 확정수익부 수익권 보유자에게 지급되는 이자비용을 차감한 나머지가 잔여권 보유자에게 과세된다.

---

746) 각주 606 참조.

제3절 유동화신탁 소득 관련 과세제도의 설계

I. 적격자산 관리형의 유동화신탁 소득에 대한 과세

적격자산 관리형 유동화거래는 자산유동화의 강학상 정의 및 Rule 3a-7에서 규정하고 있는 자산유동화로서, 제2장 제2절에서 살펴본 시장기반 신용중개의 일환으로서 그림자 금융의 수단으로 기능하는 바로 그 유형의 자산유동화이다. 본 연구에서는 자산유동화의 가장 전형적인 형태라 할 수 있는 적격자산 관리형 유동화거래를 중심으로 미국에서의 금융규제법적, 세법적 논의를 차례대로 살펴본 바 있다. 나아가 앞서 본 바와 같이,[747] 우리나라에서 이루어지는 유동화거래의 거의 대부분도 이 유형(그 중에서도 아래의 유형 ①)에 속한다. 이는 우리나라에서도 미국에서와 마찬가지로 자산유동화거래가 시장기반 신용중개의 일환으로서 그림자 금융의 수단으로 쓰이고 있음을 보여 준다. 즉, 미국과 우리나라 공히 자산유동화는 집합투자와는 구분되는 별개의 경제적 기능을 수행하고 있는 것이다.

적격자산 관리형 유동화신탁은 확정수익부 수익권을 발행하면서, (i) 잔여권을 발행하거나(유형 ①), (ii) 수종의 지분수익권을 발행하는 구조(유형 ②)를 취할 수 있는데, 이 중 유형 ①이 미국 세법상 REMIC과 FASIT이 규정하고 있는 유동화거래 구조이다. 유형 ①에 대하여는 유동화신탁을 투시하여 과세하는 것이 적합하나, 수종의 지분수익권을 발행하는 유형 ②에 대하여는 투시과세가 적합하지 않다. 한 종류의 지분수익권이 발행된 경우에는 지분수익권 보유자가 직접 신탁재산을 소유한 경우와 동일하다고 볼 수 있으나,[748] 여러 종류의 지

---

[747] 제2장 제3절 참조.

분수익권이 발행된 경우에는 어느 누구를 기준으로 하더라도 해당 수익자가 직접 신탁재산을 소유하고 있는 경우와 동일하다고 보기 어렵기 때문이다.

유동화기구는 투자자들의 수요에 맞추어 자금흐름 및 신용도 등에 있어 다양한 종류의 유동화증권을 발행하게 되나, 이러한 증권들도 기본적으로는 확정수익부 증권에 해당하는 경우가 거의 대부분이고(즉, 수종의 확정수익부 증권의 발행), 수종의 지분증권이 발행되는 경우는 거의 없다.[749] 이는 앞서 살펴본 바와 같이,[750] 투자자산의 시장가치 변동에 따른 이익을 추구하는 집합투자의 투자자들과 달리 유동화거래의 투자자들은 정보무관련성을 갖추거나 이에 근접한 안전한 자산으로서의 채권 투자를 목적으로 하기 때문이다. 따라서 향후에도 유동화거래에서 수종의 지분증권이 발행되는 사례가 유의미하게 나타나지는 않으리라 예상된다.

Ⅱ. 판단 기준

유동화신탁에서 발생하는 소득에 대하여 투시과세가 적합한 적격자산 관리형 유동화거래의 판단 기준과 관련하여 본 연구에서 논의된 바를 (i) 적격자산의 범위, (ii) 유동화신탁의 관리 업무의 범위, (iii) 확정수익부 수익권 및 지분수익권의 요건, (iv) 단일 지분수익권 발행 여부 등으로 나누어 정리하면 다음과 같다.

이하에서 정리하는 내용은 현재의 '법인세법 시행령 제71조 제4항 및 2단계 구조의 결합' 방식을 이용한 유동화 실무가 아니라, '법인세

---

748) 제5장 제3절 Ⅲ. 2. 3) 참조.
749) 제2장 제3절 Ⅳ 참조.
750) 제2장 제2절 참조.

법 시행령 제71조 제4항에 의존하지 않으면서도 1단계 구조를 이용하는 경우'를 전제로 하는 것이다. 따라서 법체계 측면에서 문제가 있는 현재의 미봉책을 더 이상 사용하지 않아도 되는 기준을 제시한다는 점에서 상당한 의미를 갖는다.

1. 적격자산의 범위

① 적격자산은 현금흐름 발생자산과 기타 보완자산으로 구성
② 현금흐름 발생자산이란 정해진 기간 내에 그 자체의 조건에 따라 현금으로 전환되는 자산(채권 또는 장래채권이 대표적인 형태임)으로서, 그 현금흐름의 확정, 구분 및 예측가능성이 충족되는 자산을 뜻함
③ 기타 보완자산이란 유동화증권 보유자에게 원금 상환 또는 적시의 수익금 배분을 확실히 하기 위하여 고안된 기타 권리 또는 자산을 뜻함
④ 적격자산의 범위에는 유동화증권의 지급이나 기초자산의 신용도 또는 유동성을 보강하는 내용의 약정 및 이에 부수하거나 수반하여 기초자산의 현금 회수 및 유동화증권 지급을 위해 필요한 자산도 포함될 수 있음
⑤ 유동화증권의 원활한 지급을 목적으로 하는 여유자금의 투자, 유동화 신탁이 현금흐름 발생자산으로 취득한 담보부채권의 채무가 이행되지 않음에 따라 그 담보권의 실행으로 취득하는 부동산 등은 부수하거나 수반하는 자산으로서 적격자산에 해당할 수 있음
⑥ 주식의 경우에는 확정, 구분 및 예측가능한 현금흐름을 발생시키는 자산이 아니므로 적격자산에 해당하지 않는 것으로 보는 것이 타당함. 다만, 유동화신탁이 기초자산과 관련한 회사의

도산절차 개시 등으로 인해 비자발적으로 주식을 보유하게 되는 경우 해당 주식은 부수하거나 수반하는 자산으로서 적격자산에 해당할 수 있음
⑦ 신용스왑계약 등 파생상품계약 체결에 따라 취득하는 권리도 유동화 증권의 지급이나 기초자산의 신용도 또는 유동성을 보강하는 목적으로 체결되는 경우는 기타 보완자산으로서 적격자산에 해당할 수 있음. 반면, 파생상품계약의 체결이 시장가치 변동에 따른 이익 추구를 목적으로 하는 경우는 적격자산에 해당하지 않는 것으로 보는 것이 타당함

2. 관리 업무의 범위

① 유동화신탁이 적격자산의 매입, 취득, 보유 및 이에 관련되거나 수반하는 활동을 수행
② 유동화신탁은 다음의 요건을 모두 충족시키는 경우에 한해 적격자산을 추가로 취득하거나 처분할 수 있다고 보는 것이 타당함
  (i) 업무위탁계약 등 유동화증권 발행의 근거가 되는 계약에서 사전에 정해진 조건에 따라 적격자산을 취득 또는 처분하는 경우일 것
  (ii) 적격자산의 취득 또는 처분으로 인하여 유동화신탁이 발행한 확정수익부 증권의 신용평가 등급이 강등되지 아니할 것
  (iii) 적격자산의 시장가치의 변동에 따른 이익 실현이나 손실 감소를 주된 목적으로 하여 적격자산을 취득 또는 처분하는 경우에 해당하지 아니할 것
③ 유동화신탁은 자산유동화의 통상적인 업무와 연관된 활동으로서, 기초자산의 근거가 되는 계약 내용의 흠결이나 진술 및 보

증 위반에 따른 기초자산의 매각, 기초자산의 채무불이행이나 임박한 채무불이행으로 인한 기초자산의 처분, 과도한 신용보강의 해소를 목적으로 한 처분 업무는 영위할 수 있다고 보는 것이 타당함
④ 유동화신탁은 확정수익부 증권의 지급에 영향을 미치지 아니하는 범위 내에서 일상적, 행정적 업무와 관련한 재량권을 보유한다고 보는 것이 타당함

3. 확정수익부 증권의 요건

① 확정수익부 증권이란 환매가 불가능한 증권으로서, 실질적으로 증권의 보유자에게 지급되는 금액 전부가 다음 3가지 금액 중 일부 또는 전부의 조합으로 구성되어 있는 증권을 말한다고 보는 것이 타당함
  (i) 명시된 원금
  (ii) 원금에 대한 이자. 단, 이자 금액은 고정 이율 또는 적격자산의 시장가치 또는 공정가치의 변동에 영향을 받지 아니하는 기준에의해 산출되는 변동 이율에 의해 정해져야 함
  (iii) 적격자산에서 발생하는 이자(고정 또는 변동) 중 특정된 부분과 동일한 금액
② 확정수익부 증권에 대한 지급액은 기초자산에서 발생하는 현금흐름에 주로 기초하여 지급되어야 한다고 보는 것이 타당함

4. 지분증권의 요건

① 지분증권이란 환매가 불가능한 증권으로서, 유동화기구가 발행하는 유동화증권 중 확정수익부 증권에 해당하지 아니하는

증권을 말하는 것으로 보는 것이 타당함. 대표적으로 잔여권 등이 이에 포함된다고 볼 수 있음
② 지분증권에 대한 지급액은 기초자산에 발생하는 현금흐름에 주로 기초하여 지급되어야 한다고 보는 것이 타당함

5. 단일 지분수익권 발행 여부 판단 기준

① 유동화신탁이 2가지 종류 이상의 지분수익권을 발행하는 경우 수종의 지분수익권을 발행한 것으로 보는 것이 타당함
② 유동화신탁이 2가지 종류 이상의 확정수익부 수익권을 발행하고, 잔여권을 발행하는 경우는 단일 지분수익권을 발행한 경우로 보는것이 타당함

이러한 판단 기준은 미국에서의 금융규제법적, 세법적 논의에 근거하여 도출한 것으로서, 우리나라 현행법의 해석만으로 이러한 판단 기준을 끌어낼 수는 없고 그 적용을 위해서는 추가 입법이 필요하다. 그 방안으로는 ① 먼저 자산유동화법을 개정하여 현재 느슨하게 규정된 자산유동화의 범위를 적격자산 관리형의 유동화로 명확히 설정한 뒤, 세법에서 하위 규정에 자산유동화법상 유동화신탁에 대한 투시과세 기준을 보다 세분화하여 규정하는 방식 또는 ② 자산유동화법의 개정과 무관하게, 세법 자체에서 하위 규정에 유동화신탁 일반 중 투시과세가 가능한 유동화신탁의 범위를 적격자산 관리형이면서 단일 지분수익권을 발행한 경우로 구체적으로 설정하는 방식 등을 각각 검토해 볼 수 있으리라 사료된다.

III. 확정수익부 수익권 및 잔여권에 대한 과세

1. 확정수익부 수익권 보유자에 대한 과세

법인세법은 내국법인의 각 사업연도의 익금과 손금의 귀속사업연도는 그 익금과 손금이 확정된 날이 속하는 사업연도로 한다고 규정하고 있고,[751] 같은 법 시행령은 법인이 수입하는 이자 및 할인액의 귀속 사업연도를 소득세법 시행령에서 정하는 수입시기에 따르도록 정하고 있다.[752] 소득세법 시행령에서 정하고 있는 수입시기는 금융자산을 법적 종류별로 구분한 뒤 종류마다 따로 정해 놓은 것으로서, 이자 및 할인액의 귀속시기를 원천징수 시기와 맞추어 놓는데 그 의의가 있다.[753] 그런데 소득세법 제16조 제1항은 '채권 또는 증권의 이자와 할인액'을 이자소득으로 규정하고 있을 뿐, 채권이나 이자소득 그 자체에 대하여 명확히 정의하고 있지는 아니하다.[754] 이와 관련하여 하급심 판결 중에는 "이자라 함은 금전 기타 대체물을 사용한 대가로서 원금액과 사용기간에 비례하여 지급되는 금전이나 기타 대체물"이라고 설시한 판례가 있는데,[755] 이에 대하여 이창희[2023]은 경제학적 의미에서 이자란 돈의 시간가치를 나타내지만, 돈의 시간가치를 나타내는 금액이 모두 법률적 의미에서 이자인 것은 아니고, 민사법적 의미에서 이자는 '원금액과 사용시간에 비례

---

751) 법인세법 제40조 제1항.
752) 법인세법 시행령 제70조 제1항 제1호, 소득세법 시행령 제45조.
753) 이창희[2023], 956면.
754) 이와 관련하여 최규환(2016), 162면과 홍성훈/오유나/조승수(2015), 21면은 세법이 부채와 자본을 구분하는 기준에 대하여 별도로 규정하고 있지 않다고 설명하고 있다.
755) 서울고등법원 2013. 10. 30. 선고 2012누38420 판결.

하여 지급하는 금전'으로서, 의미를 넓히더라도 '미리 수익률이 확정'
되어 있어야 한다는 요건을 설시한 것으로 설명하고 있다.756)

　검토컨대, 위에서 살펴보았듯이, 확정수익부 수익권은 (i) 명시된
원금, (ii) 원금에 대한 이자(이자 금액은 고정 이율 또는 적격자산의
시장가치 또는 공정가치의 변동에 영향을 받지 아니하는 기준에 의
해 산출되는 변동 이율에 의해 정해짐), (iii) 적격자산에서 발생하는
이자(고정 또는 변동) 중 특정된 부분과 동일한 금액757) 각각의 일부
또는 전부의 조합으로 구성되어야 하는데, 확정수익부 수익권 요건
에서 규정하고 있는 이자는 위 하급심 판결에서 설시하고 있는 '원
금액과 사용시간에 비례하여 지급하는 금전으로서 미리 수익률이
확정되어 있을 것'의 요건을 충족한다. 따라서 확정수익부 수익권에
서 발생하는 소득은 세법상 이자소득으로 보아야 하고, 그에 따라
확정수익부 수익권을 표창하고 있는 증권은 소득세법 제16조 제1항
에서 규정하는 채권 또는 증권에 해당하는 것으로 보는 것이 타당하
다고 생각된다.

　나아가, 이상의 논의와 관련하여서는 법인세법 시행규칙 제57조
제6호의 내용에 주목할 필요가 있다. 동 조항은 만기 보유 시 원천징
수 제외대상 '채권' 등의 범위에 '한국주택금융공사법에 따라 설립된
한국주택금융공사가 발행하는 주택저당증권'을 포함시키고 있다. 그
런데 한국주택금융공사가 발행하는 주택저당증권이란, 자산유동화
의 일종으로서 한국주택금융공사가 은행 등 금융회사로부터 주택저
당채권을 양도 받아 이를 자기신탁한 후 주택저당채권에서 발생하
는 현금흐름에 기초하여 발행하는 '수익증권'을 의미한다.758) 즉, 법

---

756) 이창희[2023], 988-989면.
757) 각주 606 참조.
758) 한국주택금융공사 홈페이지의 MBS 상품개요(https://kmbs.hf.go.kr:7443/
　　 kmbs/309/subview.do) (2023. 12. 10. 방문).

인세법이 이미 그 사법상 성질에도 불구하고 유동화신탁이 발행하는 수익증권을 세법상 이자소득을 발생시키는 채권 등의 범위에 포함시키고 있는 선례가 있는 것이다.

한편, 확정수익부 수익권을 표창하는 증권을 소득세법 제16조 제1항에서 규정하는 채권 또는 증권으로 보는 것은 현재의 자산유동화 실무례에도 부합한다. 앞서 살펴본 바와 같이,[759] 우리나라의 유동화 실무에서는 2단계 구조가 주로 활용되고 있는데, 이때 유동화법인이 유동화신탁이 발행하는 수익증권을 보유하는 경우, 이를 재무상태표에 '유동화수익증서' 계정으로 기재하고 있고, 여기서 발생하는 수익은 '유동화자산이자수익'으로 인식하고 있다.[760] 이러한 회계처리 및 그에 따른 세법상 손익 인식은 앞서 설명한 바와 같이,[761] 법인세법 시행령 제71조 제4항의 적용에 따른 것인데, 확정수익부 수익권을 표창하는 증권을 소득세법 제16조 제1항에서 규정하는 채권 또는 증권으로 보게 되면, 굳이 법인세법 시행령 제71조 제4항을 활용하지 않더라도 현재의 실무례와 같은 세법상 손익 인식이 가능해진다. 기실 본 연구의 목적은 바로 이에 대한 이론적 뒷받침을 제공하는 데 있다고 할 수 있다.

2. 잔여권 보유자에 대한 과세

유동화신탁이 확정수익부 수익권과 잔여권을 발행하는 구조를 취하는 경우, 확정수익부 수익권은 세법상 이자소득을 발생시키는

---

759) 제3장 제6절 내지 제7절 참조.
760) 카드오토제일차유동화전문회사 제2기 3분기(2020. 9. 30. 현재) 재무상태표 및 제1기(2019. 4. 10. - 2019. 12. 31) 손익계산서 등 참조. 각각 DART 및 KISLINE 홈페이지에서 검색 가능하다.
761) 제3장 제6절 Ⅱ. 참조.

채권 또는 증권으로서의 법적 성격을 갖는 것이므로, 이는 신탁이 사채를 발행하거나 채무를 부담하는 경우와 마찬가지로 보아야 한다.[762]

앞서 살펴본 바와 같이,[763] 유동화신탁 소득에 대하여 수익자과세를 적용할 때, '유동화자산이 대출채권, 매출채권, 부동산 등 여러 종류의 자산으로 이루어진 상황에서, 수종의 수익권이 발행되는 경우'에는 각 수익자에게 지급되는 신탁의 이익을 신탁재산 종류 별로 소득구분하여 과세하는 것이 불가능해지는데, 유동화신탁이 확정수익부 수익권과 잔여권을 발행하는 구조에서는 확정수익부 수익권은 그 사법상 성질에도 불구하고 세법상으로는 이자소득을 발생시키는 채권 또는 증권으로 보게 되는 것이므로, 그 결과 잔여권만이 세법상 유동화신탁의 수익권으로 남게 된다. 즉, 사법상으로는 수종의 수익권이 발행되었으나, 세법상으로는 이 중 잔여권 보유자만을 수익자로 보아 유동화신탁 소득이 잔여권 보유자에게 귀속되는 것으로 보는 것이다. 그 결과 유동화신탁에 속하는 자산 및 부채, 수익 및 비용은 자산보유자 등 잔여권 보유자에게 직접 귀속시켜, 즉 신탁을 투시하여 잔여권 보유자에게 과세하는 것이 타당하다.[764] 이러한 새로운 구조 하에서 잔여권 보유자에게 귀속되는 유동화신탁 소득이란 신탁재산에서 발생한 소득 중 확정수익부 수익권 보유자에게 지급하는 이자 성격의 비용을 공제한 나머지만을 가리킨다는 점에 유의할 필요가 있다.

---

762) 미국 세법상 유동화 특례기구인 REMIC과 FASIT이 이러한 방식을 취하고 있다.
763) 제3장 제7절 참조.
764) 이준봉[2012], 277면.

제8장
결론

제1절 논의의 정리

자산유동화는 미국에서 태동하여 현재는 우리나라를 포함하여 전 세계 금융시장에서 그 거래 규모나 기능 모두에서 중요한 비중을 차지하는 금융거래 기법으로 자리 잡았다. 우리나라에서도 1998년 9월 자산유동화법이 제정되고, 이듬해 「주택저당채권유동화회사법」이 제정된 이래 자산유동화 실적이 급속히 성장해 온 바 있다.

자산유동화라는 특수목적을 수행하기 위해 설립되는 유동화기구는 법인, 신탁, 조합 등 다양한 법적 형식을 띨 수 있으나, 우리나라의 유동화 실무에서는 유동화신탁 및 유동화법인을 모두 이용하는 2단계 구조가 활발히 이용되고 있다. 그런데 실무에서 2단계 구조가 주로 이용되는 이유 중 하나로 세법이 신탁 소득에 대하여 원칙적으로 수익자과세를 하도록 정하고 있음에 따라, 다양한 세법적 위치나 처지에 놓여 있을 수 있는 유동화신탁의 수익사에 대한 소득과세 취급이 불명확할 수밖에 없다는 점이 꾸준히 지적되어 왔다. 요컨대, 세제의 불비 때문에 유동화 실무에서는 불필요하게 2단계 거래 구조를 만들어내는 번거로움이 발생했고 법적 측면에서도 결코 바람직하다고 할 수 없는 상황이 생겨난 것이다. 본 연구에서는 이러한 문제 제기에서 출발하여 유동화신탁 소득의 과세 관련 제도를 검토하였다.

유동화신탁의 경제적 실질은 물론 그 자체로 이해가 불가능한 것은 아니지만 집합투자와의 비교를 통해 좀 더 명확히 파악할 수 있다. 그러하기에 자산유동화가 태동하고 현재에도 전 세계 신규 유동화증권 발행의 약 절반 정도가 이루어지고 있는 미국에서도 상당 기간 이와 관련한 논의가 축적되어 온 바 있다.

먼저 자산유동화를 ICA상 투자회사의 정의에서 배제할 목적으로 제정된 Rule 3a-7에 의하면, 유동화거래의 경제적 실질은 ① 현금흐름 발생자산 및 기타 보완자산으로 구성된 적격자산을 기초자산으로 하면서, ② 기초자산의 처분을 통한 시장가치 또는 공정가치 변경으로 인한 이익 실현을 엄격히 제한하고, ③ 적격자산에서 발생하는 현금흐름에 주로 기초하여 유동화증권이 상환되며, ④ 유동화증권의 주요 형태는 확정수익부 증권의 모습을 띠는 것으로 파악해 볼 수 있다. 이러한 유동화거래의 경제적 실질은 (i) 투자대상자산이 적격자산에 국한되지 아니하고, (ii) 투자대상자산의 시장가치 또는 공정가치 변경에 따른 이익 실현을 주된 목적으로 하며, (iii) 그에 따라 집합투자기구에 자산 운용 및 처분에 관한 광범한 재량권이 부여되고, (iv) 집합투자증권의 주요 형태는 투자기구 단계의 투자성과가 그대로 투자자에게 이어져 배분 가능한 패스스루형 증서의 방식을 띠는 집합투자의 경제적 실질과 뚜렷이 구분된다.

이렇듯 자산유동화가 집합투자와 구분되는 경제적 실질을 갖게 된 이유는 자산유동화가 자본시장 및 금융시장에서 수행하는 경제적 기능에서 찾아볼 수 있다. 자산유동화는 전통적으로 은행이 담당해 오던 유동성 변환, 만기 변환, 신용도 변환의 기능을 대체하는 시장기반 신용중개의 일환으로서 일종의 그림자 금융으로서의 역할을 수행해 왔고, 이러한 자산유동화의 경제적 기능이 Rule 3a-7에서 규정하는 자산유동화의 경제적 실질을 창출해 낸 원인이 된 것이다. 또 시장참여자들은 은행이 만들어내는 예금과 같은 정보무관련 채권을 자본시장을 통해 창출하려는 강한 거래 유인을 갖게 되었는데, 유동화기구가 발행하는 투자적격등급의 확정수익부 증권이 RP 거래의 대상증권 등으로 활용되면서 이러한 시장참여자들의 수요가 충족될 수 있었다.

한편, 자산유동화의 일반적 법적 고려 사항 중 세법적 측면에서 중요한 의의를 갖는 것은 이중과세 방지 효과를 달성하는 것이다. 미국에서 유동화신탁은 유동화기구 단계의 과세 방지 효과를 거두기 위해 다양한 방식을 취해 왔는데, 유동화거래 도입기에는 위탁자신탁을 이용한 거래가 활발히 이루어졌다. 이는 미국 세법상 고정투자신탁 판단 기준이 초기 자산유동화 거래의 경제적 실질에 부합하는 면이 있었기 때문이다. 민사법상 신탁이 세법상 위탁자신탁에 해당하기 위해서는 2단계 과정을 거쳐야 하는데 먼저 고정투자신탁 판단 기준을 충족하여 미국 세법상 신탁에 해당하여야 하고, 다음으로 위탁자신탁 판단 기준을 추가로 충족하여야 한다. 그런데 유동화신탁은 유동화증권의 투자자들이 제3자에 의해 수익자로 지정되는 것이 아니라, 신탁에 직접 자금을 제공하고 그 반대급부로 수익권을 취득하게 되므로, 그 거래 구조상 위탁자신탁 판단 기준의 자동적 충족이 가능하였다. 따라서 위 2단계 과정 중 첫 번째 요건인 고정투자신탁 판단 기준의 충족 여부가 유동화신탁이 위탁자신탁 세제 적용을 받기 위한 핵심 조건으로 기능하게 된다. 집합투자와 달리 유동화거래는 그 경제적 기능을 달성하기 위해서 유동화신탁이 모기지채권 등의 기초자산을 단순히 보전 및 관리하도록 하는 한편, 기초자산의 시장가치 변동에 따른 투자이익을 추구하는 것을 엄격히 통제한다. 이러한 유동화거래의 특징으로 인해 고정투자신탁 기준 중 투자변경권한 기준의 충족이 가능하였다. 그 결과 유동화신탁은 도관 또는 투시과세의 대상이 되어 이중과세의 굴레에서 벗어날 수 있게 되었다. 다만, 경제적 지위에서 명확히 구분되어야 할 선순위 수익권 보유자와 잔여권 보유자의 구별이 법적으로 명확하지 못하였다는 한계는 여전히 존재하였다.

REMIC 및 FASIT은 위탁자신탁 세제에서의 논의가 보다 구체화된 형태로 구현된 것으로서, 유동화기구 자체는 도관(transparent entity)으로 보면서도 관련된 소득을 계산할 때에는 각각의 선순위증권은 과세 목적상 채권의 성질을 가진 것으로 보아 그 보유자에게 지급하는 이자비용을 손금 산입이 가능하도록 하였다는 점에서, 유동화증권의 발행, 특히 선순위증권 보유자와 잔여권 보유자의 구분 면에서 과세제도의 진일보를 이룬 것으로 평가된다. 특히 REMIC과 FASIT은 애초에 유동화거래를 대상으로 하여 설계된 것이기에, 유동화자산의 범위, 유동화기구의 업무 범위, 유동화증권의 발행 구조의 각각의 측면에서 구체적이고 세부적인 기준을 마련하고 있다.

한편, 우리나라 자산유동화와 관련하여 금융규제 및 거래적 측면의 주요 사항을 규정하고 있는 자산유동화법은 유동화거래의 범위를 (i) 유동화자산의 범위, (ii) 유동화기구의 업무 범위, (iii) 유동화증권의 발행 구조 각각의 측면에서 상당히 느슨하게 규정하고 있다. 본 연구에서는 미국에서의 논의를 기초로 하여, 자산유동화법상 유동화거래를 ① 적격자산 관리형, ② 적격자산 운용형, ③ 비적격자산 관리형, ④ 비적격자산 운용형으로 각각 구분하고, 이 중 적격자산 관리형을 중심으로 하여 유동화신탁 소득에 대한 과세 방안을 검토하였다.

결론적으로 적격자산 관리형에 속하면서 확정수익부 수익권 및 잔여권을 발행하는 구조의 유동화거래의 경우에는 확정수익부 수익권은 이자소득을 발생시키는 세법상 채권으로 보고, 그 사법상 성질에도 불구하고 잔여권 보유자만을 수익자로 보아 신탁재산에서 발생하는 소득을 잔여권 보유자에게 투시과세하는 것이 적절하다. 이로써 현재의 2단계 구조가 더 이상 요구되지 아니하고, 신탁을 이용한 단일 단계 거래구조(1단계 구조)의 완전한 구현이 가능해진다. 이러한 새로운 구조 하에서 잔여권 보유자에게 귀속되는 유동화신탁 소득이란 신탁재산에서 발생한 소득 중 확정수익부 수익권 보유자에게 지급하는 이자 성격의 비용을 공제한 나머지만을 가리킨다. 이는 미국의 REMIC이 그러하듯이 이중과세를 방지하면서도, 서로 구별되는 경제적 의도를 가지고 구별되는 경제적 지위를 취득하려고 하는 선순위 수익권 보유자와 잔여권 보유자를 그 경제적 실질에 맞게 다루는 결과이다. 적격자산 관리형의 유동화거래는 시장기반 신용중개의 일환으로서 그림자 금융의 수단이 되는 자산유동화의 본래적 기능을 담당하는 거래로, 우리나라에서 이루어지는 거의 대부분의 유동화거래가 이 유형에 해당한다.

제2절 향후 연구 과제

본 연구가 다룬 것은 자산유동화라는 커다란 주제의 극히 일부라고 할 수 있으며, 그 결론으로 제시된 바도 가장 전형적인 유형의 거래에 관한 소득과세 체계에서 그야말로 뼈대가 되어야 할 가장 기본적인 방향에 지나지 않는다. 그 동안 이미현(2003), 김건식/정순섭 [2010], 이준봉[2012], 한민(2014) 등 몇몇 선구적 연구를 논외로 한다면, 이 분야를 본격적으로 다룬 연구 성과 자체가 워낙 드물었기 때문에 본 연구의 결론은 그 자체로 의미가 있다고 생각하지만, 앞으로 이 분야에서 더 연구되고 규명되어야 할 논점 역시 너무나 많다고 생각한다. 그러한 후속 연구를 기대하면서 이 절에서는 필자가 염두에 두었으되 본 연구에서는 미처 충분히 검토할 수 없었던 논점들과 이에 대한 간단한 생각을 정리하여 둔다. 필자의 이후 연구나, 이 분야에 관심을 둔 다른 연구자들에게 도움이 되기를 바랄 뿐이다.

I. 본 연구의 내용적 측면

1. 적격자산 관리형 유동화신탁의 투시과세 세부 기준 마련

먼저 본 연구에서 고찰해 본 유동화신탁 소득에 대한 과세제도에 의하면 유동화신탁을 활용한 유동화거래 중 적격자산 관리형에 해당하고 확정수익부 수익권 및 잔여권을 발행하는 경우에는 신탁을 투시하여 위탁자에게 과세하는 것이 적절하다. 그런데 이러한 기준은 일반적인 유동화거래를 전제로 한 기본적 가이드라인으로서의 성격을 가지는바, 거래계에서 실제로 이루어지는 다양한 유동화거래 각각을 대상으로 투시과세 여부를 결정하기 위해서는 유동화거래에 수반되는 쟁점 별 세부 검토가 추가로 요구된다.

구체적으로, ① 적격자산 중 현금흐름 발생자산의 범위와 관련하여 채권 또는 장래채권에 해당하지 아니하는 지식재산권 등 자산의 현금흐름의 확정, 구분 및 예측가능성 요건 여부를 판별할 수 있는 세부 기준, ② 적격자산 중 기타 보완자산의 범위와 관련하여 현금흐름 투자자산, 스왑계약 등의 일정한 헷징 목적 자산, 적격적립금 자산의 규모 등의 허용 범위, ③ 유동화신탁의 업무 범위와 관련하여 유동화신탁이 대출채권 등 현금흐름 발생자산을 창출(origination)해내는 경우도 관리 업무 범위에 포함시킬지 여부, ④ 스왑계약 등의 장외파생금융상품계약 체결의 허용 범위, ⑤ 확정수익부 수익권과 관련하여 만기수익률 제한 등의 요건 추가 여부, ⑥ 단일 지분수익권 발행 여부와 관련하여 합성변동이자(synthetic floating rate interest) 등 부수적 예외에 해당하는 경우에 대한 추가적인 검토,[765] ⑦ 유동화신탁 및 유동화증권 투자자에 대한 발생주의의 일괄 적용 쟁점 등을

---

765) 이와 관련한 시원적 연구로는 이준봉[2012], 264-268면 참조.

우선적 검토 대상으로 짚어볼 수 있다.

2. 적격자산 관리형 유동화신탁 투시과세 기준의 확대 적용

 본 연구는 신탁을 이용한 유동화거래를 대상으로 하여 유동화신탁 소득에 대한 과세제도를 모색해 보았다. 그런데 적격자산 관리형 유동화거래는 비단 유동화신탁뿐 아니라 유동화법인에서도 동일하게 구현되고 있는 거래 구조이다. 이는 적격자산 관리형의 거래 구조가 자산유동화가 증권시장에서 담당하는 경제적 기능, 즉 '시장기반 신용중개 기능의 일환으로서 그림자 금융의 수단으로서의 역할 수행'을 목적으로 시장참여자들에 의해 고안된 거래 구조이기 때문이다.

 앞서 살펴본 바와 같이,[766] 미국 세법상 유동화 특례기구인 REMIC이나 FASIT도 이러한 점을 고려하여 유동화기구가 민사법상 신탁, 법인, 파트너십 등 어떠한 법적 형식을 취하든 그 요건이 충족되면 REMIC이나 FASIT 과세 적용 대상이 되어 기구 단계의 과세 방지 효과를 거둘 수 있도록 규정하고 있다.

 따라서 우리나라에서도 본 연구에서 살펴본 적격자산 관리형 유동화거래의 투시과세 기준을 유동화법인 등 다른 법적 형태의 유동화기구에도 확대하여 적용하는 방안에 대한 검토가 이어질 필요가 있다.

3. 그 밖의 유형의 유동화신탁 소득 과세 방안 검토

 본 연구에서는 자산유동화의 강학상 정의 및 Rule 3a-7에서 정하고

---

766) 제6장 제2절 Ⅰ. 및 제6장 제3절 Ⅱ. 각 참조.

있는 유동화거래 유형인 적격자산 관리형을 대상으로 하여 유동화신탁 소득에 대한 과세 방안을 검토하여 보았다. 그런데 앞서 살펴본 바와 같이,767) 우리나라의 자산유동화법은 유동화자산의 범위, 유동화기구의 업무 범위, 유동화증권의 발행 구조 각각의 측면에서 유동화거래의 범위를 상당히 느슨하게 규정하는 방식을 취하고 있다. 그에 따라 적격자산 관리형에는 해당하지 아니하나 자산유동화법상 정의에는 포함된다고 볼 수 있는 유동화거래 유형(적격자산 운용형, 비적격자산 관리형, 비적격자산 운용형)이 나타날 수 있고, 이러한 유형의 유동화신탁에 대한 소득 과세 방안에 대하여도 검토가 요구된다. 이와 관련하여 본 연구에서는 2020년 세법 개정으로 신설된 수익증권발행신탁에 대한 법인과세가 유동화신탁에 대하여도 적용 가능한 지 여부를 우선적으로 살펴본 바 있다.768)

4. 새로운 자산유동화 규제 체계 및 과세 체계의 모색

본 연구에서 살펴본 바와 같이 우리나라의 자산유동화법은 유동화자산의 범위, 유동화기구의 업무 범위, 유동화증권의 발행 구조 등과 관련하여 세부적인 요건을 규정하지 않고 이를 자산유동화계획에 일임하는 구조를 취하고 있다. 이러한 점에서 슈와르츠(Schewarcz) 교수가 제시한 자산유동화의 강학상 정의나 미국의 Rule 3a-7, REMIC 및 FAIST 등과는 뚜렷한 차이를 보인다.

그런데 미국에서의 이러한 자산유동화 규제 체계 및 과세 체계는 본 연구에서 검토한 바와 같이 미국의 특유한 정치적, 역사적 배경에서 비롯되었다기보다는 자산유동화거래 그 자체의 경제적 실질

---

767) 제4장 제5절
768) 제3장 제8절 참조.

및 금융시장에서 담당하는 경제적 기능에 연유한 면이 크다. 따라서 미국에서의 자산유동화와 관련한 금융규제법 및 세법적 관점의 논의는 향후 우리나라에서도 유사하게 발현될 가능성이 높다.

실제로 우리나라의 자산유동화 규제 체계 및 과세 체계와 관련하여서는 몇 가지 문제점이 노정되어 왔는데, 먼저 금융규제적 측면에서는 ① 자산유동화법상 자산유동화의 범위가 자산유동화계획에 일임됨에 따라 금융당국의 실무지침이나 비공식 회신에 의존하여 그 범위가 정해져 온 점, ② 이러한 금융당국의 규제 대상 자체에 해당하지 않는 비등록 유동화거래가 2021년 기준 전체 자산유동화거래의 약 90.2%에 이르고 있는 점, ③ 학계 및 거래계에서 비등록 유동화거래의 집합투자 해당 여부에 관한 논란이 지속되어 온 점 등을 들 수 있다.

유동화기구에 대한 과세 측면에서도 (i) 세법은 신탁재산에 발생하는 소득에 대하여 원칙적으로 신탁을 투시하여 과세하도록 하고 있으나, 주식이나 부동산 등의 실물자산이 유동화자산이 되고 유동화기구가 수종의 증권을 발행하는 경우는 현실적으로 수익자과세가 불가능하다는 점, (ii) 유동화신탁이 수익증권 투자자에게 지급하는 금원이 어떠한 과세 소득 유형에 해당하는지 불명확하다는 점, (iii) 법인세법이 자산유동화법상 유동화전문회사만을 대상으로 하여 배당금손금산입을 허용함에 따라, 경제적 실질 면에서 동일하거나 매우 유사하다고 볼 수 있는 비등록 유동화전문회사의 경우에는 배당금손금산입이 적용되지 않는 점 등이 지적되어 왔다.

이러한 문제점들이 생겨난 데에는 다양한 원인이 있을 수 있으나, 근본적으로는 ① 자산유동화법이 유동화거래의 범위를 느슨하게 규정하여 유동화거래의 경제적 실질이 법문언상 명확히 규명되어 있지 않은 점, ② 이에 따라 그 경제적 실질 및 기능이 동일하거나 매우 유사함에도 불구하고 행정적 조치, 즉 해당 자산유동화계획을 금융당국에 등록하였는지 여부에 의해 유동화거래가 등록 유동화거래와 비등록 유동화거래로 이원화되고 있는 점, ③ 세법은 집합투자나 자산유동화와 같은 투자매체의 과세 방식을 정함에 있어 자본시장법이나 자산유동화법 등 금융법상 정의에 기초하는 방식을 취하고 있고, 이에 따라 금융법상 법적 쟁점이 과세 영역에도 영향을 미칠 수밖에 없는 점 등을 생각해 볼 수 있다.

그런데 본 연구에서 검토한 바와 같이 자산유동화법상 유동화거래는 크게 적격자산 관리형, 적격자산 운용형, 비적격자산 관리형, 비적격자산 운용형으로 구분할 수 있고, 이 중 운용형은 그 경제적 실질 면에서 집합투자와 사실상 동일한 성격을 갖는다. 우리나라 금융당국도 현재까지 운용형 유동화를 허용하지 않고 있는데, 이는 자산유동화와 집합투자와의 구분을 고려한 것으로 볼 수 있다. 따라서 그 간 금융당국이 취해 온 입장을 반영하여 유동화기구의 업무범위를 관리행위로 제한하고 운용 업무는 그 범위에서 배제하는 내용을 자산유동화법에 명시적으로 규정하는 방안을 고려할 필요가 있다.[769]

또한 관리형 유동화거래에서도 적격자산(현금흐름 발생자산 및 기타 보완자산)으로 기초자산이 구성되는 적격자산 관리형과 실물자산 등 비적격자산으로 기초자산이 구성되는 비적격자산 관리형은 투자자들의 투자 목적에서 뚜렷한 차이가 있다. 본 연구에서 검토한 바와 같이, 거의 대부분의 자산유동화거래는 시장기반 신용중개의 일환으로 그림자 금융의 수단으로서 기능하는 적격자산 관리형에 해당하고, 이 경우 유동화증권 투자자는 투자위험이 낮은 안전자산으로서의 채권에 대한 투자를 목적으로 한다. 이에 비해 주식이나

---

[769] 이와 관련하여 한민(2014), 44면은 유동화자산 자체의 속성에 따라 이를 적극적 자산운용에 의존하는 투자로 의제하여 집합투자 규제를 적용하는 것은 현행법에 대한 해석론의 범주를 넘어선다는 비판이 있을 수 있고, 입법적 해결이 필요하다는 견해를 제시하고 있다.

부동산 등의 실물자산이 유동화되는 경우에는 유동화기구가 설령 관리업무만을 수행한다 하더라도 투자자들은 투자대상자산의 시장 가치 변동에 따른 투자이익 실현을 목적으로 하고 있는 것으로 이러한 측면에서는 집합투자의 투자자와 궤를 같이한다고 볼 수 있다. 따라서 현행 자산유동화법의 규제 대상을 미국에서와 같이 적격자산 관리형 유동화거래로 일원화하고, 적격자산 관리형과 비적격자산 관리형에 대하여도 각각을 구분하여 별도의 규제 방식을 적용하는 방안이 고려될 필요가 있다고 생각된다.[770] 이러한 자산유동화법 개

---

770) (i) 김건식/정순섭[2010], 83면은 장기적으로는 집합투자와 자산유동화의 규제를 일원화할 필요가 있다는 견해를 밝히고 있는데, 구체적으로는 운용형 유동화거래가 집합투자와의 규제 일원화 대상이 될 수 있을 것이다. (ii) 박삼철/차태진/박재현/김건/이화석[2021], 65면은 비등록유동화의 경우에도 집합투자의 범위에서 제외되는 것으로 해석하되, 집합투자와 유동화거래 간의 개념 구분 및 양자 간의 규제형평성 확보를 위해 비등록유동화가 자산유동화 거래의 본질을 유지하는 경우에 한해 집합투자에서 제외되는 것으로 보아야 한다는 견해를 제시하고 있다. 그러면서 입법적으로는 미국의 Rule 3a-7의 사례에서와 같이 집합투자와 자산유동화 간 구분 기준을 명확히 설정하는 것이 바람직하다는 입장을 피력하고 있다. (iii) 최근 개정된 자산유동화법은 자산보유자 범위의 확대, 유동화자산의 개념 정비 및 확대, 다양한 유동화 구조 허용, 유동화거래 이해상충방지를 위한 위험보유규제 도입 등 일련의 개선책을 담고 있으나, 본 연구에서 살펴 본 유동화거래의 유형별 분류 및 이에 따른 규제 체계의 정립 등에 관한 내용은 포함하지 않고 있다. (iv) 비적격자산 관리형이 기존의 자산유동화 중 대부분을 차지하고 있는 적격자산 관리형 및 집합투자(운용형)와 각각 어떠한 면에서 차이가 나는지에 대하여는 특히 최근 조각투자 구현을 위해 활용되고 있는 비금전신탁의 수익증권 발행과 투자계약증권 발행 사례에 주목할 필요가 있다. 이에 대한 보다 상세한 설명 및 분석으로는 조경준, "자산유동화 규제 체계의 검토", 상사법연구, 제43권 제1호(2024), 444-447면; 조경준, "비금전신탁의 수익증권 발행", BFL 제125호(2024); 조경준, "수익증권발행 비금전신탁의 업무 범위에 대한 고찰", 2024 한국신탁학회 하계학술대회 자료집 (2024. 8. 23) 각 참조.

정은 시장에서 이루어지는 유동화거래의 경제적 실질을 자산유동화법에 구체적으로 반영함으로써 자산유동화와 집합투자 간의 구분 기준을 명확히 하는 한편, 이를 통해 현재 자산유동화거래의 상당 부분을 차지하고 있는 비등록 유동화거래를 자산유동화법의 규제 체계 내에 포섭할 수 있는 기반을 마련한다는 점에서도 중요한 의의를 갖는다.[771]

한편, 자산유동화법 개정을 통한 유동화 규제체계의 정비와 더불어 우리나라에서도 미국의 REMIC이나 FASIT에 대응하는 유동화거래 과세 기구를 마련하는 방안에 대한 검토가 필요하다고 생각된다. 아직 우리나라에서 이루어지는 자산유동화거래는 미국의 유동화증권 시장에 비해 정형화된 형태의 거래 구조를 띠는 경우가 대부분이고, 새로운 종류의 유동화증권이 발행되는 사례가 많지는 않다. 그러나 유동화증권 시장이 발달해 감에 따라 보다 복잡하고 다양한 형태의 유동화거래가 생겨날 것이고, 나아가 '환영소득' 등 유동화거래에서 특히 두드러지게 나타나는 과세 쟁점들이 등장할 수 있는바, 이러한 현상에 보다 체계적으로 대응하기 위해서는 유동화거래 과세 기구 도입에 대한 논의가 보다 적극적으로 진행될 필요가 있다.

Ⅱ. 본 연구의 대상 범위의 측면

본 연구는 미국에서의 논의에 초점을 맞추어 유동화신탁 소득의 과세 관련 제도를 모색해 보았다. 그런데 자산유동화가 미국에서 태

---

[771] 정순섭[2017], 497면은 비정형유동화(비등록 유동화거래)를 완전히 규제 대상에서 제외하는 것은 타당하지 않고, 감독정보의 확보를 위해 필요한 범위에서 자산유동화법의 적용 범위 내로 흡수하는 것이 타당하다는 견해를 밝히고 있다.

동하고, 현재에도 전 세계 유동화증권 발행의 약 절반 정도가 미국에서 이루어지고 있는 상황이기는 하나, 자산유동화는 우리나라를 포함하여 EU, 일본 등 전 세계 각국의 금융시장에서 긴요한 기능을 담당하는 금융거래로 자리 잡은 지 오래이다.

이 중 EU 내의 자산유동화에 대한 규제를 담당하는 자산유동화 Regulation[772]은 서브프라임 금융위기 이후 그 규모가 대폭 축소된 자산유동화 거래를 다시 활성화시키는 동시에, 자산유동화가 시스템 위기의 원천이 되지 않도록 무분별한 자산유동화거래는 억제하는 상충된 목표를 동시에 달성하고자 하고 있으며,[773] Chapter. 4에서는 특별히 '단순하고 투명하며 표준화된 유동화'(Simple, Transparent and Standardized Securitisation)[774]에 관한 규정을 별도로 마련하고 있기도 하다. 이에 대하여는 자산유동화와 관련한 기존의 복잡한 규제를 하나로 통합하는 한편, 새로운 유동화증권 개념을 도입하는 방식을 통해 규제 체계 개선을 추진하는 것으로 평가하는 견해가 있다.[775]

일본의 자산유동화 규제 체계 및 세제는 우리나라의 자산유동화 규제 체계 및 세제와 유사한 면이 있다는 점에서 보다 심도 있는 검토가 요구된다. 우선적으로는 ① 일본 자산유동화법을 별도로 제정하여 자산유동화 규제와 집합투자 규제를 이원화 하고 있는 점, ② 일본 자산유동화법이 자산유동화 및 특정자산의 정의 조항에서 우

---

772) Regulation (EU) 2017/2402 of the European Parliament and of the Council of 12 December 2017 laying down a general framework for securitisation and creating a specific framework for simple, transparent and standardised securitisation, and amending Directives 2009/65/EC, 2009/138/EC and 2011/61/EU and Regulations (EC) No 1060/2009 and (EU) No 648/2012 (https://www.legislation.gov.uk/eur/2017/2402/contents#) (2023. 12. 5. 방문).
773) 상게 Regulation, Introductory Text (3), (4); 박영윤[2021], 256면.
774) 상게 Regulation § 18.
775) 자본시장연구원, 자산유동화제도 개선 방안(2018. 6), 16면 참조.

리나라의 자산유동화법과 마찬가지로 유동화기구의 업무 범위 및 특정자산의 범위를 포괄적으로 규정하고 있는 점,[776] ③ 신탁소득 과세에 있어서 실체법에서 규정하는 신탁의 형태에 기초하여 이를 세법상 수익자등과세신탁, 수익자단계수령시과세신탁, 법인과세 신탁으로 일괄적으로 분류한 뒤 각각에 대하여 과세 방식을 달리 적용하는 구조를 취하고 있는 점[777] 등이 검토대상이 될 수 있을 것이다.

이를 포함하여, 자산유동화가 활발히 이루어지고 있는 미국 이외 지역의 관련 법제에 대한 추가 연구에 의해 본 연구의 결론이 다시 검토되거나 보완, 보충될 필요가 있으리라 생각된다.

---

[776] 일본 자산유동화법 제2조 제1항 및 제2항 참조.
[777] 이준봉(2012), 253면.

참고문헌

Ⅰ. 국내문헌[778]

1. 단행본

김건식/송옥렬, 미국의 증권규제(홍문사, 2001)
김건식/정순섭, 자본시장법 제2판(두성사, 2010)
무궁화신탁법연구회/광장신탁법연구회, 주석 신탁법 제3판(박영사, 2021)
박삼철/차태진/박재현/김건/이화석, 사모펀드 해설 제3판(지원출판사, 2021)
박영윤, 유럽증권법(박영사, 2021)
박정식/박종원/조재호, 현대재무관리 제6판(다산출판사, 2004)
박 준/한 민, 금융거래와 법(박영사, 2018)
변제호/홍성기/김종훈/김성진/엄세용/김유석, 자본시장법 제2판(지원출판사, 2015)
송동진, 신탁과 세법(삼일인포마인, 2021)
송옥렬, 상법강의 제9판(홍문사, 2019)
이미현/정영민/설윤정/조서희/이익제, 파생금융상품 조세제도 개관: 국내편 및미국편(삼일인포마인, 2017)
이영경, 사업신탁의 법리(경인문화사, 2019)
이준봉, 유동화거래와 조세(한국학술정보, 2012)
이창희, 미국법인세법(박영사, 2018)
＿＿＿, 세법강의 제21판(2023년판)(박영사, 2023)
자산유동화 실무연구회, 금융혁명 - ABS(한국경제신문사, 1999)
정순섭, 신탁법(지원출판사, 2021)
＿＿＿, 은행법(지원출판사, 2017)

---

[778] 본 연구에서 국내문헌은 단행본의 경우에는 [ ]를 사용하여 "저자명[발간 년도]", 논문의 경우에는 ( )를 사용하여 "저자명(발간년도)"의 각 방식으로 인용하였다. 차례로 예컨대 "이창희[2023]", "윤지현(2017)"과 같다. 다만, 명확한 인용이 요청되는 부분에서는 약식 명칭이 아닌 정식 명칭으로 기재하였다.

Kraakman Reinier/Armour John/Davies Paul/Enriques Luca/Hansmann Henry/Hertig Gerard/Hopt Klaus/Kanda Hideki/Pargendler Mariana/Ringe Wolf-Georg/Rock Edward(김건식/노혁준/박 준/송옥렬/안수현/윤영신/천경훈/최문희 역), 회사법의 해부 개정판(소화, 2020)

2. 논문 및 발표문

강유덕, "EU의 신용평가기관 규제배경과 전망", KIEP 지역경제포커스, 제6권 제6호(대외경제정책연구원, 2012)
강율리, "신탁을 이용한 자산유동화에 관한 법적 문제점: 실무상 제기된 몇 가지 문제점 검토", BFL 제17호(서울대학교 금융법센터, 2006)
김성균, "수익증권발행신탁 세제", 중앙법학 제16집 제4호(중앙법학회, 2014)
김용호/이선지/유이환, "비등록유동화거래의 실태와 법적 문제", BFL 제31호 (서울대학교 금융법센터, 2008)
김은집/허은진, "비조치의견서제도에 대한 소고", BFL 제75호(서울대학교 금융법센터, 2016)
김필규, "ABCP시장의 현황과 개선방안", 자본시장연구원(2015)
김필규/김현숙, "주요국 자산유동화 규제체계 변화와 시사점", 자본시장연구원(2019)
박 준/김용호/이미현/정순섭/황호석, "좌담회: 자산유동화 10년의 회고와 전망", BFL 제31호(서울대학교 금융법센터, 2008)
백제흠, "신탁법상 신탁의 납세의무자", 조세법연구 제26권 제1호(한국세법학회, 2020)
안성포, "유동화에 따른 신탁재산의 독자성에 관한 소고", 증권법연구 제7권 제2호(한국증권법학회, 2006)
오성근, "미국 투자회사법의 제정배경과 제정 법률의 주요내용", 법학연구 제19권 제2호(한국법학회, 2011)
윤지현, "신탁과세에 관한 현행법의 문제점 검토: 가장 초보적인 유형의 신탁 관계로부터", 사법 제1권 제41호(사법발전재단, 2017)
이미현, "신탁방식에 의한 자산유동화와 관련된 조세문제", 조세법연구 제9집 제1호(한국세법학회, 2003)
_____, "담보부사채 발행의 현황과 과제", 금융법연구 제18권 제3호(한국금융법학회, 2021)
이영경, "조각투자의 거래 구조와 투자자 보호", 선진상사법률연구 제99호(법

무부, 2022)
이준규, "미국의 연결납세제도", 한국조세연구원(2003)
이중교, "신탁 관련 소득과세의 문제점 및 개편방안", 세무와 회계연구 제9권 제3호(한국세무사회 부설 한국조세연구소, 2020)
이지영/김준섭/박민식, "IP 유동화 평가방법론", SCR서울신용평가(2018. 1. 8)
장현옥, "부동산신탁에 관한 연구", 연세대학교 법학박사 학위논문(1997)
정순섭, "자본시장법상 투자신탁의 법적 구조에 관한 연구: 집합투자업자와 수익증권 판매업자의 신탁법상 법적 지위를 중심으로", 2021 한국신탁학회 동계학술대회 자료집(2021. 12. 10)
조경준, "비금전신탁의 수익증권 발행", BFL 제125호(서울대학교 금융법센터, 2024)
_____, "자산유동화 규제 체계의 검토", 상사법연구 제43권 제1호(한국상사법학회, 2024)
_____, "수익증권발행 비금전신탁의 업무 범위에 대한 고찰", 2024 한국신탁학회 하계학술대회 자료집(2024. 8. 23)
조영희, "수익증권발행신탁을 통한 자산유동화거래 활성화를 위한 선결과제", Bulls Review 제15호(금융투자협회, 2012)
최규환, "세법상 부채와 자본의 분류에 대한 연구: 신종자본증권 및 국제간 교를 중심으로", 조세학술논집 제31권 제2호(한국국제조세협회, 2016)
한 민, "글로벌 금융위기 이후 자산유동화거래에 대한 법적 규제의 현안과 개선방향", 상사법연구 제32권 제4호(한국상사법학회, 2014)
_____, "신탁제도 개혁과 자산유동화", BFL 제50호(서울대학교 금융법센터, 2011)
홍성훈/오유나/조승수, "부채와 자본에 대한 과세체계 연구", 세법연구 15-07(한국조세재정연구원 세법연구센터, 2015. 12)

3. 기타 자료

구기성, "자본시장과 금융투자업에 관한 법률 일부개정안(정부제출) 검토보고서", 국회 정무위원회(2013. 4)
국세청, 질의회신 법인 원천세과-442(2010. 5. 28)
금융감독원, 자산유동화 실무 안내(Asset Backed Securities Guide)(2021. 12)
금융위원회, 자산유동화제도 종합 개선방안(2020. 5. 보도자료)
_____, 종합재산관리 및 자금조달기능 강화를 위한 신탁업 혁신 방안

(2022. 10. 13)

_____, 신탁수익증권의 기초자산 요건 등에 대한 가이드라인을 마련합니다(2023. 12. 15. 보도자료)

기획재정부, 2020년 세법개정안 상세본(2020. 7. 22)

손병철, "법인세법 일부개정법률안(정부제출) 검토보고서", 국회 기획재정위원회(2020. 11)

자본시장연구원, 자산유동화제도 개선 방안(2018. 6)

한국조세재정연구원 세법연구센터, 주요국의 조세동향(2013. 7)

한국채택국제회계기준 제1039호 금융상품: 인식과 측정

한국채택국제회계기준 제1000호 재무보고를 위한 개념체계

II. 구미문헌[779][780]

1. 단행본

Armour, John et al., *Principles of Financial Regulation*, (Oxford University Press, 2016)

Barr, Michael S. et al., *Financial Regulation: Law and Policy*, Second Edition, (Foundation Press, 2018)

Gambro, Michael S and McCormack, Michael A, Legal considerations in structuring asset-backed securities in the US market, *Global Securitisation and Structured Finance 2007*, (Calwalader, Wickersham & Taft LLP, 2007)

Kravitt, Jason H.P. et al., *Securitization of Financial Assets*, Third Edition(2020 Supplement), (Wolters Kluwer, 2019)

Kramer, Andrea S., *Financial Products: Taxation, Regulation and Design*, Third Edition Volume 1-3, (CCH, 2006)

Peaslee, James M./Nirenberg, David Z, *Federal Income Taxation of Securitization Transactions and Related Topics*, Third Edition, (Frank J. Fabozzi Associates, 2001)

_____, *Federal Income Taxation of Securitization Transactions and Related Topics*, Fifth Edition, (Tax Analysts, 2018)

---

779) 단행본, 학술지 등의 각 명칭은 이탤릭체로 표시하였다.

780) 본 연구에서 구미문헌은 국내문헌과 같은 방식으로 인용하였다. 인용된 구미문헌의 저자는 성(姓)만을 기재하였다.

2. 논문 및 발표문

Coates, John C., "Reforming the Taxation and Regulation of Mutual Funds: A Comparative Legal and Economic Analysis", *The Journal of Legal Analysis*, Vol. 1, No. 2, Harvard Public Law Working Paper No. 09-53, (2009)

Gorton, Gary B., "The Panic of 2007", *National Bureau of Economic Research Working Paper Series* (2008)

_____, "Slapped in the Face by the Invisible Hand: Banking and the Panic of 2007", Prepared for the Federal Reserve Bank of Atlanta's 2009 Financial Markets Conference: Financial Innovation and Crisis, May 11-13, 2009 (2009)

Mendales, Richard E., "Collateralized Explosive Devices: Why Securities Regulation Failed to Prevent the CDO Meltdown, and How to Fix It", *University of Illinois Law Review*, Penn State Legal Studies Research Paper No. 09-2009 (2009)

Morley, John, "The Separation of Funds and Managers: A Theory of Investment Fund Structure and Regulation", The Yale Law Journal, Vol. 123, No. 5 (2014)

Schwarcz, Steven L., "What is Securitization? and for What Purpose?", *Southern California Law Review*, Vol. 85:1283 (2012)

_____, "The Alchemy of Asset Securitization", *Stanford Journal of Law, Business & Finance*, Vol 1:133 (1994)

_____, "Next-Generation Securitization: NFTs, Tokenization, and the Monetization of 'Things'", *Boston University Law Review*, forthcoming Volume 2022-2023 (2022)

3. 기타 자료

SEC, "*Exclusion From the Definition of Investment Company for Structured Financings*", Investment Company Act Release No. 19105(1992. 11. 19), 57 FR(Federal Register) 56248 (1992. 11. 27)

SEC, "*Exclusion from the Definition of Investment Company for Certain Structured Financings*", Investment Company Act Release No. 18736 (1992. 5. 29), 57 FR 23980 (1992. 6. 5)

SEC, "*Treatment of Asset-Backed Issuers under the Investment Company Act*", Release No. IC-29779 (2011. 8. 31), 76 FR 55308

SEC, "*Asset-Backed Securities*", Securities Act Release No. 33-9117 (2010. 4. 7), 75 FR

23328 (2010. 5. 3)

SEC, "*Re-proposal of Shelf Eligibility Conditions for Asset-Backed Securities and Other Additional Requests for Comment*", Securities Act Release No. 33-9244 (2011. 7. 26), 76 FR 47948 (2011. 8. 5)

Staff of Joint Comm. on Taxation, 100th Cong., "*Gen. Explanation of the Tax Reform Act of 1986*" (1987)

Structured Finance Industry Group, "*A Comprehensive Guide to U.S. Securitization*", Chinese Market Committee White Paper (2016. 4. 7)

S&P GLOBAL RATINGS, "*Global Structured Finance 2019 Securitization Energized With $1 Tln Volume*", (2019. 1. 17)

4. 판례

Commissioner v. Chase National Bank, 122 F.2d 540 (1941)
Commissioner v. North American Bond Trust, 122 F.2d 545 (1941)
Morrissey et al., Trustees v. Commisioner of Internal Revenue, 296 U.S. 344(1935)
Securities and Exchange Commission v. Goldman Sachs & Co. and Fabrice Touree, 790 F. Supp. 2d 147 (S.D.N.Y. 2011)

III. 일본문헌[781]

1. 단행본

佐藤英明, 新版 信託と課稅(弘文堂, 2020)

2. 기타 자료

金融審議会 第一部会, 中間整理(第一次)(1999. 7)[https://www.fsa.go.jp/p_mof/singikai/kinyusin/top.html]

---

[781] 본 연구에서 일본문헌은 국내문헌과 같은 방식으로 인용하였다.

사항색인

ㄱ

고정투자신탁 12, 166
고정투자신탁 판단 기준 12, 168
그림자 금융 26
금지거래세 210

ㄷ

단일 지분수익권 기준 169, 176
담보권실행자산 204
도관과세 4
등록유동화 35

ㅁ

만기 변환 기능 22
모기지채권 22
모리세이 판결 161
미국 세법 12

ㅂ

벌칙거래세 228
법인과세 신탁 60
보통신탁 160
비등록유동화 35
비적격자산 관리형 264
비적격자산 운용형 264

ㅅ

사업신탁 160
사업조직 158
세법상 신탁 157
수의상환 보호조항 178
수익자과세 원칙 68
수익적 권한 159, 187
수익증권발행신탁 62, 103
시장기반 신용중개 23
신용도 변환 기능 23
신탁과세이론 65
신탁도관이론 66
신탁실체이론 66

ㅇ

업무수탁자 49
위탁자과세 신탁 60
위탁자신탁 185
위탁자신탁 판단 기준 12, 186
유동성 변환 기능 22
유동화기구 19, 43
유동화법인 3
유동화신탁 3
유동화자산 17
유동화전문회사 44
유동화조합 44
유동화증권 17, 19

ㅈ

자본시장법 3
자산관리자 49
자산유동화 17, 18
자산유동화계획 35, 148
자산유동화법 8
잔여권 4
장래채권 125
재무부규칙 12
저작권 145
적격모기지 201
적격자산 115, 117, 250
적격자산 관리형 248
적격자산 운용형 264
적격적립자산 203
정보무관련성 32
조각투자 89, 271
지배 권한 186
지분수익권 169
지분증권 5, 252
진정양도 93
집합투자 7, 109

ㅊ

채권 38
채무증권 20
채무증서 221

ㅋ

킨트너 규칙 163

ㅌ

투시과세 4
투자변경권한 기준 169
투자신탁 12, 164
투자회사 110

ㅍ

패스스루 채권 192
패스스루형 131
페이스루 증권 192
페이스루형 131
풋-콜 등가식 175

ㅎ

합성 CDO 149
합성유동화 150
허용된 투자 202
현금흐름 발생자산 19, 113
현금흐름 투자자산 202
확정수익부 수익권 4
확정수익부 증권 114, 118
환매권 132
환영(幻影)소득 193

사항색인   283

A
ABCP   40
ABS   39
AB단기사채   40
AB사채   40
association   159

C
CBO   39
CDO   149
CDS   150
CFR   8
Chase National Bank 판결   164
check-the-box 규칙   164
CLO   39
corporation   159

F
FASIT   9
FASIT 선순위증권   224
FASIT 잔여권   225
fast-pay and slow-pay   177

I
ICA   110
IRC   12

K
K-IFRS   94

M
MBS   28, 37
MMF   28

N
North American Bond Trust 판결   165

R
Regulation AB   110
REMIC   8
REMIC 선순위증권   205
REMIC 잔여권   208
Repo 거래   27
RIC   130
Rule 3a-7   8

S
SA   116
SEA   141
SEC   8
sequential pay   177
subordination   179

기타
1단계 구조   51
1종 수익권   85, 94
2020년 세법 개정   57
2단계 구조   52
2종 수익권   85, 94

| 조경준 |

학력 2000. 2. 대원외국어고등학교 프랑스어과 졸업
　　　　2004. 2. 서울대학교 경영학과 졸업
　　　　2006. 2. 서울대학교 경영대학원 경영학석사
　　　　2014. 2. 연세대학교 법학전문대학원 법학전문석사
　　　　2022. 5. New York University School of Law - LL.M.
　　　　2024. 2. 서울대학교 법학전문대학원 법학전문박사

경력 2006 ~ 2009 육군사관학교 경제학강사, 전임강사
　　　　2009 ~ 2011 삼일회계법인 공인회계사
　　　　2014 ~ 현재 법무법인(유) 광장 변호사, 파트너 변호사

유동화신탁 소득의 과세에 관한 제도 설계 연구

2024년 11월 04일 초판 인쇄
2024년 11월 11일 초판 발행

지 은 이　　조경준

발 행 인　　한정희
발 행 처　　경인문화사
편 집 부　　김지선 한주연 김한별 이슬애
마 케 팅　　하재일 유인순
출 판 신 고　　제406-1973-000003호
주　　　소　　파주시 회동길 445-1 경인빌딩 B동 4층
대 표 전 화　　031-955-9300　팩 스　031-955-9310
홈 페 이 지　　http://www.kyunginp.co.kr
이 메 일　　kyungin@kyunginp.co.kr

ISBN 978-89-499-6829-2　93360
값 24,000원

* 저자와 출판사의 동의 없는 인용 또는 발췌를 금합니다.
* 파본 및 훼손된 책은 교환해 드립니다.